『ケアマネ試験法改正と完全予想模試 '23 年版』収録の予想問題が第 26 回本試験でズバリ的中 !! しま

JN006116

コンデックス情報研究所では、長年の過去問題の分析結果にもとづき予想問題を作成しております。その結果、第 26 回本試験において、以下のように予想問題と同じ問題が多数出題されました。本書はその経験と研究の成果を活かして編集された書籍です。

本試験問題 18-5
更新認定の申請は、有効期間満了の日の 60 日前から行うことができる。（正解は〇）

完全予想模試①　問題 16-3
要介護認定を受けた被保険者は、原則として有効期間満了日の 60 日前から要介護更新認定の申請を行うことができる。（正解は〇）

本試験問題 26-1
「指輪っかテスト」は、サルコペニア（筋肉減弱症）の簡便な評価法である。（正解は〇）

完全予想模試③　問題 26-5
サルコペニアの簡単なスクリーニング指標に、「指輪っかテスト」がある。（正解は〇）

本試験問題 58-1（成年後見制度）
成年後見人の職務には、身上保護（身上監護）と財産管理が含まれる。（正解は〇）

完全予想模試①　問題 59-1
後見人の主な職務は、身上監護と財産管理である。（正解は〇）

そのほか的中問題続出 !!

本試験問題	5-3		完全予想模試③	問題 5-2
本試験問題	5-5		完全予想模試③	問題 5-4
本試験問題	8-1		完全予想模試②	問題 7-1
本試験問題	8-5	ズバリ	完全予想模試②	問題 7-5
本試験問題	14-1	的中 !!	完全予想模試②	問題 12-5
本試験問題	22-4		完全予想模試②	問題 19-5
本試験問題	53-5		完全予想模試①	問題 53-1

他多数 !!

『ケアマネ試験法改正と完全予想模試 '24 年版』は 2024 年春頃に発売予定 !

本書の特長と使い方

STEP 1　要点編でよく出るポイントを確実に押さえる

出題実績
このテーマについて、過去5回の試験で出題された回がわかります。

※再は第22回再試験を表します。

チェックボックス
理解したポイントや覚えきれていないポイントにチェックをつけて学習してください。

赤シート
付属の赤シートを活用して効率よく覚えましょう。

整理しよう
整理しておきたいポイントをまとめてありますので、しっかり覚えましょう。

図表
図や表でわかりやすくまとめています。

本書は、試験に必要な知識とよく出る内容を、要点と一問一答形式の問題として、覚えやすくまとめたものです。
※本書の内容は、原則として 2023 年 10 月現在の情報に基づいて編集しています。ただし、編集時点で入手できた法令等改正情報はできるだけ反映しています。

STEP2　問題編で試験問題を攻略する！　巻末で専門用語も確認しよう

過去の試験問題をベースに、よく出るテーマを一問一答形式の問題にしています。要点編で書き切れなかったポイントは、ここで押さえられるよう解説しています。

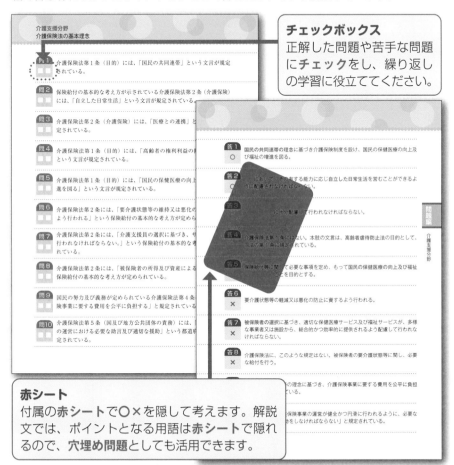

チェックボックス
正解した問題や苦手な問題に**チェック**をし、繰り返しの学習に役立ててください。

赤シート
付属の**赤シート**で○×を隠して考えます。解説文では、ポイントとなる用語は**赤シート**で隠れるので、**穴埋め問題**としても活用できます。

用語
本書に出てくる用語を解説しています。専門用語などを確認することができます。

CONTENTS

要点編

① 介護支援分野

② 保健医療サービスの知識等

CONTENTS

ケアマネ試験 これだけ要点まとめ＋よく出る問題 '24年版

出題実績一覧表

本書で扱っているテーマについて、過去5回での出題実績をまとめたものです。
全体を通して確認することができますので、ぜひ参考にしてください。

			26回	25回	24回	23回	22回再
介護支援分野	介護保険法の基本理念	介護保険法の目的（第1条）		○			○
		保険給付の基本的な考え方（第2条）	○	○		○	○
		国民の努力及び義務（第4条）			○		
		国及び地方公共団体の責務（第5条）		○			
	介護保険制度の創設	介護保険制度創設の背景					
		社会保険方式の導入	○		○		
		介護保険制度の実施状況	○	○		○	
	介護保険制度改正の歴史	2023年改正					
		2020年改正			○		
		2020年までの改正			○		
	市町村・都道府県・国の役割	市町村（保険者）の事務・責務			○	○	○
		都道府県の事務・責務				○	
		国の事務・責務	○				
	介護保険事業計画	国の基本指針等	○			○	
		市町村介護保険事業計画			○		○
		都道府県介護保険事業支援計画					○
		他の行政計画との関係					
	介護保険財政	介護保険の財源構造	○	○		○	○
		調整交付金		○			○
		財政安定化基金					○
	被保険者資格	被保険者の資格要件	○	○	○		○
		被保険者資格の取得と喪失	○	○			○
		被保険者証					
		住所地特例	○	○			○
	要介護認定	要介護状態・要支援状態					○
		特定疾病		○			○
		認定の申請	○	○	○		
		認定調査	○	○	○		○
		主治医意見書	○	○		○	
	審査・判定	一次判定（コンピュータ）	○	○	○		○
		二次判定（介護認定審査会）	○	○	○	○	
		介護認定審査会	○		○	○	○
		認定・通知	○		○	○	

		26回	25回	24回	23回	22回再
保険給付の種類・内容	3つの保険給付			○		○
	介護報酬					
	支給限度基準額・区分支給限度基準額			○		
	保険給付の方法	○				○
利用者負担	定率の利用者負担			○		
	高額介護（予防）サービス費				○	
	高額医療合算介護（予防）サービス費				○	
	施設等における食費・居住費の負担	○	○			
	特定入所者介護（予防）サービス費				○	
保険料	第1号被保険者の保険料			○	○	○
	保険料の減免等			○	○	
	保険料の滞納					○
	第2号被保険者の保険料	○		○	○	○
介護支援専門員	介護支援専門員の義務			○		
	介護支援専門員の役割・基本姿勢	○	○	○	○	○
介護サービス情報の公表制度	介護サービス情報の報告と公表	○	○	○	○	○
	調査命令と指定の取消等		○			
	指定調査機関と指定情報公表センター		○			
国民健康保険団体連合会	介護保険事業関係業務		○			
	介護給付費等審査委員会		○			
地域支援事業	地域支援事業の全体像	○		○	○	
	地域支援事業の財源構成			○		○
	総合事業		○	○	○	○
	包括的支援事業	○	○			○
	任意事業				○	
	地域包括支援センター					
	保健福祉事業					
居宅介護支援事業の基準	基本方針	○				
	人員基準			○		
	運営基準	○		○	○	○
居宅介護支援	居宅介護支援の一連の業務			○		
	アセスメント（課題分析）	○		○		○
	サービス担当者会議	○			○	○
	モニタリング		○			○
居宅サービス計画	居宅サービス計画の作成	○	○	○	○	○
	居宅サービス計画の説明・同意・交付	○	○			
介護保険施設の基準	介護保険施設の基準					
	介護保険施設の共通基準（介護保険施設固有）	○	○			

介護支援分野

			26回	25回	24回	23回	22回再
介護支援分野	施設介護支援	施設介護支援の一連の業務	○				
		施設サービス計画	○	○			○
	介護予防支援	介護予防支援事業・介護予防ケアマネジメント					○
		介護予防サービス・支援計画		○		○	○
	事業等の基準	居宅サービス事業の基準			○		
		居宅サービス提供にあたっての主な共通事項	○				
		介護予防サービス事業の基準					
		地域密着型サービス事業の基準	○				
	サービス提供事業者・施設の指定	サービス提供事業者・施設の指定		○	○		
		欠格要件					
		みなし指定					○
		指定の更新					
		共生型サービスの特例	○		○		
		指導・監督					
		基準該当サービス事業者					
	他法との給付調整	災害補償関係各法の療養補償等との調整	○				
		生活保護法の介護扶助と介護保険	○	○			
		障害者総合支援法の自立支援給付と介護保険	○				
		保険給付にかかるその他の規定				○	
	審査請求	審査請求の方法	○			○	○
		介護保険審査会の構成					○
保健医療サービスの知識等	高齢者の特徴	せん妄、抑うつ	○		○	○	○
		低栄養、脱水	○	○	○	○	
		視聴覚障害			○	○	○
		フレイル、サルコペニア	○	○			
		生活不活発病					
	高齢者に多い部位別疾患①	高齢者の疾患の特徴	○			○	○
		脳・神経の疾患	○	○	○		
		循環器の疾患		○	○		○
	高齢者に多い部位別疾患②	呼吸器の疾患	○		○		○
		骨・関節の疾患	○	○	○	○	○
		皮膚の疾患	○		○		○
	褥瘡	褥瘡の発生要因	○		○		○
		褥瘡の好発部位	○			○	
		褥瘡の予防と対応	○			○	○

			26回	25回	24回	23回	22回再
保健医療サービスの知識等	医療との連携	インフォームドコンセント	○		○	○	
		EBM と NBM		○		○	
		予後予測	○			○	
		医療と介護の連携	○	○	○		
	がん・糖尿病	がん					○
		糖尿病		○	○		
	バイタルサイン	体温	○			○	○
		脈拍	○	○	○		
		血圧	○	○	○		
		呼吸	○			○	
		意識レベル	○	○		○	
	検査値	体格	○	○		○	
		総たんぱく、アルブミン		○	○		
		肝機能、腎機能	○	○	○		
		血算					
		血糖、HbA1c	○	○		○	○
		CRP	○			○	○
		心電図				○	○
	急変時対応	一次救命処置	○				
		出血				○	
		誤嚥（窒息）、嘔吐	○	○	○	○	
		熱傷（やけど）	○			○	
	感染症	標準予防策			○	○	
		感染経路別予防策	○		○	○	
		高齢者の予防接種				○	
	認知症の特徴	中核症状と BPSD		○			○
		認知症の診断					
		認知症の疾患別の特徴	○	○			
		認知症と間違えやすい症状	○	○			
	認知症の介護と支援	認知症の治療					
		認知症の介護		○		○	
		認知症の支援	○		○	○	○
	高齢者の精神障害	老年期うつ病	○	○	○	○	○
		統合失調症	○			○	
		妄想性障害		○		○	
		アルコール依存症		○	○	○	○
	ターミナルケア（終末期介護）	尊厳の重視と意思決定の支援				○	○
		臨終が近づいたときの兆候とケア	○	○	○		○
		死亡診断	○	○			○
		死後のケア	○	○			

			26回	25回	24回	23回	22回再
保健医療サービスの知識等	在宅医療管理	在宅自己注射			○		○
		悪性腫瘍疼痛管理			○		○
		人工透析		○		○	○
		静脈栄養／経管栄養		○	○	○	
		在宅酸素療法	○	○		○	○
		在宅人工呼吸療法			○		○
		ストーマ				○	
		喀痰吸引					
	薬の知識	高齢者の特性と薬の関係			○		○
		薬の服用時の留意点	○	○			○
		薬の副作用			○		○
	食事の介護と口腔ケア	食事の介護のアセスメント	○	○	○	○	
		摂食・嚥下のプロセス				○	
		口腔ケア		○	○	○	
		口腔ケアの方法					
	排泄のケア	排泄障害の分類			○	○	○
		排尿・排便コントロール			○		○
		排泄方法の選択					○
	通所リハビリテーション	通所リハビリテーションの概要	○	○			
		人員・運営基準	○	○		○	○
		主な介護報酬				○	
	訪問リハビリテーション	訪問リハビリテーションの概要			○		
		人員・運営基準			○		
		主な介護報酬			○		
	居宅療養管理指導	居宅療養管理指導の概要					○
		運営基準					○
	短期入所療養介護	短期入所療養介護の概要	○	○			
		運営基準	○	○			
		主な介護報酬	○				
	看護小規模多機能型居宅介護	看護小規模多機能型居宅介護の概要	○		○		
		人員・運営基準	○		○	○	
		主な介護報酬	○			○	
	訪問看護	訪問看護の概要			○	○	○
		医療保険との関係	○	○		○	
		訪問看護の内容			○	○	○
		人員・運営基準			○	○	○
		主な介護報酬				○	○
	定期巡回・随時対応型訪問介護看護	定期巡回・随時対応型訪問介護看護の概要		○			
		人員・運営基準		○			
		主な介護報酬					

11

			26回	25回	24回	23回	22回再
保健医療サービスの知識等	介護老人保健施設	介護老人保健施設の概要	○	○	○	○	
		介護老人保健施設の類型			○		
		人員・運営基準	○	○	○	○	○
		主な介護報酬	○			○	○
	介護医療院	介護医療院の概要	○		○	○	
		療養床の類型	○				
		人員・設備・運営基準	○		○	○	○
		主な介護報酬					
福祉サービスの知識等	ソーシャルワークの概要	ミクロ・レベルのソーシャルワーク			○		
		メゾ・レベルのソーシャルワーク	○	○	○	○	
		マクロ・レベルのソーシャルワーク			○		○
		支援困難事例		○	○	○	○
	面接技術	バイステックの7原則	○				
		レヴィによる専門職の価値観	○				
		インテーク面接の過程			○	○	○
		コミュニケーション手段	○	○		○	○
		コミュニケーションの基本的技術	○	○	○	○	○
	訪問介護	訪問介護の概要				○	
		訪問介護の内容	○		○		
		医行為ではないもの			○		
		人員・運営基準		○		○	○
		主な介護報酬					○
	訪問入浴介護	訪問入浴介護の概要				○	
		人員・運営基準	○	○	○	○	○
		主な介護報酬			○	○	
	通所介護	通所介護の概要	○				
		人員・運営基準	○	○	○	○	○
		主な介護報酬			○	○	○
	短期入所生活介護	短期入所生活介護の概要	○	○			○
		人員・運営基準	○	○	○	○	○
		主な介護報酬			○		○
	夜間対応型訪問介護	夜間対応型訪問介護の概要			○		
		人員・運営基準			○		
		主な介護報酬			○		
	特定施設入居者生活介護	特定施設入居者生活介護の概要					
		人員・運営基準					
		主な介護報酬				○	

			26回	25回	24回	23回	22回再
福祉サービスの知識等	認知症対応型通所介護	認知症対応型通所介護の概要			○		○
		認知症対応型通所介護の類型	○		○		○
		人員・運営基準	○		○		○
		主な介護報酬					○
	認知症対応型共同生活介護	認知症対応型共同生活介護の概要				○	
		人員・設備・運営基準		○		○	○
		主な介護報酬					
	小規模多機能型居宅介護	小規模多機能型居宅介護の概要		○		○	
		人員・設備・運営基準	○	○		○	
		主な介護報酬					
	福祉用具・住宅改修	福祉用具と住宅改修のサービス	○				
		福祉用具貸与		○		○	○
		特定福祉用具販売		○			○
		人員・運営基準		○			○
		住宅改修の内容	○		○		
	介護老人福祉施設	介護老人福祉施設の概要	○	○			○
		人員・設備・運営基準	○	○	○	○	○
		主な介護報酬					
	障害者福祉制度	障害者総合支援法の概要		○			○
		自立支援給付		○			○
		地域生活支援事業		○			○
		支給決定までの流れ		○			○
	生活保護制度	生活保護の基本原理と原則	○		○		○
		保護の種類	○	○	○	○	○
		介護扶助	○	○	○	○	○
	後期高齢者医療制度	運営主体と被保険者					○
		後期高齢者医療給付の種類と利用者負担					○
	生活困窮者自立支援制度	生活困窮者自立支援法の概要			○		
		生活困窮者自立支援制度の実施機関と対象者					
		生活困窮者自立支援制度の事業内容			○		
	高齢者虐待の防止	高齢者虐待防止法における主な定義	○			○	
		高齢者虐待へのそれぞれの対応	○			○	
	成年後見制度	成年後見制度の概要	○	○			
		法定後見制度	○	○	○	○	
		任意後見制度		○		○	

受験ガイダンス

本書に記載されている試験情報は、第26回試験を参考にしています。変更になる可能性がありますので、受験される方は、必ず都道府県の試験実施部署等で最新の情報をご確認ください。

受験資格

①	特定の国家資格等の所持者	医師、歯科医師、薬剤師、保健師、助産師、看護師、准看護師、理学療法士、作業療法士、社会福祉士、介護福祉士、視能訓練士、義肢装具士、歯科衛生士、言語聴覚士、あん摩マッサージ指圧師、はり師・きゅう師、柔道整復師、栄養士（管理栄養士含む）、精神保健福祉士
②	生活相談員	介護老人福祉施設等において、相談援助業務に従事する生活相談員
③	支援相談員	介護老人保健施設において、相談援助業務に従事する支援相談員
④	相談支援専門員	障害者総合支援法及び児童福祉法に規定する事業の従事者として従事する相談支援専門員
⑤	主任相談支援員	生活困窮者自立支援法に規定する事業の従事者として従事する主任相談支援員

※それぞれの資格において、従事した期間が5年以上かつ従事した日数が900日以上必要です。また、受験資格は細かく規定されていますので、ご自身が受験資格を有しているかどうかについては、各都道府県の担当部署にお問い合わせのうえご確認ください。

出題方法・出題範囲

出題は、五肢複択方式で、形式はマークシート方式です。

区　分		問題数	試験時間
介護支援分野	介護保険制度の基礎知識 要介護認定等の基礎知識 居宅・施設サービス計画の基礎知識等	25問	120分 ※点字受験者180分 ※弱視等受験者156分
保健医療福祉サービス分野	保健医療サービスの知識等 福祉サービスの知識等	20問 15問	
合　計		60問	

要点編

介護保険法の基本理念

介護保険法の目的（第1条）　出題実績 26 25 24 23 再

□要介護者が**尊厳を保持**し、その有する能力に応じ**自立した日常生活を営む**こと。

□**国民の共同連帯**の理念に基づき介護保険制度を設けること。

□**国民の保健医療の向上**及び**福祉の増進**を図ること。

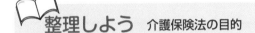

整理しよう　介護保険法の目的

要介護者の**尊厳**の保持　＋　**自立**した日常生活

↑

国民の保健医療の向上・福祉の増進

↑

介護保険制度
国民の**共同連帯**の理念

保険給付の基本的な考え方（第2条）　出題実績 26 25 24 23 再

◆保険給付の基本理念

- 要介護状態等の軽減又は悪化の防止に資するよう行われる
- **医療との連携**に十分配慮して行われなければならない
- **被保険者の選択**に基づき、多様な事業者又は施設から適切なサービスが、**総合的かつ効率的**に提供されるよう配慮して行われなければならない
- **居宅**において、その有する能力に応じ**自立した日常生活**を営むことができるように配慮されなければならない

国民の努力及び義務（第4条）

出題実績 26 25 **24** 23 再

☐国民は常に**健康の保持増進**に努める。

☐要介護状態になっても、その有する能力の**維持向上**に努める。

☐介護保険事業に要する費用を**公平**に負担する。

📖 整理しよう 第4条に定める国民の努力及び義務

国民が努めるべきこと（努力義務）	• 自ら要介護状態となることを**予防**するために、常に**健康の保持増進**に努める。 • 要介護状態になった場合でも、進んでリハビリテーションや保健医療サービス、福祉サービスを利用することで、その有する能力の**維持向上**に努める。
国民がすべきこと（義務）	• **共同連帯**の理念に基づき、介護保険事業に要する費用を公平に負担する。

第1条でも書かれている「共同連帯」は、介護保険料の支払いやサービス費用の一部負担義務を指します。

国及び地方公共団体の責務（第5条）

出題実績 26 **25** 24 23 再

☐国は、介護保険事業の運営が健全かつ円滑に行われるよう**体制の確保**に関する施策を講じる。

☐都道府県は、介護保険事業の運営が健全かつ円滑に行われるように**必要な助言**及び**適切な援助**をしなければならない。

☐国及び地方公共団体は、医療及び居住に関する施策との**有機的な連携**を図るよう努めるとともに、**地域共生社会の実現**に資するよう努めなければならない。

介護保険制度の創設

介護保険制度創設の背景

出題実績 26 25 24 23 再

☐ 介護保険制度の創設は、2000（平成12）年。

☐ 介護保険制度創設前は、高齢者の介護については、**老人医療制度**と**老人福祉制度**で対応。

☐ 急速な**少子高齢化**により、上記の制度では高齢者の介護問題に十分に対応できなくなったという背景がある。

◆ **介護保険制度の誕生の背景**

老人福祉制度の問題点	老人医療制度の問題点
• 市町村がサービスの種類や提供機関を決定する**措置** 　→サービスの**選択**ができない。競争原理が働かず、サービス内容が**画一的** • 所得調査の実施 　→利用にあたって心理的抵抗感が伴う • 収入に応じた**応能負担** 　→中高所得層の負担が重い	• 福祉サービスの未整備・福祉サービスよりも低い利用者負担 　→**社会的入院**の増加による医療費の増加、不十分な介護環境の中での生活

福祉と医療の制度間の不整合
→利用者負担や手続きで不合理な格差や不便

↓

従来の制度では限界

↓

介護保険制度創設

社会保険方式の導入

出題実績 26 25 24 23 再

☐ 日本の社会保障制度は、大きく分けて、①**社会保険**、②**公的扶助**、③**社会福祉**の3つ。

□社会保障制度を財源調達方式からみると、**社会保険**方式と**社会扶助**方式に分けられる。

□社会保険方式では、被保険者の支払う**保険料**が主な財源となり、保険事故（給付の原因）が起きれば、保険者から被保険者に給付される。

□社会扶助方式では、主に**税金**を財源として、貧困者の救済を目的としている。

◆日本の社会保障制度

①社会保険	医療保険、年金保険、雇用保険、労働者災害補償保険、**介護保険**
②公的扶助	**生活保護**
③社会福祉	高齢者福祉、障害者福祉、児童福祉、社会手当

◆社会保険の分類

使用関係の有無	被用者保険	**会社員や公務員**、その扶養家族等
	自営業者保険	自営業者等
対象とする区域・領域	職域保険	**職場**単位
	地域保険	**居住地**単位
加入期間・保険給付期間	**短期**保険	介護保険など
	長期保険	年金保険など

介護保険制度の実施状況　出題実績 26 25 24 23 再

※厚生労働省「令和3年度　介護保険事業状況報告（年報）」より

□要介護（要支援）認定を受けている数は、約**690**万人。

□実際に介護給付サービスを受けているのは、約**589**万人（月平均）。

□要介護（要支援）認定を受けている人のうち、第1号被保険者が98.1％。

□要介護（要支援）認定を受けている人のうち、要介護度で比べると、最も多いのは**要介護1**（20.7％）。

□要介護（要支援）認定を受けている人のうち、女性が男性の約**2**倍。

□第1号被保険者のうち、要介護（要支援）認定を受けている割合は、**18.9**％。

介護保険制度改正の歴史

2023年改正

出題実績 26 25 24 23 再

□全世代対応型の**持続可能**な社会保障制度の構築を目指して改正。

◆ 2023年の法改正のポイント

介護サービス事業者の財務状況等の見える化
- 各事業所等に対して詳細な**財務状況**の報告が義務付けられ、国が当該情報を公表（2024年4月～）

介護サービス事業所等における生産性の向上に資する取組に係る努力義務
- **都道府県**に対し、介護サービス事業所等の生産性の向上に資する取組が促進されるよう努める旨の規定を新設（2024年4月～）

看護小規模多機能型居宅介護のサービス内容の明確化
- サービス内容について、**サービス拠点**での「通い」「泊まり」における看護サービスが含まれる旨を明確化（2024年4月～）

地域包括支援センターの体制整備等
- 居宅介護支援事業者も市町村からの指定を受けて**介護予防支援**を実施可能に（2024年4月～）

2020年改正

出題実績 26 25 24 23 再

□**地域共生社会**の実現のため、複雑化・複合化する支援ニーズに対する**包括的な福祉サービス提供体制**の整備を目指して改正。

◆ 2020年改正のポイント

認知症施策の総合的な推進
- 国及び地方公共団体の努力義務に、認知症施策の**総合的な推進**及び認知症

の人と地域住民の**地域社会における共生**に資することを追加

介護サービス提供体制の整備等の推進

- 介護保険事業計画の作成において、当該市町村の**人口構造**の変化を勘案
- 介護保険事業（支援）計画の定めるよう努める事項に高齢者向け住まいの**設置状況**を追加

介護人材確保及び業務効率化の取組の強化

- 介護保険事業（支援）計画の記載事項に、**介護人材確保**及び**業務効率化の取組**を追加

2020年までの改正　　出題実績 26 25 **24** 23 **再**

2005年	• 予防重視型システムへの転換（新予防給付、**地域支援事業**、**地域包括支援センター**の創設） • 施設給付の見直し（居住費や食費の見直し〔**全額**自己負担へ〕、低所得者向けの**補足給付**の創設） • 新たなサービス体系の確立（**地域密着型サービス**の創設） • サービスの質の確保・向上（**介護サービス情報公表制度**の創設、事業者・介護支援専門員の**更新制度**の導入）
2008年	介護サービス事業者に対する法令順守等の業務管理体制の整備などが改正
2011年	• 地域包括ケアシステム構築の推進（**定期巡回・随時対応型訪問介護看護**と複合型サービス〔現在の**看護小規模多機能型居宅介護**〕の創設、介護予防・日常生活支援総合事業の創設）
2014年	• 地域支援事業の見直し（**介護予防訪問介護**と**介護予防通所介護**を予防給付から地域支援事業に移行、**地域ケア会議**の創設） • 費用負担の公平化（一定以上の所得のある利用者の自己負担を1割から**2割**に引き上げ、補足給付の要件に**資産要件**を追加など） • 介護サービスの見直し等（介護老人福祉施設の入所対象者を原則要介護3以上に、地域密着型通所介護の創設、居宅介護支援事業所の指定権限を都道府県から**市町村**に移譲）
2017年	• 医療・介護の連携の推進（**介護医療院**の創設） • 地域共生社会の実現に向けた取組の推進（**共生型サービス**の創設） • 介護保険制度の持続可能性の確保（2割負担者のうち特に所得の高い層の負担割合を**3割**に引き上げ、**総報酬割**の導入）

市町村・都道府県・国の役割

市町村（保険者）の事務・責務　　出題実績 26 25 24 23 再

□介護保険の保険者は、**市町村及び東京23区の特別区**（以下、市町村）。

□被保険者数の少ない市町村は、複数の市町村でつくる組織である**広域連合**や**一部事務組合**を保険者とすることが可能。

◆市町村の主な事務等

被保険者の資格管理に関する事務	• 被保険者の資格管理 • 被保険者台帳の作成 • **被保険者証**の発行・更新 • 住所地特例の管理
要介護認定・要支援認定に関する事務	• 認定事務 • **介護認定審査会**の設置
保険給付に関する事務	• **介護報酬**の審査・支払 • 償還払いの保険給付 • 区分支給限度基準額の**上乗せ**・管理 • **種類支給限度基準額**の設定 • **市町村特別給付**の実施 • **第三者行為求償事務**（国民健康保険団体連合会に委託）
サービス提供事業者に関する事務	• **居宅介護支援事業、地域密着型介護（予防）サービス事業、介護予防支援事業の人員・設備・運営に関する基準等の設定** • **居宅介護支援事業者、地域密着型介護（予防）サービス事業者、介護予防支援事業者に対する指定・指定更新・指導監督** • 上記以外のサービス提供事業者への報告等の命令と立入検査 • 都道府県知事が介護保険施設等の指定を行う際の意見提出
地域支援事業および保健福祉事業に関する事務	• **地域支援事業**の実施 • **地域包括支援センター**の設置 • **保健福祉事業**の実施

市町村介護保険事業計画に関する事務	・市町村介護保険事業計画の策定・変更 ・自立支援等施策に係る取り組み
保険料に関する事務	・第1号被保険者の保険料率の設定 ・保険料の普通徴収 ・保険料の特別徴収に係る対象者の確認・通知等 ・保険料滞納被保険者に対する各種措置
介護保険の財政運営に関する事務	・特別会計の設置・管理 ・公費負担の申請・収納 ・財政安定化基金への拠出、交付・貸付申請、借入金の返済
介護保険制度の運営に必要な条例・規則等の制定や改正など	

事業者・施設の指定は、市町村長が行うものと都道府県知事が行うものがあります。

都道府県の事務・責務　

□都道府県は、介護保険事業の運営が健全かつ円滑に行われるように、市町村に対して、**必要な助言**および**適切な援助**をしなければならない。

□大都市特例に基づき、都道府県が処理する事務のうち政令で定めるものについては、**指定都市**（人口50万人以上）または**中核市**（人口20万人以上）が行う。

◆**都道府県の主な事務等**

要介護・要支援認定業務の支援に関する事務	・市町村による介護認定審査会の **共同設置**等の支援 ・審査判定業務の市町村からの受託および受託した場合の**都道府県介護認定審査会**の設置 ・指定市町村事務受託法人の指定
財政支援に関する事務	・保険給付、地域支援事業に対する財政負担 ・**財政安定化基金**の設置・運営 ・市町村相互財政安定化事業の支援

サービス提供事業者に関する事務	• **居宅サービス事業、介護予防サービス事業、介護保険施設**に対する人員・設備・運営に関する基準の設定 • **居宅サービス事業者、介護予防サービス事業者、介護保険施設**に対する指定（許可）・指定更新・指導監督等 • 市町村による**地域密着型特定施設入居者生活介護**の指定に際しての助言・勧告
介護サービス情報の公表に関する事務	• 介護サービス情報の公表 • 必要と認める場合の調査や指導監督
介護支援専門員に関する事務	• 登録・登録更新 • 介護支援専門員証の交付 • 試験及び研修の実施
介護サービス基盤の整備に関する事務	• 都道府県介護保険事業支援計画の策定・変更 • 市町村介護保険事業計画作成上の技術的事項についての助言
その他の事務	• **介護保険審査会**の設置・運営 • 市町村に対する介護保険事業の実施状況に関する報告請求

国の事務・責務　出題実績 26 25 24 23 再

◆国の主な事務等

各種基準の設定等に関する事務	• 要介護（要支援）認定基準 • 介護報酬算定基準 • 区分支給限度基準額 • サービス提供事業者・施設の標準とすべき基準等 • 第2号被保険者負担率
財政負担	保険給付、地域支援事業、都道府県の財政安定化基金等への国庫負担
介護サービス基盤の整備に関する事務	• 介護保険事業計画等の策定の基盤となる**基本指針**の策定 • 介護保険事業計画等の作成・実施・評価等に資するための調査、分析 • 都道府県介護保険事業支援計画の作成上重要な技術的事項についての助言 • 介護保険事業計画等に定められた事業の円滑な実施のための情報提供、助言等の援助

健全・円滑な事業運営のための指導・監督・助言等に関する事務	• 市町村への介護保険事業の実施状況の報告請求 • 都道府県・市町村によるサービス提供事業者等への指導監督業務等についての報告請求等 • 医療保険者による介護給付費・地域支援事業支援納付金の納付関係業務に関する報告徴収等 • **社会保険診療報酬支払基金**が行う介護保険関係業務に関する報告徴収等 • **国民健康保険団体連合会**が行う介護保険事業関係業務に関する指導監督

整理しよう 介護保険の運営

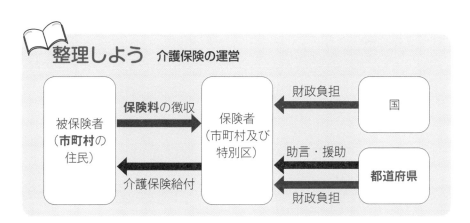

整理しよう 間違えやすいそれぞれの役割

保険料に関する事務	市町村：第1号被保険者保険料の設定 国：第2号被保険者の負担率の設定
設置・運営	市町村：介護**認定**審査会 都道府県：介護**保険**審査会

ちなみに介護給付費等審査委員会は、国民健康保険団体連合会（国保連）が設置・運営します（p.59参照）。

介護保険事業計画

国の基本指針等

出題実績 **26** 25 24 **23** 再

□厚生労働大臣は**医療介護総合確保法**[*1] に規定する総合確保方針[*2] に即して、基本指針[*3] を決定。

□厚生労働大臣は、基本指針の策定・変更にあたっては、あらかじめ、**総務大臣**その他関係行政機関の長と協議をしなければならない。

□基本指針の策定・変更をした場合は、これを**公表**しなければならない。

□介護保険等関連情報について調査及び分析を行い、その結果を公表する。市町村、都道府県は、分析の結果を**勘案**して介護保険事業（支援）計画を作成するよう努める。

[*1] 地域における医療及び介護の総合的な確保の促進に関する法律
[*2] 地域における医療及び介護を総合的に確保するための基本的な方針
[*3] 介護保険事業に係る保険給付の円滑な実施を確保するための基本的な指針

基本指針に沿って、都道府県や市町村がそれぞれ計画を策定します。

市町村介護保険事業計画

出題実績 **26** 25 **24** 23 再

□市町村は、国の基本指針に即して、３年を１期とする**市町村介護保険事業計画**を策定。

◆**市町村介護保険事業計画に定める事項**

定めるべき事項
①各年度の**認知症対応型共同生活介護・地域密着型特定施設入居者生活介護・地域密着型介護老人福祉施設入所者生活介護**の必要利用定員総数その他の

介護給付等対象サービスの種類ごとの量の見込み

②各年度の**地域支援事業**の量の見込み

③被保険者の自立した日常生活の支援、介護予防または要介護状態等の軽減等に要する費用の適正化に関し、市町村が取り組むべき施策や目標に関する事項

定めるよう努める事項

④上記①の見込量の確保のための方策

⑤各年度の**地域支援事業**に要する費用額と見込量の確保のための方策

⑥介護給付等対象サービスの種類ごとの量、保険給付に要する費用の額、地域支援事業の量と費用の額、保険料水準に関する中長期的な推計

⑦**介護支援専門員**その他のサービスや地域支援事業に従事する者の確保および**資質の向上**に資する都道府県と**連携**した取組に関する事項

⑧介護給付等対象サービスの提供等のための事業所または施設における業務の**効率化**、介護サービスの**質**の向上その他の**生産性**の向上に資する都道府県と連携した取組に関する事項（2024年4月〜）

⑨事業者間の連携確保に関する事業その他の介護給付等対象サービスの円滑な提供・地域支援事業の円滑な実施を図るための事業に関する事項

⑩認知症被保険者への自立した日常生活の支援、教育、地域づくり、雇用に関する施策その他の関連施策との有機的な連携に関する事項その他の認知症に関する施策の総合的な推進に関する事項

⑪市町村が定める区域ごとの**有料老人ホーム**、**サービス付き高齢者向け住宅**それぞれの入居定員総数

⑫地域支援事業と高齢者保健事業および国民健康保険保健事業の一体的な実施に関する事項、居宅の要介護者・要支援者に係る医療その他の医療との連携に関する事項、高齢者の居住に係る施策との連携に関する事項、その他の被保険者の地域における自立した日常生活の支援のため必要な事項

義務規定（定めるべき事項）は必ず覚えるようにしてください。

都道府県介護保険事業支援計画 出題実績 26 25 24 23 再

□都道府県は、国の基本指針に即して、3年を1期とする**都道府県介護保険事業支援計画**を策定。

◆**都道府県介護保険事業支援計画に定める事項**

定めるべき事項

①各年度の**介護専用型特定施設入居者生活介護、地域密着型特定施設入居者生活介護、地域密着型介護老人福祉施設入所者生活介護**に係る必要利用定員総数、**介護保険施設**（種類ごと）に係る必要入所定員総数の見込み

②介護給付等対象サービスの量の見込み

③市町村が実施する介護予防・重度化防止等の取組への支援に関し、都道府県が取り組むべき施策とその目標

定めるよう努める事項

④介護保険施設等における生活環境改善を図る事業に関する事項

⑤**介護サービス情報**の公表に関する事項

⑥**介護支援専門員**その他のサービスや地域支援事業に従事する者の確保及び**資質の向上**に資する事業に関する事項

⑦介護給付等対象サービスの提供等のための事業所または施設における業務の**効率化**、介護サービスの**質**の向上その他の**生産性**の向上に資する事業に関する事項（2024年4月〜）

⑧介護保険施設相互間の連携確保に関する事業、その他の介護給付等対象サービスの円滑な提供のための事業に関する事項

⑨介護予防・日常生活支援総合事業および包括的支援事業に関する、市町村相互間の連絡調整を行う事業に関する事項

⑩都道府県が定める区域ごとの**有料老人ホーム**および**サービス付き高齢者向け住宅**のそれぞれの入居定員総数

他の行政計画との関係

●市町村介護保険事業計画

□市町村老人福祉計画と**一体**のものとして作成。

□市町村計画と**整合性**を確保。

□市町村地域福祉計画と市町村高齢者居住安定確保計画などと**調和**を保つ。

●都道府県介護保険事業支援計画

□都道府県老人福祉計画と**一体**のものとして作成。

□医療計画、都道府県計画と**整合性**を確保。

□都道府県地域福祉支援計画や都道府県高齢者居住安定確保計画などと**調和**を
保つ。

整理しよう　国の基本指針と他の行政計画との関係

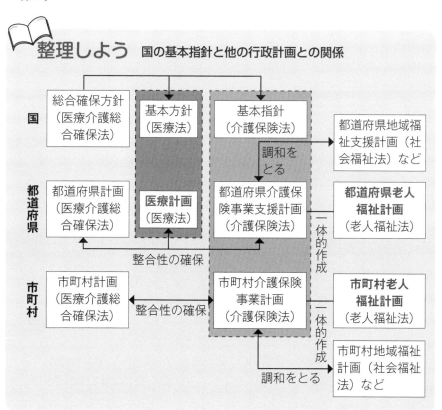

介護保険財政

介護保険の財源構造

出題実績 26 25 24 23 再

□介護給付費の財源は、**公費**（国＋都道府県＋市町村）と**保険料**からなり、それぞれ**50**％ずつ負担。

□公費の内訳は、国が**25**％、都道府県と市町村がそれぞれ**12.5**％の負担（施設等給付費は、国が20％、都道府県が17.5％、市町村が12.5％）。

□国の負担分のうち5％は、**調整交付金**。

□市町村の負担分は、**一般会計**から負担。

□保険料の内訳は、第1号被保険者が**23**％、第2号被保険者が**27**％（2024～2026年度）。

整理しよう　介護給付費（居宅給付費）と利用者負担

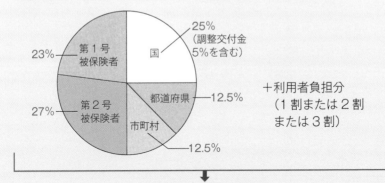

＋利用者負担分
（1割または2割または3割）

↓

サービス提供事業者

※施設等給付費については、国が**20**％、都道府県が**17.5**％、市町村が**12.5**％

第1号被保険者と第2号被保険者の保険料の負担割合は、それぞれの人口の割合によって、3年ごとに見直されます。

調整交付金

出題実績 26 25 24 23 再

□調整交付金は、**市町村**間の財政力の格差等を調整するもの。

□「**後期高齢者**比率が高いことによる給付費増」により保険料が高くなるのを防ぐため調整交付金を交付。

□「被保険者の**所得水準**が低いことによる保険料収入減」により保険料が高くなるのを防ぐため調整交付金を交付。

財政安定化基金

出題実績 26 25 24 23 再

□財政安定化基金は、**市町村**の介護保険財政の安定化を図るため、資金の交付や貸付を行う。

□**都道府県**に設置される。

□財源は、国、都道府県、市町村がそれぞれ**3分の1**ずつ負担。

□貸付金の償還は、次の期の計画期間に、**第1号被保険者**の保険料を財源として、3年間で分割返済する。

□貸付金は、償還期限までの間は**無利子**。

◆**財政安定化基金の事業内容**

内　容	時　期	条　件
交付と貸付（1：1）	3年ごと	（介護保険事業計画期間の最終年度） **保険料の未納**により、介護保険財政に不足が見込まれる
貸　付	**年度**ごと	**給付費増大**により介護保険財政に不足が見込まれる

都道府県や国は一般財源となるのに対して、市町村は第1号保険料を財源とします。

被保険者資格

◀ 被保険者の資格要件 　　出題実績 26 25 24 23 再

□介護保険の被保険者は、原則として **40** 歳以上の全員である。

□第 2 号被保険者は、医療保険者を経由して保険料を納付するため、**医療保険**の加入者であることが被保険者の資格要件となっている。

◆被保険者の資格要件の違い

被保険者の種類	住所要件	年齢要件	**医療保険**加入要件
第 1 号被保険者	市町村に住所を有する	65 歳以上	なし
第 2 号被保険者		40 歳以上 65 歳未満	あり

□「住所を有する」とは、**住民基本台帳**上に住所（住民票）があることをいう。

□日本国籍のない日本に居住する外国人は、一定の要件を満たした場合、介護保険の**被保険者**となる。

□日本国籍があっても、海外に長期滞在していて国内に**住所**がない人は、被保険者にはならない。

□**適用除外施設**に入所・入院している者は、保険者の対象から除外される。

◆日本国籍のない外国人と海外在住の日本人の違い

外国人住民	日本に住民票がある （住民基本台帳法の適用対象である）	→ 被保険者に**なる**
海外在住日本人	日本に住民票がない	→ 被保険者に**ならない**

整理しよう　主な適用除外施設と根拠法

- **指定障害者支援施設**（障害者総合支援法）
- **障害者支援施設**（身体障害者福祉法・知的障害者福祉法）
- **医療型障害児入所施設**（児童福祉法）
- 指定発達医療機関（児童福祉法）
- **救護施設**（生活保護法）
- 労働者災害特別介護施設（労働者災害補償保険法）

外国人住民が国外に移転した場合、資格喪失日は住民票が消除された日となります。

被保険者資格の取得と喪失　　出題実績 26 25 24 23 再

□被保険者資格は、適用条件が発生すれば自動的に取得できる（**発生主義**）。

◆資格取得の時期

適用除外でなくなった	当日	適用除外施設を退所したとき
住所移転		当該市町村の区域内に住所を有するようになったとき
被保護者が医療保険へ加入		生活保護法の被保護者が医療保険に加入したとき
年齢の到達	誕生日の前日	医療保険加入者が 40 歳に達したとき
医療保険未加入者が 65 歳に到達		40 歳以上 65 歳未満の医療保険未加入者が 65 歳に達したとき

◆**資格喪失の時期**

死亡	翌日	死亡したとき
適用除外に該当		40歳以上65歳未満の医療保険加入者、65歳以上の人が適用除外施設に入所したとき
住所移転①		住所を有しなくなったとき
住所移転②	当日	住所を有しなくなったその日のうちに他の市町村に住所を移したとき
医療保険非加入		第2号被保険者が医療保険加入者でなくなったとき

「○歳に達したとき」とは、民法上、誕生日の前日とされており、介護保険法でも同様に考えます。

被保険者証

出題実績 26 25 24 23 再

□被保険者証は、介護保険の**被保険者**であることを示す証明書。

□要介護認定を申請するときは**市町村**に提示する。

□サービスを受けるときは**事業者（施設）**に提示する。

◆**被保険者証の交付対象者**

被保険者	対象者
第1号被保険者	全員
第2号被保険者	• **交付**の申請をした人 • **要介護・要支援認定**を申請した人

住所地特例　出題実績 26 25 24 23 再

☐ 住所地特例対象施設に入所（入居）する被保険者が、住所地を移転した場合は、移転**前**の住所地の市町村を保険者とする。

☐ 適用除外施設を退所後、別の市町村の住所地特例対象施設に入所した場合、適用除外施設入所**前**の市町村が保険者となる。

◆住所地特例対象施設

①介護保険施設	介護老人福祉施設、介護老人保健施設、介護医療院、介護療養型医療施設*1
②特定施設（介護保険法）	有料老人ホーム*2、軽費老人ホーム、養護老人ホーム
③**養護老人ホーム**（老人福祉法）	

＊1 介護療養型医療施設は、2023（令和5）年度末に経過措置期間が終了。

＊2 有料老人ホームに該当する**サービス付き高齢者向け住宅**も対象。

整理しよう　住所地特例

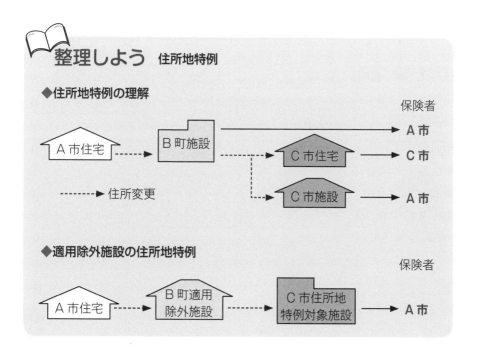

◆住所地特例の理解

◆適用除外施設の住所地特例

要介護認定

● 要介護状態・要支援状態 出題実績 26 25 24 23 再

□被保険者が、介護保険の給付を受けるためには、市町村（保険者）から、**要介護状態・要支援状態**であると認定されることが必要。

□介護保険における**保険事故**とは、要介護状態・要支援状態になること。

◆要介護状態・要支援状態の定義

要介護状態	身体または精神上の障害のため、入浴、排泄、食事などの日常生活における基本的な動作の全部または一部について、**6**か月以上継続して、常時介護を要すると見込まれる状態（5段階）
要支援状態	身体または精神上の障害のため、入浴、排泄、食事などの日常生活における基本的な動作の全部または一部について、**6**か月以上継続して、常時介護を要する状態の軽減または悪化防止のために支援を要すると見込まれる状態（2段階）

◆保険事故の原因

第1号被保険者	要介護状態となった原因を**問われない**
第2号被保険者	**特定疾病**によって要介護状態になった場合に限定

例えば、要介護状態になった原因がうつ病の場合、第1号被保険者は、保険給付の対象になるのに対して、第2号被保険者は対象になりません（障害者支援の対象になる）。

● 特定疾病 出題実績 26 25 24 23 再

□第2号被保険者が、要介護状態・要支援状態と認定されるには、その状態が**特定疾病**によって生じた場合に限られる。

□特定疾病とは、**老化**に起因する疾病で、政令で定められた 16 疾病。

◆特定疾病

①がん（末期）	②関節リウマチ
③筋萎縮性側索硬化症	④後縦靱帯骨化症
⑤骨折を伴う骨粗鬆症	⑥初老期における認知症
⑦進行性核上性麻痺、大脳皮質基底核変性症及びパーキンソン病	
⑧脊髄小脳変性症	⑨脊柱管狭窄症
⑩早老症	⑪多系統萎縮症
⑫糖尿病性神経障害、糖尿病性腎症及び糖尿病性網膜症	
⑬脳血管疾患	⑭閉塞性動脈硬化症
⑮慢性閉塞性肺疾患	
⑯両側の膝関節または股関節に著しい変形を伴う変形性関節症	

認定の申請

出題実績 26 25 24 23 再

□認定を受けたい被保険者は、**市町村**の窓口に申請。

□申請には、申請書に**介護保険被保険者証**を添付。

□被保険者証の交付を受けていない第 2 号被保険者は、**医療保険被保険者証**を添付。

□申請は、原則本人が行うことになっているが、**代行**も可能。

□申請を受けた市町村は、原則 30 日以内に認定を行わなければならない。

◆申請代行のできる者

• **地域包括支援センター**	• 家族、親族等
• 成年後見人	• 民生委員
• **居宅介護支援事業者**	• 地域密着型介護老人福祉施設
• 介護保険施設	• 社会保険労務士

◆**申請時の添付書類**

第１号被保険者	申請書　＋　**介護保険**被保険者証
第２号被保険者	申請書　＋　**医療保険**被保険者証

● 認定調査 　　　　出題実績 26 25 24 23 再

□申請を受けた**市町村**は、申請者の**居宅**を訪問して、認定調査を実施。

□新規認定の調査は、原則として市町村の職員。**指定市町村事務受託法人**への委託が可能。

□更新認定の調査は、指定市町村事務受託法人、**居宅介護支援事業者**、**介護支援専門員**などへの委託が可能。

□認定調査は、公平を期すため、全国一律の**認定調査票**に沿って実施。

□認定調査票は、**概況調査**（申請者の基本情報）、**基本調査**、**特記事項**の３部で構成。

□基本調査項目は７項目。

□被保険者が正当な理由なしに、認定調査に応じなかったり、市町村の指定する医師等の診断を受けなかったりした場合は、市町村は認定申請を**却下**することが可能。

◆**認定調査票の基本調査項目**

①身体機能・起居動作に関連する項目	麻痺や拘縮の有無、起き上がり、歩行など
②生活機能に関連する項目	移動、嚥下、排泄、**外出頻度**など
③認知機能に関連する項目	意思の伝達、生年月日、自分の名前、今の**季節**の理解など
④精神・行動障害に関連する項目	作話、昼夜逆転、介護に抵抗など
⑤社会生活への適応に関する項目	**金銭管理**、日常の意思決定、買い物など
⑥特別な医療に関連する項目	過去14日間に受けた特別な医療
⑦日常生活自立度に関連する項目	**障害高齢者の日常生活自立度**（寝たきり度）、**認知症高齢者の日常生活自立度**

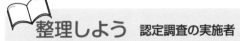

整理しよう　認定調査の実施者

認定調査	原　則	委託先
新規認定	市町村の職員	**指定市町村事務受託法人**
更新認定	市町村の職員	指定市町村事務受託法人 **居宅介護支援事業者** 地域密着型介護老人福祉施設 介護保険施設 地域包括支援センター **介護支援専門員**

主治医意見書　　出題実績 26 25 24 23 再

□**市町村**は、認定調査と併せて、主治医に**主治医意見書**を求める。

□主治医意見書は、**全国一律**の様式。

◆主治医意見書の内容

基本情報	申請者名、医師名、医療機関、他科受診の有無など
傷病に関する意見	診断名、症状としての安定性、傷病又は特定疾病の経過や治療内容
特別な医療	過去14日間以内に受けた医療
心身の状態に関する意見	日常生活自立度、認知症の**中核症状**、認知症の**行動・心理症状（BPSD）**、精神・神経症状、身体の状態
生活機能とサービスに関する意見	移動、栄養・食生活、現在あるかまたは今後発生の可能性の高い状態とその対処方針、サービス利用による生活機能の維持・改善の**見通し**、医学的管理の必要性、サービス提供時における医学的観点からの留意事項、**感染症**の有無
その他特記すべき事項	

審査・判定

一次判定（コンピュータ）

出題実績 26 25 24 23 再

□コンピュータ（国から市町村に配布された専用のソフトウェア）により**要介護認定等基準時間**が算定され、それをベースに判定。

□要介護認定等基準時間は、認定調査の結果に基づき、**1日**あたりの時間として推計。

□要介護認定等基準時間の推計は、認定調査の基本調査項目のうち、**介助**にかかわる**5分野**の行為に要する時間等により算出。

◆**認定調査の基本調査項目（介助にかかわる5分野の行為）**

①直接生活介助	入浴、排泄、食事等の介護
②間接生活介助	洗濯、掃除等の**家事援助**等
③認知症の行動・心理症状関連行為	**徘徊**に対する探索、不潔な行為に対する後始末等
④機能訓練関連行為	歩行訓練、日常生活訓練等の**機能訓練**
⑤医療関連行為・特別な医療	輸液の管理、褥瘡の処置、**疼痛の看護**等の補助等

要介護認定等基準時間は、あくまでも客観的な基準であり、実際に家庭などで行われる介護時間そのものではありません。

二次判定（介護認定審査会） 出題実績 26 25 24 23 再

□二次判定は、**介護認定審査会**が実施。

□一次判定の結果と**特記事項**や**主治医意見書**を参考に、その妥当性を検討。

□介護認定審査会は、必要に応じて、被保険者やその**家族**、**主治医**等に意見を聴
くことが可能。

□介護認定審査会は、結果を**市町村**に通知する際に、必要があると認めるときは、
附帯意見を付すことが可能。

◆介護認定審査会からの附帯意見

①要介護状態の軽減または悪化の防止のために必要な**療養**に関する事項

　→**市町村**は、その意見に基づき、サービスの種類を指定可能

②サービスの適切かつ有効な利用等に関し被保険者が**留意**すべき事項

　→**被保険者**は、その意見に留意してサービス提供を受ける

　→**サービス提供事業者・施設**は、その意見に配慮してサービス提供を行う
よう努めなければならない

③**認定の有効期間**の短縮や延長に関する事項

　→**市町村**は、その意見に基づき、認定の有効期間の短縮や延長が可能

整理しよう　判定での資料

一次判定	認定調査票（概況調査、**基本調査**）
二次判定	一次判定の結果　＋　認定調査票（**特記事項**）＋　主治医意見書

認定調査票の特記事項は、一次判定では使用されません。

● 介護認定審査会 出題実績 26 25 24 23 再

□介護認定審査会は、**市町村**の附属機関。

□保健・医療・福祉に関する学識経験者によって構成される**合議体**。

□複数の市町村での**共同設置**が可能。

◆介護認定審査会の合議体

委　員	・保健・医療・福祉に関する学識経験者 ・定数は **5** 人を標準に市町村が決定 ・**市町村長**が任命 ・任期は **2** 年（再任可）または条例により **2** 年を超え **3** 年以下 ・**守秘義務**が課せられる
議　決	・会議開催は委員の**過半数**の出席が必要 ・出席した委員の**過半数**によって議決

● 認定・通知 出題実績 26 25 24 23 再

□**市町村**は、結果を被保険者に通知。

□結果の通知は、申請日から原則 **30** 日以内。

□要介護認定の効力は、申請のあった日にさかのぼって生じる（認定の**遡及効**）。

□市町村は、次のような場合には、要介護認定を取り消すことが可能。

　①要介護者等に該当しなくなったと認めるとき

　②正当な理由なく職権による要介護状態区分の変更認定または認定の取り消し
　　を行うための市町村による**調査**や主治医意見書のための**診断命令**に応じない
　　とき

□認定有効期間は、**厚生労働省令**で定められている。

□新規申請と区分変更申請の認定有効期間は、原則 **6** か月。必要と認める場合は、
　3 ～ 12 か月までの範囲内で市町村が決定。

□更新認定の認定有効期間は、原則 **12** か月。必要と認める場合には、**3 ～ 48**
　か月までの範囲内で市町村が決定。

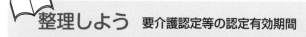

整理しよう　要介護認定等の認定有効期間

申請区分	原則の認定有効期間	設定可能な認定有効期間
新　規	6か月	3〜12か月
区分変更	6か月	3〜12か月
更　新	12か月	3〜48か月

整理しよう　要介護認定の流れ

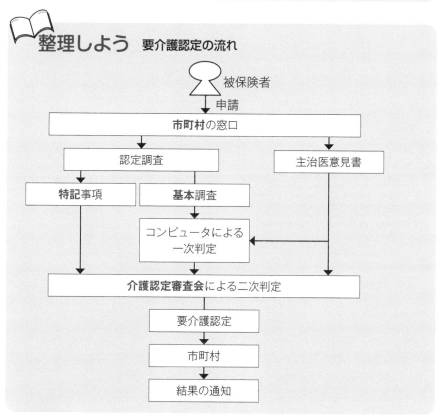

認定の遡及効により、認定前の申請時点からサービスを利用していた場合にも、保険給付の対象となり得ます。

保険給付の種類・内容

3つの保険給付

□要介護者への**介護給付**、要支援者への**予防給付**、市町村独自の要介護者・要支援者への**市町村特別給付**の3種類。

□介護給付と予防給付は、**法定給付**。

□市町村特別給付は、市町村が**条例**で定めて実施。

□市町村特別給付は、**法定給付**（介護給付・予防給付）以外のサービス（例：配食サービス、寝具乾燥サービス）。

□市町村特別給付の財源は、第1号被保険者の保険料。

◆介護給付と予防給付の種類

介護給付		予防給付	
給付名	サービス名	給付名	サービス名
居宅介護サービス費（特例居宅介護サービス費）	**居宅サービス**	介護予防サービス費（特例介護予防サービス費）	介護予防サービス
地域密着型介護サービス費（特例地域密着型介護サービス費）	地域密着型サービス	地域密着型介護予防サービス費	地域密着型介護予防サービス
居宅介護福祉用具購入費	特定福祉用具販売	介護予防福祉用具購入費	特定介護予防福祉用具販売
居宅介護住宅改修費	住宅改修	介護予防住宅改修費	介護予防住宅改修
居宅介護サービス計画費（特例居宅介護サービス計画費）	**居宅介護支援**	介護予防サービス計画費（特例介護予防サービス計画費）	介護予防支援

施設介護サービス費（**特例施設介護サービス費**）	施設サービス		
高額介護サービス費	利用者負担軽減のための給付	高額介護予防サービス費	利用者負担軽減のための給付
高額医療合算介護サービス費		高額医療合算介護予防サービス費	
特定入所者介護サービス費（**特例特定入所者介護サービス費**）		特定入所者介護予防サービス費（**特例特定入所者介護予防サービス費**）	

「特例○○サービス費」とは、本来の支給要件を満たさないが、市町村が必要と認めた場合に行う給付のことです。例えば、要介護認定の申請前に受けたサービス等があります。

介護報酬

出題実績 26 25 24 23 再

□介護報酬とは、介護保険において提供されたサービスにかかる**費用**。

□利用者負担（原則1割）と保険給付（原則9割）で成る。

□介護サービスの**種類**ごとに、サービス内容又は要介護度、事業所・施設の所在地等に応じた平均的な費用を勘案して決定する。

□介護報酬の基準額は、**厚生労働大臣**が介護給付費分科会の意見を聴いて定める。

◆介護報酬の算定方法

介護報酬 ＝ 全国共通の単位数 × 地域ごとに異なる1単位の単価

地域差が設けられているのは、所在地域の人件費等の違いを考慮したためです。ちなみに一番高いのは、東京23区です。

支給限度基準額・区分支給限度基準額 出題実績 26 25 24 23 再

- □介護報酬の支給には限度額（**支給限度基準額**）が設けられている。
- □支給限度基準額を超えるサービスは、介護保険給付の対象とならず、**全額利用者負担**。
- □支給限度基準額は、厚生労働大臣が定めるもの（**区分支給限度基準額・福祉用具購入費支給限度基準額・住宅改修費支給限度基準額**）と、これらを参考にしながら市町村が独自に条例によって定めるもの（**種類支給限度基準額・上乗せサービス**）に分けられる。
- □区分支給限度基準額は、対象となる居宅サービスをまとめた1つの区分とし、要介護（要支援）度ごとに1か月に保険給付できる限度額。

◆区分支給限度額に含まれないサービス

居宅療養管理指導、特定施設入居者生活介護（短期利用を除く）、認知症対応型共同生活介護（**短期利用**を除く）、地域密着型特定施設入居者生活介護（**短期利用**を除く）、**地域密着型介護老人福祉施設入所者生活介護**

※介護予防を含む

 限度基準額内で、サービスの量や種類を自由に選ぶことができます。

- □福祉用具購入費と住宅改修費については、要介護度に**関係なく**金額の上限が定められている。
- □住宅改修費は、要介護度が3段階以上重くなった場合は、再給付を受けることが可能。
- □住宅改修費は、**転居**した場合は、再給付を受けることが可能。
- □種類支給限度基準額は、区分支給限度額の対象サービスのうち、その市町村で供給が不足している特定のサービスに、**市町村が条例**で上限を定めたもの。
- □上乗せサービスは、厚生労働大臣が定めた基準を上回る限度額を**市町村が条例**

により設定したもの。

□上乗せサービスは、基本的に第1号被保険者の保険料が財源。

◆福祉用具購入費と住宅改修費の支給限度額

	限度額管理期間	支給限度基準額
福祉用具購入費	1年間（4月1日～3月31日）	10万円
住宅改修費	な　し	20万円

保険給付の方法

出題実績 26 25 24 23 再

□被保険者への保険給付の方法は、介護保険法上は**償還払い**。

□償還払いとは、利用者が費用の**全額**を事業者や施設に支払い、あとで市町村から利用者負担分を引いた額の払い戻しを受ける方式。

□被保険者の利便性などを考慮し、実際は、ほとんどのサービスが**現物給付**で給付される。

□現物給付化されていないもの（**償還払い**）は次の5つ。

①**福祉用具購入費**、②住宅改修費、③特例サービス費、④**高額介護サービス費**、⑤高額医療合算介護サービス費

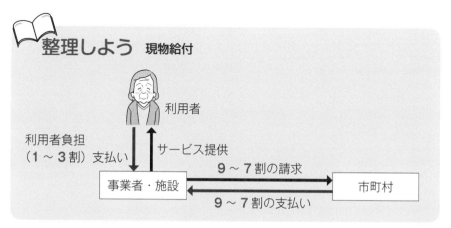

整理しよう　**現物給付**

利用者

利用者負担
（1～3割）支払い　サービス提供

事業者・施設　9～7割の請求　市町村

9～7割の支払い

利用者負担

定率の利用者負担 出題実績 26 25 24 23 再

□原則として、利用者負担はサービス費用の**1**割。

□一定以上の所得者は、利用者負担が**2**割、そのうちの特に高所得者は**3**割。

□事業者・施設が利用者の負担割合を確認できるよう、市町村から利用者へ**介護保険負担割合証**を交付。

□居宅介護支援あるいは介護予防支援については、利用者負担は**なし**。

2割や3割負担になるのは、第1号被保険者だけで、第2号被保険者は所得にかかわらず1割負担です。

高額介護（予防）サービス費 出題実績 26 25 24 23 再

□要介護者（要支援者）が1か月に支払った自己負担分の合計が**所得区分**ごとに定められた負担上限額を超えた分を、高額介護（予防）サービス費として支給。

◆所得区分ごとの負担上限

所得区分	負担上限額（月額）
課税所得690万円以上	14万100円（世帯）
課税所得380万円以上690万円未満	9万3000円（世帯）
課税所得380万円未満	4万4400円（世帯）
住民税世帯非課税	2万4600円（世帯）
住民税世帯非課税で、合計所得金額と課税年金収入額の合計が80万円以下、老齢福祉年金の受給者	2万4600円（世帯） 1万5000円（個人）
生活保護受給者等	1万5000円（個人）

□対象は、**居宅**サービス、**介護予防**サービス、**施設**サービス、**地域密着型**サービス。

□高額介護（予防）サービス費は、市町村が**償還払い**（p.47 参照）で、**世帯単**位で支給する。

□**福祉用具購入費**と**住宅改修費**の自己負担分については対象とならない。

□**食費**や**居住費・滞在費**、その他の日常生活費などの自己負担分は除く。

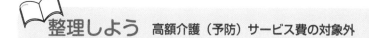

整理しよう 高額介護（予防）サービス費の対象外

- 居住費（滞在費）、食費
- **福祉用具購入費**や**住宅改修費**の自己負担分
- **日常生活費** など

高額医療合算介護（予防）サービス費 出題実績 26 25 24 23 再

□対象期間は、医療保険と介護保険における１年間（毎年８月１日から始まり翌年７月 31 日まで）。

□医療保険と介護保険の自己負担の**合算額**が著しく高額であった場合に、自己負担額を軽減する制度。

□一定額を超えた分は、医療保険と介護保険それぞれの比率に応じて按分して各保険者（介護保険：**市町村**、医療保険：**医療保険者**）が支給。

□**福祉用具購入費**と**住宅改修費**の自己負担分については対象とならない。

□**食費**や**居住費・滞在費**、その他の日常生活費などの自己負担分は除く。

高額医療合算介護サービス費と高額介護サービス費の支給対象となるサービスや対象外となるものは同じです。

◖ 施設等における食費・居住費の負担 　出題実績 26 25 24 23 再

☐次の費用は、介護保険の保険給付の対象外となり、**全額**自己負担。

◆利用者負担の対象

- 施設サービスの**食費**と**居住費**
- 短期入所系サービス（短期入所生活介護、短期入所療養介護等）の**食費**および**滞在費**
- 通所系サービス（通所介護、通所リハビリテーション等）の**食費**
- 施設等における日常生活費のうち、利用者負担が適当なもの（**理美容代**や**クリーニング代**など）

※**おむつ代**は、施設サービスと短期入所系サービスでは保険給付の対象

◖ 特定入所者介護（予防）サービス費（補足給付） 　出題実績 26 25 24 23 再

☐低所得の要介護者等に対して、所得段階に応じた、**食費・居住費（滞在費）**の負担限度額を設定。

☐**負担限度額**を超える費用を、特定入所者介護（予防）サービス費として給付。

☐対象者は、支給対象サービスを利用した生活保護受給者等と市町村民税世帯非課税。ただし、現金や預貯金等の**資産**が一定額を超えている場合は対象外。

☐支給対象となるサービスは、施設サービス、**地域密着型介護老人福祉施設入所者生活介護**、短期入所生活介護、短期入所療養介護。

☐対象者には、申請により**介護保険負担限度額認定証**を交付。

📖 整理しよう 　負担軽減制度の対象者

高額介護サービス費・高額医療合算介護サービス費	すべての利用者
特定入所者介護サービス費	**低所得者のみ**

保険料

第1号被保険者の保険料　出題実績 26 25 24 23 再

□第1号被保険者の平均保険料である基準額は、各市町村が政令で定める基準に従い、**条例**で決定。

□基準額は、3年ごとに策定する介護保険事業計画に基づいており、基本的に**3年ごと**に改定。

□被保険者一人ひとりの保険料は、所得水準に応じた原則**9段階**の定額保険料。

□市町村は、条例で定めるところにより、所得段階を9段階よりもさらなる細分化や各段階の保険料率の**変更**が可能。

□第1号被保険者の保険料の徴収方法は、**普通徴収**と**特別徴収**の2種類。

□保険料の納期は、**市町村の条例**で決定。

□被保護者の介護保険料（介護保険料加算として生活扶助に加算して支給）は、**福祉事務所等**が被保護者に代わって直接市町村に支払うことが可能。

◆**市町村が定める第1号被保険者の基準額（2024〜2026年度）**

$$基準額（年額）= \frac{介護サービスに必要な費用の総額}{65歳以上の人数} \times 23\%（65歳以上の人の保険料負担割合）（p.30参照）$$

整理しよう　第1号被保険者の保険料の徴収方法

	対象	方法
特別徴収	年額18万円以上の年金受給者	**年金保険者**が年金から天引きする
普通徴収	年額18万円未満の年金受給者	**市町村**から送付された納入通知書で支払う

保険料率は試験では問われませんので、ここでは省略します。試験対策では、所得段階別になっていること、市町村の条例で細分化や変更ができることを押さえておきましょう。

保険料の減免等

出題実績 26 25 24 23 再

□保険料の減免等の対象者は、**市町村の条例**で定められる。

□特別な理由がある者に対し、保険料の**減免**（減額や免除）や**徴収猶予**が可能。

□ただし、①保険料の**全額免除**、②収入のみに着目した一律の減免、③**一般財源**繰り入れによる保険料減免分の補填、の方法での減免は不可。

📖 整理しよう　保険料減免の対象

要介護被保険者またはその者が属する世帯の生計維持者が下記のいずれかに該当する場合。

要　件	原因・理由
住宅、家財などの著しい損害	**震災**、**風水害**、**火災**など
収入の著しい減少	死亡または心身に受けた**重大な障害**、もしくは**長期入院** 事業または業務の**休廃止**、事業における著しい損失、失業等 干ばつ、冷害等による**農作物の不作**、**不漁**など

保険料の滞納

出題実績 26 25 24 23 再

□第1号被保険者で要介護被保険者等が介護保険料を滞納した場合の措置

①保険給付の方法を**償還払い**へ変更（1年以上滞納）

②保険給付の**一時差止め**（1年半以上滞納）

③滞納保険料と保険給付の**相殺**

□保険料滞納があり、時効（2年）が消滅している場合の措置

①時効により、**未納分**の保険料を支払うことができなくなる

②要介護認定時に、保険料未納期間に応じて保険給付を**減額**（例：通常自己負担1割→3割）

③高額介護サービス費の利用者負担の**減額**が受けられなくなる

第2号被保険者の保険料　出題実績 26 25 24 23 再

□第2号被保険者負担率は、3年ごとに**政令**で定められる。

□健康保険に加入する第2号被保険者の保険料は、**各医療保険者**が徴収。

□第2号被保険者の保険料負担分は、社会保険診療報酬支払基金が、**介護給付費交付金**と**地域支援事業支援交付金**として市町村に納付。

□第2号被保険者の保険料は、健康保険等の場合は**事業主**が半額負担し、国民健康保険の場合は**国**が半額負担。

◆第2号被保険者保険料の納付の流れ

整理しよう　第2号被保険者の保険料の負担

健康保険・共済組合	**事業主**が半額負担
国民健康保険	**国**が半額負担※

※何割を国の負担とするかは、厳密には市町村によって異なる。

介護支援専門員

介護支援専門員の義務

出題実績 26 25 24 23 再

□介護支援専門員の７つの義務は、**介護保険法**に規定。

◆介護支援専門員の義務

①**公正・誠実**な業務遂行義務	常に要介護者等の立場に立って、提供されるサービスが特定の種類又は特定の事業者等に不当に偏ることのないよう、公正かつ誠実にその業務を行わなければならない
②**基準**遵守義務	指定居宅介護支援基準の基本取扱方針に従って業務を行わなければならない
③**資質向上努力**義務	専門的知識・技術水準の向上その他の資質向上に努めなければならない
④介護支援専門員証の**不正使用**の禁止	介護支援専門員証を不正に使用してはいけない
⑤**名義貸し**の禁止	介護支援専門員の名義を他人に使用させてはならない
⑥**信用失墜行為**の禁止	介護支援専門員の信用を傷つけるような行為をしてはならない
⑦**秘密保持**義務	正当な理由なしに、その業務に関して知り得た人の秘密を漏らしてはならない

秘密保持義務は、介護支援専門員でなくなった後も同様です。

介護支援専門員の役割・基本姿勢　出題実績 26 25 24 23 再

□介護支援専門員は、アセスメントの結果に基づき**居宅サービス計画**を作成する。

□被保険者証に**認定審査会意見**の記載があるときは、利用者の理解を得た上で、その内容に沿って居宅サービス計画を作成しなければならない。

□特定のサービス事業者に不当に偏ることなく、**公正中立**に支援する。

□**利用者本位**を徹底し、支援の開始には利用者の暮らしを知ることが必要。

□一定回数以上の**生活援助中心型**の訪問介護を居宅サービス計画に位置付ける場合には、**市町村**に届け出なければならない。

□居宅サービス計画に位置付けた指定訪問介護事業者に対して、**訪問介護計画**の提出を求める。

□介護支援専門員の基本倫理として、次のものがある。

　①**自立支援**の視点、②ストレングスとエンパワメント、③権利擁護と**人権尊重**、④主体性の尊重、⑤公正中立、⑥**社会的**責任、⑦**個人情報**の保護がある。

基本倫理は事例問題を解く上で重要です。

整理しよう　**介護支援専門員になるには**

養成対象となる条件を満たす

↓

介護支援専門員実務研修受講試験に合格

↓

実務研修を受講・修了

↓

都道府県知事の登録

↓

介護支援専門員証の交付

介護サービス情報の公表制度

◗ 介護サービス情報の報告と公表　出題実績 26 25 24 23 再

☐ 介護サービス情報の内容は、①**基本情報**（基本的な事実情報）と②**運営情報**（具体的な取組状況）。

☐ 事業者は、介護サービスの提供を開始するときは、都道府県知事に「①**基本情報**」を報告し、報告を受けた**都道府県知事**は、この情報を**公表**しなければならない。

☐ 事業者は、毎年、「①**基本情報**」と「②**運営情報**」を都道府県知事に報告し、報告を受けた都道府県知事は、この情報を公表しなければならない。

☐ 介護サービス情報には、都道府県知事が定める**任意報告情報**がある。

☐ 任意報告情報を提供された場合は、都道府県知事はこれを公表するよう**配慮**しなければならない。

☐ 介護サービスの情報を受けた**都道府県知事**は、必要に応じて調査を実施。

報告先は、サービスの種類に関係なく、都道府県知事です。

◗ 調査命令と指定の取消等　出題実績 26 25 24 23 再

☐ 報告をしなかったり虚偽の報告をしたり、調査を拒否したりした事業者に対して、都道府県知事は、**報告・報告内容の是正や調査の受入れ**を命ずることが可能。

☐ 報告・報告内容の是正や調査の受入れ命令に従わない事業者に対して、都道府県知事は、その**指定の取消し**や**効力の停止**をすることが可能。

☐ 市町村長が指定する事業者が命令に従わない場合、**都道府県知事**は**市町村長**に通知する。

事業者の指定の取消しや効力の停止は、その指定をした都道府県知事や市町村長が行います。

整理しよう　介護サービス情報公表制度

介護サービス事業所・施設

《介護サービス情報》

■ **基本情報**
基本的な事実に関する情報
　（例）事業所の所在地、従業員数、営業時間等

■ **運営情報**
介護サービスに関する**具体的な取組**に関する情報
　（例）苦情対応の状況、身体的拘束廃止への取組の有無等

■ **任意報告情報**
都道府県が追加で定めるもの（任意設定）
　（例）成年後見制度への配慮、職員の離職率等

報告（年1回）↓

都道府県知事または 指定情報公表センター

閲覧↑

利用者

必要に応じて調査 ↑

都道府県知事または 指定調査機関

 指定調査機関と指定情報公表センター　出題実績 26 25 24 23 再

□都道府県知事は、介護サービス情報の報告の調査を、**都道府県**ごとに指定する**指定調査機関**に行わせることができる。

□都道府県知事は、介護サービス情報の情報公表事務を、**都道府県**ごとに指定する**指定情報公表センター**に行わせることができる。

□指定調査機関と指定情報公表センターには、**秘密保持義務**が課せられている。

国民健康保険団体連合会

介護保険事業関係業務　　　出題実績 26 25 24 23 再

□国民健康保険団体連合会（国保連）は、**都道府県**単位で設置。

◆国保連の介護保険関連業務

①**介護報酬**の審査・支払（市町村からの委託）

②**介護予防・日常生活支援総合事業**に要する費用の審査・支払（市町村からの委託）

③**苦情処理**等の業務

④第三者行為求償事務（市町村からの委託）

⑤介護サービスの提供事業や**介護保険施設**の運営

⑥介護保険事業の円滑な運営に資する事業

□第三者行為求償事務とは、要介護状態等の保険事故の発生原因が、第三者の加害行為による場合に、第三者に対して行う**損害賠償金**の徴収・収納。

□苦情処理等業務とは、サービスの利用者からの苦情（指定基準違反にならない程度のもの）の受付、事実関係の**調査**、改善の必要が認められれば事業者・施設に**指導・助言**。

□指定基準の違反等の場合における強制権限を伴う立入検査や指定の取消等は、**都道府県知事**や**市町村長**が担当。

□苦情の受付は、原則は**書面**だが、必要に応じて**口頭**でも可能。

> 苦情処理業務は、中立性が求められるため、保険者である市町村ではなく、国保連の独立した業務とされました。

介護給付費等審査委員会

出題実績 26 25 24 23 再

□介護給付費等審査委員会は、**国保連**に設置される。

□市町村から委託された**介護給付費請求書**や**介護予防・日常生活支援総合事業費請求書**の審査を担当。

□委員は、国保連が委嘱し、任期は **2** 年。

□委員の構成は、介護サービス担当者代表委員、**市町村代表委員**、**公益代表委員**。

◆介護給付費の流れ

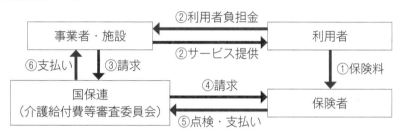

整理しよう　介護サービスにかかわる委員会

委員会	設置場所	委　　員	委員の任命者	任　期
介護給付費等審査委員会	**国保連**	・介護サービス担当者代表委員 ・市町村代表委員 ・公益代表委員	**国保連**（委嘱）	2 年
介護認定審査会	**市町村**の附属機関	学識経験者	**市町村長**	2 年
介護保険審査会	**都道府県**	・被保険者代表委員 ・市町村代表委員 ・公益代表委員	**都道府県知事**	3 年

地域支援事業

地域支援事業の全体像

□地域支援事業は、①**介護予防・日常生活支援総合事業**（総合事業）、②**包括的支援事業**、③**任意事業**の3種類。

□①**総合事業**と②**包括的支援事業**は、必須事業。

□③**任意事業**の実施は、**市町村**の判断に委ねられている。

整理しよう　地域支援事業の全体像

必須事業	介護予防・日常生活支援総合事業（総合事業）	1　介護予防・生活支援サービス事業（第1号事業） ①訪問型サービス（第1号訪問事業） ②通所型サービス（第1号通所事業） ③その他生活支援サービス（第1号生活支援事業） ④**介護予防ケアマネジメント**（第1号介護予防支援事業） 2　一般介護予防事業 ①**介護予防把握事業**　　　②**介護予防普及啓発事業** ③地域介護予防活動支援事業 ④一般介護予防事業評価事業 ⑤**地域リハビリテーション活動支援事業**
	包括的支援事業	1　包括的支援事業（地域包括支援センターの運営） ①第1号介護予防支援事業（要支援者に係るものを除く） ②**総合相談支援業務** ③**権利擁護業務** ④包括的・継続的ケアマネジメント支援業務 2　包括的支援事業（社会保障充実分） ①在宅医療・介護連携推進事業 ②生活支援体制整備事業 ③**認知症総合支援事業** ④地域ケア会議推進事業
任意事業	任意事業	①介護給付等費用適正化事業 ②家族介護支援事業 ③その他の事業

地域支援事業の財源構成

出題実績 26 25 24 23 再

□ **総合**事業の財源構成は、居宅給付費と同様（p.30 参照）。

□ 包括的支援事業と任意事業の財源構成は、国 **38.5**％、都道府県・市町村がそれぞれ **19.25**％、第 1 号保険料が **23**％。

□ 包括的支援事業と任意事業の財源には、第 2 号保険料は含まれない。

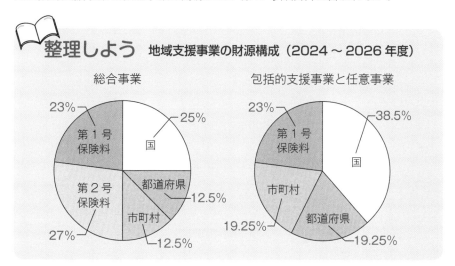

整理しよう 地域支援事業の財源構成（2024 〜 2026 年度）

総合事業

出題実績 26 25 24 23 再

□ 総合事業は、大きく分けて**介護予防・生活支援サービス事業（第 1 号事業）** と**一般介護予防事業**の 2 つ。

□ 介護予防・生活支援サービス事業の対象者は、**要支援者**と、基本チェックリストで該当者と判定された第 1 号被保険者。

□ 介護予防・生活支援サービス事業は、①訪問型サービス、②通所型サービス、③その他生活支援サービス、④**介護予防ケアマネジメント**の 4 つの事業から構成。

□ 一般介護予防事業の対象者は、すべての第 1 号被保険者。

□ 一般介護予防事業は、①**介護予防把握事業**、②**介護予防普及啓発事業**、③地域介護予防活動支援事業、④一般介護予防事業評価事業、⑤**地域リハビリテーショ**

ン活動支援事業の5つから構成。

◆ **総合事業の全体像**

介護予防・生活支援サービス事業	訪問型サービス（第1号訪問事業）	①訪問介護（訪問介護員等による身体介護・生活援助） ②訪問型サービスA（緩和した基準によるサービス） ③訪問型サービスB（住民主体による支援） ④訪問型サービスC（**専門職**による短期集中予防サービス） ⑤訪問型サービスD（移動支援）
	通所型サービス（第1号通所事業）	①通所介護（通所介護員等による身体介護・生活援助） ②通所型サービスA（緩和した基準によるサービス） ③通所型サービスB（住民主体による体操や運動等の支援） ④通所型サービスC（**専門職**による短期集中予防サービス）
	その他生活支援サービス（第1号生活支援事業）	①**栄養改善**を目的とした配食 ②住民ボランティア等による**見守り** ③訪問型サービス、通所型サービスに準じる自立支援に資する生活支援（訪問型サービス・通所型サービスの一体的提供等）
	介護予防ケアマネジメント（第1号介護予防支援事業）	①ケアマネジメントA（介護予防支援と同様のケアマネジメント） ②ケアマネジメントB（**サービス担当者会議**の省略や**モニタリング**を3か月に1回とするケアマネジメント） ③ケアマネジメントC（**初回のみ**のケアマネジメント）
一般介護予防事業	介護予防把握事業（住民からの情報提供等により、何らかの支援を要する者の把握、介護予防活動等へつなげる）	
	介護予防普及啓発事業（介護予防活動の普及・啓発）	
	地域介護予防活動支援事業（住民主体の介護予防活動の育成・支援）	
	一般介護予防事業評価事業（介護保険事業計画の達成状況等の検証による、一般介護予防事業の評価）	
	地域リハビリテーション活動支援事業（リハビリ専門職等による通所、訪問、地域ケア会議、サービス担当者会議、住民運営の通いの場等への関与を促進）	

整理しよう　総合事業の対象者

介護予防・生活支援サービス事業	**要支援者**・基本チェックリストに該当する第 1 号被保険者
一般介護予防事業	すべての第 1 号被保険者

包括的支援事業

出題実績 26 25 24 23 再

□包括的支援事業は、大きく分けて**地域包括支援センター**の運営と社会保障充実分。

□**地域包括支援センター**の運営は、❶第 1 号介護予防支援事業（介護予防ケアマネジメント）、❷**総合相談支援業務**、❸**権利擁護業務**、❹包括的・継続的ケアマネジメント支援業務から構成。

□❶～❹について、市町村は、地域包括支援センターに**一括**して委託。

◆**包括的支援事業（地域包括支援センターの運営）**

業務・事業等	内　容	委託先
❶第 1 号介護予防支援事業（介護予防ケアマネジメント）	総合事業のサービスが包括的・効率的に提供されるように必要な援助を総合事業の介護予防ケアマネジメントと一体的に行う	**地域包括支援センター**の設置者のみ（❶～❹は一括して委託する）
❷総合相談支援業務	被保険者の実態の把握、総合相談支援、家族を介護する者に対する相談支援	
❸権利擁護業務	権利擁護のための成年後見制度の活用促進や高齢者虐待への対応など	
❹包括的・継続的ケアマネジメント支援業務	包括的・継続的なケア体制の構築など	

□社会保障充実分は、❺在宅医療・介護連携推進事業、❻生活支援体制整備事業、❼**認知症総合支援事業**、❽地域ケア会議推進事業から構成。

□❺〜❼については、地域包括支援センター以外にも委託が**可能**。

□❽地域ケア会議推進事業は、**地域包括支援センター**または**市町村**が直接実施。

◆**包括的支援事業（社会保障充実分）**

業務・事業等	内　容	委託先
❺在宅医療・介護連携推進事業	医療と介護の連携により、在宅医療・介護を一体的に提供できる体制づくりの推進	**地域包括支援センター**以外にも委託可
❻生活支援体制整備事業	高齢者の社会参加および生活支援の充実を図るため、①**生活支援コーディネーター**（地域支え合い推進員）の配置、②協議体の設置、③就労的活動支援コーディネーター（就労的活動支援員）の配置	
❼認知症総合支援事業	認知症の悪化防止や総合的な支援を行うため、①**認知症初期集中支援推進事業**（認知症初期集中支援チームを設置）、②認知症地域支援・ケア向上事業（**認知症地域支援推進員**を配置）、③認知症サポーター活動促進・地域づくり推進事業（**チームオレンジコーディネーター**を配置）を実施	
❽**地域ケア会議**推進事業	地域包括支援センター等において、多職種協働による個別事例の検討等を通して、地域のネットワーク構築、地域課題の把握等を推進	―

任意事業

出題実績 26 25 24 23 再

□任意事業は、①介護給付等費用適正化事業、②家族介護支援事業、③その他の事業から構成。

◆任意事業

①介護給付等費用適正化事業	ケアプランや住宅改修等の点検、介護サービス事業者等への適正化支援事業など、適正なサービス提供のための事業
②家族介護支援事業	家族介護教室の開催、認知症高齢者見守り事業など、介護者支援のための必要な事業
③その他の事業	成年後見制度利用支援事業、福祉用具・住宅改修支援事業など、介護保険事業の運営の安定化および被保険者が地域で自立した日常生活を送るための支援に必要な事業

地域支援事業は、要介護状態等への予防や、要介護状態等になっても地域で自立した日常生活を送れるよう支援することを目的としています。

地域包括支援センター

出題実績 26 25 24 23 再

□地域包括支援センターは、**地域包括ケアシステム**の要となる機関。

□市町村が直接設置する**直営型**と、市町村から委託を受けた社会福祉法人等が設置する**委託型**の2種類。

□業務は、**包括的支援事業**（地域包括支援センターの運営）の実施のほか、市町村の委託を受けて総合事業や任意事業、市町村の指定を受けての指定介護予防支援。

□原則として、第1号被保険者数がおおむね3000人以上6000人未満ごとに、常勤専従の①**保健師**、②**社会福祉士**、③**主任介護支援専門員**の3職種のそれぞれ1人を配置。

□地域包括支援センターの設置や運営については、市町村単位で設置される**地域包括支援センター運営協議会**が関与するのが原則。

□地域包括支援センター運営協議会のメンバーは、介護（予防）サービス事業者、関係団体、**学識経験者**、**被保険者**等で構成。

◆**地域包括支援センターと市町村の責務**

- 自ら事業の**質の評価**を行い、事業の質の向上を図る
- 介護サービス事業者や民生委員、地域の関係者らとの連携に努める

市町村 → 地域包括支援センター

- 事業の実施状況の**評価**、必要な場合の措置
- センター設置時などの事業内容や運営状況に関する**情報公表**

運営支援

地域包括支援センター運営協議会

保健福祉事業

出題実績 26 25 24 23 再

□市町村は、地域支援事業のほか、**保健福祉事業**を行うことが可能。

□保健福祉事業の財源は、第1号保険料。

□対象は、**被保険者**全体。

◆**保健福祉事業の内容**

- 介護する者の**支援**のために必要な事業（家族介護教室など）
- 被保険者が要介護状態等になることを予防するために必要な事業（介護予防教室など）
- 指定居宅サービス及び**指定居宅介護支援**の事業並びに介護保険施設の運営その他の保険給付のために必要な事業（居宅サービス事業の運営など）
- 被保険者が利用する介護給付等対象サービス利用に必要となる**資金**の貸付け（**貸付**事業など）

居宅介護支援事業の基準

基本方針

出題実績 26 25 24 23 再

◆ 「指定居宅介護支援等の事業の人員及び運営に関する基準」第1章

①可能な限りその**居宅**において、その有する能力に応じ**自立した日常生活**を営むことができるように配慮する。

②**利用者の選択**に基づき、適切な保健医療サービス及び福祉サービスが、**多様な事業者**から、**総合的かつ効率的**に提供されるよう配慮する。

③**利用者の意思及び人格**を尊重し、常に利用者の立場に立って、利用者に提供されるサービスが特定の種類や事業者等に不当に偏することのないよう、**公正中立**に行う。

④**市町村**、**地域包括支援センター**、老人介護支援センター、他の**指定居宅介護支援事業者**、**指定介護予防支援事業者**、**介護保険施設**、障害者総合支援法に規定する**指定特定相談支援事業者**等との**連携**に努める。

⑤利用者の**人権擁護・虐待防止**等のための体制の整備や研修を実施する（2024年3月末までは努力義務）。

人員基準

出題実績 26 25 24 23 再

□事業所ごとに、**1人以上**の**常勤**の介護支援専門員の配置が必要。

□介護支援専門員は、利用者が**35人**またはその端数を増すごとに1人増やすことが必要。

□**介護保険施設**の常勤専従の介護支援専門員以外の他の業務との兼務が可能。

□事業所ごとに、常勤の**主任介護支援専門員**である管理者の配置が必要。

□支障がなければ、管理者は介護支援専門員や**同一敷地内**にある他の事業所の職務との兼務が可能。

整理しよう　兼務の可否

職　種	他の事業所※の 管理者・従業員等	介護保険施設の専従の 介護支援専門員
介護支援専門員	○	×
管理者	○	×

※同一敷地内の居宅サービス事業所、介護保険施設、病院、診療所等の業務

管理者の主任介護支援専門員という要件は、2026年度末まで
の猶予が設けられています。

運営基準

出題実績 **26** 25 **24** **23** 再

◆運営基準の内容

内容及び手続き の説明と同意	・運営規程の概要その他サービスの選択に資する**重要事項**を**文書**で説明し、利用申込者の**同意**を得る。 ・利用者は**複数**の指定居宅サービス事業者等の紹介を求めることができることにつき説明を行い、理解を得る。 ・利用者が入院する必要が生じた場合には、利用者またはその家族に対し、担当**介護支援専門員**の氏名と連絡先を入院先に伝えるよう依頼する。
サービス提供拒 否の禁止	・正当な理由なく指定居宅介護支援の提供を拒んではならない。（「正当な理由」：**現員**で応じきれない、申込者の居住地が**事業実施地域外**、明らかに**他の居宅介護支援事業者**にも依頼している）
サービス提供困 難時の対応	・他の事業者の**紹介**を行うなどの必要な措置を講じる。

利用者の受給資格等の確認	• サービス提供の依頼を受けたときは、**被保険者証**によって、被保険者資格、要介護認定の有無、要介護認定の有効期間を確かめる。
要介護認定の申請に係る援助	• 被保険者が要介護認定の申請をする場合、利用申込者の意思を踏まえ、必要な協力を行う。 • 要介護認定の更新申請が、遅くとも有効期間満了日の **30** 日前には行われるように必要な援助を行う。
身分証の携行	• **介護支援専門員証**を携行し、初回訪問時や利用者・その家族から求められたときは、これを**提示**する。
利用料等の受領	• 通常の事業実施地域以外の地域で指定居宅介護支援を行う場合には、それに要した**交通費**の支払いを利用者から受けることができる。
保険給付の請求のための証明書の交付	• 償還払いの場合は、利用料の額等を記載した**指定居宅介護支援提供証明書**を利用者に交付する。
記録の整備	• 従業者、設備、備品、会計に関する諸記録。 • 利用者に対する下記の記録の整備。その完結の日から **2** 年間保存。 ①指定居宅サービス事業者等との連絡調整に関する記録 ②居宅サービス計画、アセスメントの結果、サービス担当者会議等の記録、モニタリングの結果を記録した利用者ごとの**居宅介護支援台帳** ③市町村への通知に係る記録 ④苦情の内容等の記録 ⑤事故の状況及び事故に際してとった処置についての記録

運営規程は事業所ごとに定めます。

居宅介護支援

居宅介護支援の一連の業務　出題実績 26 25 **24** 23 再

□**居宅要介護者**に対するケアマネジメント。

□担当は、居宅介護支援事業所の**介護支援専門員**。

□居宅介護支援は、**ケアマネジメント**の過程で行われる。

 居宅介護支援の一連の業務は、介護支援専門員しか担当できません。生活保護受給者に対して福祉事業所の現業員が居宅サービス計画の作成を行えるかが試験に出たことがあります。

◆ケアマネジメントの過程

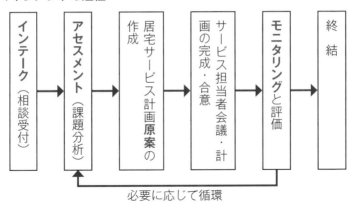

インテーク（相談受付）→ アセスメント（課題分析）→ 居宅サービス計画原案の作成 → サービス担当者会議・計画の完成・合意 → モニタリングと評価 → 終結

必要に応じて循環

アセスメント（課題分析）　出題実績 26 25 **24** 23 再

□アセスメントでは、利用者の身体的機能状況、精神心理的状況、社会環境的状況から、**生活ニーズ**を明らかにする。

□利用者の**居宅**で、利用者や家族と**面接**して実施。

□アセスメントにおける課題分析票は、書式は自由だが、厚生労働省が示す**課題分析標準項目**の内容を含む必要がある。

整理しよう　課題分析標準項目

基本情報に関する項目	課題分析に関する項目
①基本情報（受付、利用者等基本情報） ②生活状況 ③利用者の被保険者情報 ④利用サービスの状況 ⑤障害老人の日常生活自立度 ⑥認知症老人の日常生活自立度 ⑦主訴 ⑧要介護認定情報 ⑨課題分析理由	⑩健康状態 ⑪ADL（日常生活動作） ⑫IADL（手段的日常生活動作） ⑬認知 ⑭コミュニケーション能力 ⑮社会とのかかわり ⑯排尿・排便 ⑰褥瘡・皮膚の問題 ⑱口腔衛生 ⑲食事摂取 ⑳問題行動 ㉑介護力 ㉒居住環境 ㉓特別な状況

サービス担当者会議　出題実績 26 25 24 23 再

□**介護支援専門員**が、利用者や家族、サービス担当者、主治医等を集めて開催。

□**利用者**や**家族**の参加は基本だが、虐待があるなど、参加が好ましくない場合は除く。

□利用者の状況等について**情報共有**するとともに、居宅サービス計画の原案について、専門的見地から**意見交換**する。

□やむを得ない理由がある場合には、担当者への**照会**としてもよい。

□**テレビ電話装置**等を活用して行うことが可能（利用者や家族が参加する場合は、同意が必要）。

◆サービス担当者会議を開催せず照会でもよい「やむを得ない理由」

やむを得ない理由に該当	やむを得ない理由に該当しない
・利用者（末期の**悪性腫瘍**の患者のみ）の心身の状況等により、主治の医師等の意見を勘案して必要と認める場合 ・開催の日程調整を行ったが、**サービス担当者**の事由により、参加が得られなかった場合 ・利用者の状態に大きな変化がみられないなど、居宅サービス計画の**軽微な変更**の場合	・利用者の都合 ・利用者の拒否

利用者の都合や拒否により利用者が欠席しても、サービス担当者会議の開催は原則として必要です。

モニタリング

出題実績 26 25 24 23 再

□モニタリングは、**居宅サービス計画**の実施状況を把握するために実施。

□特段の事情がない限り、月1回以上、居宅を**訪問**し本人と**面接**して実施。

□特段の事情がない限り、月1回以上、モニタリングの結果を**記録**する。

□特段の事情とは、**利用者**の事情により、居宅を訪問して面接ができないなど。介護支援専門員側の事情ではない。

◆モニタリングの記録

①居宅サービス計画の**実施状況**

②居宅サービス計画の**目標**の達成度

③居宅サービス計画の**評価**（位置付けられたサービス等が適切か）

④利用者の解決すべき課題の**変化**の確認

居宅サービス計画

● 居宅サービス計画の作成　　　出題実績 26 25 24 23 再

◆居宅サービス計画作成における主な留意点

介護支援専門員による作成	管理者は、**介護支援専門員**に居宅サービス計画の作成業務を担当させる
継続的かつ計画的な指定居宅サービス等の利用	自立した日常生活の支援を効果的に行うため、利用者の心身や家族の状況等に応じて、継続的かつ計画的にサービス等の利用が行われるようにする
総合的な居宅サービス計画の作成	利用者の日常生活全般を支援するため、介護給付等対象サービス以外の保健医療サービスまたは福祉サービス、**地域住民**による自発的な活動によるサービス等の利用を含めて居宅サービス計画上に位置付けるよう努める
アセスメントの実施	・計画作成にあたり、利用者の**居宅**を訪問しアセスメント（**課題分析**）を行う ・面接の主旨を利用者や家族に説明し、理解を得る
居宅サービス計画原案の作成	課題分析の結果に基づき、**居宅サービス計画原案**を作成する
利用者自身によるサービスの選択	・サービス内容、利用料等の情報を利用者または家族に提供 ・特定の指定居宅サービス事業者等に不当に偏った情報を提供してはならない
訪問介護の位置付けに関する届出	厚生労働大臣が定める回数以上の訪問介護（**生活援助**）を位置付ける場合、居宅サービス計画にその必要な理由を記載し、居宅サービス計画を**市町村**に届け出る
医療サービス利用の場合の主治医の指示等	・利用者が医療サービスを希望している場合は、利用者の同意を得て、主治の医師等（以下、主治医）の**意見**を求める ・居宅サービス計画への医療サービスの位置付けについては、医師の**指示**がある場合のみ可能 ・作成した居宅サービス計画を主治医に**交付**する
主治医等への情報提供	指定居宅サービス事業者等から得た、利用者の**服薬状況**、**口腔機能**、その他利用者の心身・生活状況にかかる情報を、利用者の同意を得て、主治医や歯科医師または薬剤師に提供する

短期入所生活介護・短期入所療養介護の居宅サービス計画への位置付け	居宅サービス計画に短期入所生活介護、短期入所療養介護を位置付ける場合は、原則として、利用日数が要介護認定の有効期間の概ね**半数**を超えないようにする
福祉用具貸与および特定福祉用具販売の居宅サービス計画への反映	福祉用具貸与・特定福祉用具販売を位置付ける場合は、その必要な**理由**を記載する。福祉用具貸与については、必要に応じてサービス担当者会議を開催し、継続する場合には、その**理由**を再び居宅サービス計画に記載する
サービス担当者会議の開催	サービス担当者会議を開催し、**専門的見地**からの意見を聴取する

整理しよう 主治医と居宅サービス計画の関係

①医療サービスを利用したい
利用者
②同意
③**意見**を求める
④指示
⑤**居宅サービス計画の交付**
介護支援専門員
主治医

居宅サービス計画の説明・同意・交付　出題実績 26 25 24 23 再

□居宅サービス計画の原案について、利用者やその家族に説明し、文書により**利用者**の同意を得る。

□確定した居宅サービス計画を、**利用者**と各サービスの**担当者**に交付。

□医療サービスを位置付けた場合は、居宅サービス計画を**主治医**に交付。

□各サービスの担当者から、**個別サービス計画**の提出を求める。

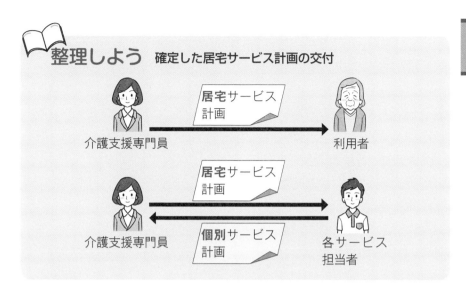

整理しよう　確定した居宅サービス計画の交付

介護支援専門員 → **居宅**サービス計画 → 利用者

介護支援専門員 → **居宅**サービス計画 → 各サービス担当者
各サービス担当者 → **個別**サービス計画 → 介護支援専門員

利用者の家族に交付しなければならないという規定はありません。

□利用者と事業者には、下表の①～⑤を交付する。

◆居宅サービス計画の構成

①第 1 表　居宅サービス計画書（1）	施設サービス計画書　第 1 表と同じ *
②第 2 表　居宅サービス計画書（2）	施設サービス計画書　第 2 表と同じ *
③第 3 表　週間サービス計画表	施設サービス計画書　第 3 表と同じ *
④第 6 表　サービス利用票	1 か月に提供される介護サービスの月間スケジュールなど
⑤第 7 表　サービス利用票別表	事業所ごとのサービス内容、利用者負担額など
⑥第 4 表　**サービス担当者会議**の要点	施設サービス計画書　第 5 表と同じ *
⑦第 5 表　**居宅介護支援経過**	居宅介護支援の経過など

*p.79 参照

介護保険施設の基準

◗ 介護保険施設の基準　　出題実績 26 25 24 23 再

☐ 介護保険施設では、厚生労働省令の基準*をもとに、**都道府県**の定めた条例により施設ごとに基準が定められる。

☐ 介護保険施設では、**介護支援専門員**を1人以上配置しなければならないことは共通基準。

☐ 基準を満たさない場合は、**指定（許可）** を受けることができない。

☐ 指定（許可）を受けたあと、基準に違反することが明らかになった場合は、**都道府県知事**の指導等の対象となる。

☐ 上記**都道府県知事**の指導に従わない場合は、当該指定等の効力の**停止または取消し**となる場合がある。

☐ 介護保険施設は、基準の順守はもとより、常にその**運営の向上**に努めなければならない。

＊「指定介護老人福祉施設の人員、設備及び運営に関する基準」等がある。

介護支援専門員が、施設サービス計画を作成します。

◗ 介護保険施設の共通基準（介護保険施設固有）　出題実績 26 25 24 23 再

◆介護保険施設の主な共通基準

入退所	・**必要性**の高い人を優先的に入所させる ・入所に際しては、心身の状況等を把握する ・入所中は居宅復帰が可能か定期的に検討する ・**居宅介護支援事業者**に対する情報提供や、サービス事業者との**連携**に努める

身体的拘束等の禁止	• 緊急やむを得ない場合を除き、身体的拘束等を禁止 • 身体的拘束を行う場合は、その態様・時間、心身の状況、理由を**記録**しなければならない • 身体的拘束等の適正化のための委員会を 3 か月に 1 回開催 • 適正化のための**指針**の整備 • 従業員への**研修**を定期的に開催
地域との連携等	• **地域住民**や**ボランティア団体**などとの連携・交流に努める • 市町村が実施する事業に協力する
衛生管理等	• 設備などの衛生的な管理に努める • **感染症対策委員会**をおおむね 3 か月に 1 回開催し、その結果を周知徹底する • 感染症および食中毒の発生またはまん延の防止のための指針を整備する等の必要な措置を講ずる
協力病院等	病状の急変や入院に備え、あらかじめ、**協力病院**を定める（介護療養型医療施設は除く）。あらかじめ、**協力歯科医療機関**を定めるよう努める
口腔衛生の管理	**口腔衛生**の管理体制を整備し、入所者一人ひとりに応じた口腔衛生の管理を計画的に行う（2024 年 3 月末までは努力義務）

整理しよう　身体的拘束等のポイント

①緊急やむを得ず行う場合の**記録**

②身体的拘束等の適正化のための対策を検討する委員会の開催（**3 か月に 1 回**）とその結果の周知徹底

③身体的拘束等の適正化のための**指針**の整備

④従業員への身体的拘束等の適正化のための定期的な研修の実施

「緊急やむを得ない場合」とは、「切迫性」「非代替性」「一時性」の 3 要件をすべて満たす場合をいいます。

施設介護支援

施設介護支援の一連の業務　出題実績 26 25 24 23 再

□**介護保険施設**の入所者を対象とする介護支援サービス。

□入所者に対して施設サービス計画を作成するのは、施設の**介護支援専門員**（計画担当**介護支援専門員**）。

□施設介護支援の流れは、**居宅ケアマネジメント**とほぼ同じ。

整理しよう　ケアマネジメントプロセスの主な違い

	居宅介護支援	介護予防支援	施設介護支援
サービス担当者会議	原則開催		担当者への照会でも可
モニタリング	1 か月に 1 回	3 か月に 1 回	定期的（頻度や回数の義務規定は**なし**）

施設介護支援のモニタリングは、他の担当者との連携がとれている場合でも実施しなければなりません。

施設サービス計画　出題実績 26 25 24 23 再

□家族の支援や地域のボランティアなどの**インフォーマル**サービスを盛り込む。

□**週**単位の週間サービス計画と 1 日単位の日課サービス計画のどちらかを作成する。

□計画の作成にあたっては、入所者と家族に**面談**し、アセスメントを行う。

□アセスメントでは、**課題分析標準項目**（p.71 参照）に基づき、課題分析を行う。

□計画作成後、利用者との定期的な面談により、**モニタリング**を行う。

□作成した計画は、入所者に**交付**する。

◆**施設サービス計画の作成**

アセスメント	・**計画担当介護支援専門員**は、入所者やその家族と面接し課題を把握 ・課題分析標準項目に基づいた課題分析を行う
施設サービス計画原案の作成	**地域住民**の自発的な活動によるサービスなどの介護給付対象サービス以外も計画に位置付け
サービス担当者会議	計画原案を**専門的見地**から検討
計画の決定	計画原案を入所者・家族に説明し、**文書**により合意を得て、入所者に計画を交付
モニタリング	・計画作成後、モニタリングを行う ・モニタリングの結果を**定期的に**記録する

整理しよう　施設サービス計画の主な構成

①第1表　施設サービス計画書（1）	利用者および家族の生活に対する意向、総合的な援助の方針など
②第2表　施設サービス計画書（2）	利用者のニーズ、目標、サービス内容など
③第3表　週間サービス計画表	週単位の介護サービス、利用者の主な日常生活上の活動
④第4表　日課計画表	1日に提供される介護サービスの時間スケジュール等
⑤第5表　サービス担当者会議の要点	サービス担当者会議での検討項目、結論など
⑥第6表　施設介護支援経過	施設介護支援の経過など

③と④はどちらかの作成でかまいません。

介護予防支援

◀ 介護予防支援事業・介護予防ケアマネジメント　出題実績 26 25 24 23 再

☐ **居宅要支援者**や介護予防・日常生活支援総合事業対象者に対するケアマネジメント。

☐ 目的は、高齢者が要介護状態等になることを予防するため、予防給付をはじめとするさまざまなサービスを**総合的・効率的**に実施すること。

☐ 介護予防支援業務を行う者は、地域包括支援センターの**保健師**その他介護予防支援に関する知識を有する担当職員。

☐ **居宅介護支援事業所**の介護支援専門員も実施可能（2024年4月〜）。

☐ 地域包括支援センターは、業務の一部を**指定居宅介護支援事業者**へ委託が可能。

☐ 地域支援事業の介護予防ケアマネジメントは、利用者の状態や基本チェックリストの結果、本人などの希望を踏まえて適宜**省略**することが可能（p.62参照）。

📖 整理しよう　介護予防支援事業の人員基準

担当職員（事業所ごとに1人以上）	①保健師 ②介護支援専門員 ③社会福祉士 ④経験ある看護師 ⑤高齢者保健福祉に関する相談業務等に3年以上従事した社会福祉主事 ※上記いずれかの者
管理者（事業所ごと）	**常勤専従**（兼務可）

管理者に資格要件（職種の限定）はありません。

介護予防サービス・支援計画

□**目標指向型**で作成する。

□本人等の**セルフケア**や家族の支援、地域の**ボランティア**等のインフォーマル
サービスを盛り込む。

◆介護予防サービス・支援計画の主な構成

目標とする生活	1 日	日々できることや達成感を感じられること
	1 年	楽しみや生きがいをもとに、今後の生活で達成したい目標
アセスメント領域の現在の状況		「運動・移動について」「日常生活（家庭生活）について」「社会参加・対人関係・コミュニケーションについて」「健康管理について」の4つの領域ごとに生活の状況を記載
課題に対する目標と具体策の提案		**専門家**としての具体的な提案を記載
具体策についての本人・家族の意向		上記への利用者や家族の意向
支援計画		利用者から合意を得られた目標を記載し、**具体的**な援助計画を記載
本来行うべき支援ができない場合		利用者や家族の合意が得られない場合などに、今後の手順や方針を記載

介護予防サービス・支援計画書は、ケアマネジメントプロセスを可視化したもので、アセスメントからケアプラン作成までの流れがつかめます。

事業等の基準

居宅サービス事業の基準　出題実績 26 25 24 23 再

- 国 (厚生労働省令) により、人員、設備及び運営に関する基準 (以下、「運営基準」) が定められている。
- 都道府県や市町村は、運営基準をもとに「従うべき項目」「標準とする項目」「参酌すべき項目」の 3 類型に沿って条例を制定する。

◆指定基準を定めるサービスごとの指定権者

居宅サービス	都道府県
介護予防サービス	都道府県
地域密着型 (介護予防) サービス	市町村
施設サービス (介護保険施設)	都道府県

居宅サービス提供にあたっての主な共通事項　出題実績 26 25 24 23 再

◆居宅サービス提供に共通する基準

◆：従うべき基準

サービス提供に関する運営基準	内容および手続きの説明と同意◆	あらかじめ、サービス選択に資する重要事項を記した文書を交付して説明し、同意を得る
	提供拒否の禁止◆	正当な理由なく、サービス提供を拒否してはならない (正当な理由：①現員では応じきれない、②通常の事業地域外、③その他適切なサービスを提供することが困難等)
	サービス提供困難時の対応	居宅介護支援事業者 (訪問看護の場合は主治医も) への連絡、他の事業者等の紹介その他必要な措置を取る
	受給資格等の確認	被保険者証により、被保険者資格等を確認する

		要介護認定の申請に かかる援助	要介護認定を受けていない利用申込者については、本人の意思を踏まえ、必要な協力を行う
		心身の状況等の把握	サービス担当者会議等を通して、利用者の**心身**の状況、**環境**、他のサービス**利用状況**等の把握に努める
		基本的取扱方針	利用者の要介護状態の軽減または悪化の防止に資するよう、目標を設定し、計画的に行う。事業者は、自らサービスの質の評価を行い、常にその改善を図る
関する基準	計画作成等に	居宅サービス計画に 沿ったサービス提供	**居宅サービス計画**が作成されている場合は、その計画に沿ったサービスを提供する
		居宅サービス計画等 の変更の援助	利用者が居宅サービス計画の変更を希望した場合、**居宅介護支援事業者**への連絡等の必要な援助を行う
その他		サービス提供の記録	サービスの提供日、内容等を記録し、利用者から要望があれば情報を提供する
		緊急時等の対応	利用者に病状の急変が生じた場合は、速やかに主治医や協力医療機関への連絡を行う等必要な措置を講じる
		業務継続計画の 策定等◆	**感染症**や災害が発生しても、利用者に必要なサービスを提供できるよう計画の策定等の必要な措置を講じる（2024年3月末までは努力義務）
		秘密保持等◆	正当な理由なく、業務上知り得た利用者や家族の秘密を漏らしてはならない。サービス担当者会議等で必要がある場合は、利用者等にあらかじめ**文書**により**同意**を得る
		虐待の防止◆	担当者の設置、虐待防止対策検討委員会の開催、**虐待防止指針**の整備等の措置を取る（2024年3月末までは努力義務）
		記録の整備	サービス提供に関する記録は、その完結の日から**2年間**保存する

介護予防サービス事業と地域密着型サービス事業の基準は、居宅サービス事業者と基本的に同様です。以下、異なる点のポイントを挙げます。

介護予防サービス事業の基準

出題実績 26 25 24 23 再

◆基本的取扱方針で示す共通の考え方

- 介護予防サービスの提供に当たっては、利用者ができるだけ要介護状態にならずに自立した日常生活を営むことができるよう支援することを目的として行うことに留意する
- 利用者の主体的な取組みを大切にし、利用者の意欲が高まるようなコミュニケーション等の工夫をして、適切なはたらきかけに努める
- 利用者の有する能力を阻害するような過剰なサービスを提供しないことに配慮する
- 提供された介護予防サービスについて、常に評価をし、改善を図る

地域密着型サービス事業の基準

出題実績 26 25 24 23 再

□地域密着型サービス事業者では、**運営推進会議**の設置が義務付けられている。
□運営推進会議の目的は、①事業所運営の**透明性**の確保、②サービスの質の確保、③事業所による利用者の「**抱え込み**」の防止、④地域との連携の確保など。

整理しよう 運営推進会議の設置対象サービスと開催頻度

• （介護予防）小規模多機能型居宅介護 • （介護予防）認知症対応型共同生活介護 • 看護小規模多機能型居宅介護 • 地域密着型介護老人福祉施設入所者生活介護 • 地域密着型特定施設入居者生活介護	**2か月に1回以上**
• （介護予防）認知症対応型通所介護 • 地域密着型通所介護	**6か月に1回以上**
• 療養通所介護	**12か月に1回以上**

※夜間対応型訪問介護は対象外。定期巡回・随時対応型訪問介護看護では、同様の機能をもつ「介護・医療連携推進会議」を6か月に1回以上開催

サービス提供事業者・施設の指定

▶ サービス提供事業者・施設の指定　出題実績 26 25 24 23 再

□介護保険サービスを提供するには、都道府県知事の**指定・許可**または市町村長の**指定**を受けることが必要。

□指定は、事業者の申請に基づき、サービスの**種類**と**事業所**ごと（施設は施設ごと）に実施。

◆サービス提供事業者・施設の指定・許可を行う者

都道府県知事	市町村長
居宅サービス事業者 **介護予防サービス**事業者 介護保険施設 （指定介護老人福祉施設・介護老人保健施設・介護医療院・指定介護療養型医療施設）	**居宅介護支援**事業者 **介護予防支援**事業者 **地域密着型サービス**事業者 地域密着型介護予防サービス事業者

□都道府県知事は、介護保険施設等について、**都道府県介護保険事業支援計画**に定める必要利用定員総数を超える場合には、指定をしないことができる。

□市町村長は、定期巡回・随時対応型訪問介護看護等が**市町村介護保険事業計画**の見込量に達している場合または当該計画の達成に支障がある場合は、**都道府県知事**に対し、新規の指定をしないことなどについて協議を求めることができる。

□市町村長は、地域密着型サービスの施設等について、**市町村介護保険事業計画**に定める必要利用定員総数を超える場合には、指定をしないことができる。

▶ 欠格要件　出題実績 26 25 24 23 再

□都道府県知事・市町村長は、事業者や施設が、欠格要件に該当する場合は指定**してはならない**。

◆指定（許可）をしてはならない主な欠格要件

①申請者が、都道府県・市町村の**条例**で定める者でない（原則として「法人であること」）

※ただし、以下の場合は非法人でも可能（介護予防を含む）

  • 病院·診療所が、居宅療養管理指導、訪問看護、訪問リハビリテーション、通所リハビリテーション、短期入所療養介護を行う場合

  • 薬局が居宅療養管理指導を行う場合

②条例で定める**人員基準**を満たしていない

③条例で定める設備・運営基準に従って適正な事業運営をできない

④申請者が、禁錮以上の刑を受けている

⑤申請者が、介護保険法その他の保健医療・福祉に関する法律の規定により罰金の刑に処せられている

⑥申請者が、労働に関する法律の規定により罰金の刑に処せられている

⑦申請者が、指定を取り消されて**5**年を経過していない

⑧（地域密着型サービス事業者のみ）事業所がその市町村の**区域外**にある場合で、所在地の市町村長の**同意**を得ていない

みなし指定

出題実績 26 25 24 23 再

□申請を行わなくても、指定を受けたとみなされる特例（**みなし指定**）がある。

◆みなし指定

事業者・施設	みなしサービスの種類（申請不要）
保険医療機関（**病院・診療所**）	• （介護予防）居宅療養管理指導 • （介護予防）訪問看護 • （介護予防）訪問リハビリテーション • （介護予防）通所リハビリテーション
保険薬局	• （介護予防）居宅療養管理指導
介護老人保健施設·介護医療院	• （介護予防）短期入所療養介護 • （介護予防）通所リハビリテーション

指定の更新　出題実績 26 25 24 23 再

☐指定の効力の有効期限は、**6年間**。

☐指定の更新を受けなければ、指定の**効力**を失う。

☐新たな指定の有効期間は、有効期間満了日の**翌日**から起算される。

整理しよう　指定の更新

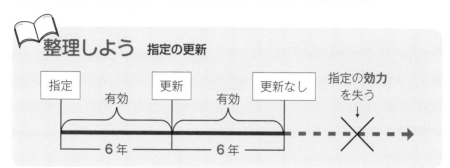

共生型サービスの特例　出題実績 26 25 24 23 再

☐**児童福祉法**または**障害者総合支援法**に基づく障害福祉サービス事業者から、介護保険法の居宅サービス（訪問介護、通所介護、短期入所生活介護）の指定申請があった場合、指定居宅サービス事業者の指定が可能（逆も同じ）。

☐都道府県知事・市町村長は、申請した事業者が、**条例**で別途定める人員・設備・運営基準を満たしている場合に限り、指定が可能。

> 共生型サービスは、障害者と高齢者が同一の事業所でサービスを継続して受けやすくすることをねらいとしています。

指導・監督　出題実績 26 25 24 23 再

☐都道府県知事・市町村長は、事業者・施設に対し、報告や帳簿書類の提出や提示を命じ、**出頭**を求め、**立入検査**をすることができる。

☐報告命令や立入検査は、都道府県知事は、**指定**した事業者・施設に対してでき、

市町村は**すべて**の事業者に対して可能。

□市町村は、都道府県の指定事業者・施設が勧告や指定の取消し事由に該当するとするときには、都道府県知事に**通知**する。

□都道府県知事・市町村長は、指定事業者・施設に対し、基準順守等の**勧告**をする。

□都道府県知事・市町村長は、指定事業者・施設が正当な理由なく、勧告に沿った措置を取らなかった場合は、措置を取るよう**命令**する。

□都道府県知事・市町村長は、指定事業者・施設が、命令に従わない場合などは、**指定の取消し**、もしくは指定の全部または一部の**効力停止**を行う。

□都道府県知事・市町村長は、①事業者・施設の**指定**をしたとき、②事業廃止の**届出**があったとき、③指定の**取消し**または**効力停止**を行ったときは、事業者の名称や所在地などを**公示**しなければならない。

● 基準該当サービス事業者　出題実績 26 25 24 23 再

□指定事業者の基準要件の一部を満たしていないが、市町村が指定事業者と**同水準**のサービスを提供できると認めた事業者のこと。

◆基準該当サービス

・居宅介護支援　・介護予防支援　・訪問介護　・通所介護
・（介護予防）訪問入浴介護　・（介護予防）短期入所生活介護
・（介護予防）福祉用具貸与

医療系サービスや地域密着型サービス、施設サービスは、対象ではありません。

他法との給付調整

災害補償関係各法の療養補償等との調整 出題実績 26 25 24 23 再

□災害補償関係各法に規定する介護給付・予防給付に相当する給付を受けられる
ときは、**介護保険**よりも優先される。

◆介護保険に優先する給付を行う法令

労働災害	• **労働者災害補償保険法** • 船員保険法 • 労働基準法　など
公務災害	• **国家公務員災害補償法** • **地方公務員災害補償法** • 警察官の職務に協力援助した者の災害給付に関する法律　など
国家補償	• 戦傷病者特別援護法 • 原子爆弾被爆者に対する援護に関する法律　など

例えば、仕事中の事故で介護保険の被保険者が要介護状態に
なった場合は、労働者災害補償保険法からの給付が優先されます。

生活保護法の介護扶助と介護保険 出題実績 26 25 24 23 再

□生活保護法には、**他法優先**（保護の補足性）の原理がある。

□介護保険の被保険者は、**介護保険**からの給付が優先される。

□医療保険に加入していない40歳以上65歳未満の者は、介護保険の被保険者
とならないので、全額が**生活保護**から給付（介護扶助）される。

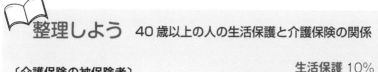

整理しよう　40歳以上の人の生活保護と介護保険の関係

〔介護保険の被保険者〕
第1号・第2号
被保険者

生活保護 10%
介護保険 90%

〔介護保険の被保険者でない者〕
40歳以上65歳未満の
医療保険未加入者

生活保護 100%

障害者総合支援法の自立支援給付と介護保険　出題実績 26 25 24 23 再

□障害者総合支援法の自立支援給付（p.199参照）と介護保険法の給付が重複するものに関しては、**介護保険**が優先される。

□行動援護（p.199参照）など、障害者施策固有のサービスは、**障害者総合支援法**その他の障害者福祉制度から提供される。

整理しよう　**介護保険が優先される法律**

優　先

介護保険 ＞
・医療保険各法　・**障害者総合支援法**
・**生活保護法**　・公費負担医療各法

介護保険と重複しない障害者施策固有のサービスは、要介護認定を受けた人も利用可能です。

保険給付にかかるその他の規定

◆保険給付にかかる規定

第三者行為と損害賠償請求権	第三者による加害行為が原因で、被保険者が要介護・要支援状態となり、第三者から被保険者が損害賠償を受けたときは、市町村はその範囲で**保険給付**の責任を免れる
	市町村がすでに保険給付を行っていた場合は、市町村は、保険給付した価額について、**損害賠償請求権**を取得する
不正利得の徴収等	不正行為によって保険給付を受けた者に対して、市町村はその価額の全部または一部を徴収することが可能
	特定入所者介護（予防）サービス費を不正受給した場合は、市町村は、その給付の価額に加えて、その価額の2倍相当額以下の加算金を徴収可能
	不正受給が医師または歯科医師による虚偽の診断書により行われた場合は、市町村は、その**医師**等に対して、徴収金の納付を命ずることが可能
	サービス提供事業者・施設が、不正行為によって法定代理受領方式による費用の支払いを受けた場合は、市町村は、返還額に4割加算した額を支払わせることが可能
市町村への文書の提出等	市町村は、必要があると認めるときは、受給者、事業者・施設サービス担当者等に対し、保険給付に関する文書等の**提出要求**、職員による**質問**等を行うことが可能
厚生労働大臣、都道府県知事への文書の提出命令等	厚生労働大臣、都道府県知事は、必要があると認めるときは、事業者やその使用者に対し、サービス提供記録等の**提示命令**や**質問**を行うことが可能
	受給者または受給者であった者に対しても、サービス内容に関し、報告を命ずることが可能
受給権の保護	保険給付を受ける権利は、譲り渡し、担保に供し、差し押さえることができない
租税その他の公課の禁止	保険給付として支給されたものに、租税その他の公課は課すことはできない

審査請求

審査請求の方法

□行政不服審査法では、原則として、行政に対する不服申立には、**審査請求**と裁判所への**取消訴訟**の自由選択主義。

□**被保険者**は、介護保険法に基づく処分に不服がある場合、不服申立（審査請求）をすることが可能。

□審査請求ができる期間は、処分のあったことを知った日の翌日から起算して、3か月以内。

□介護保険法では審査請求を行った後でなければ、訴訟を起こすことができない（**審査請求前置**主義）。ただし、審査請求を行った日から3か月を過ぎても裁決がなければ、訴訟を起こすことが可能。

□審査請求は、**都道府県**ごとに設置されている**介護保険審査会**が受理し、審査・裁決を行う。

◆**介護保険審査会への審査請求が認められている事項**

①**保険給付**に関する処分
　例）被保険者証の交付の請求に関する処分、**要介護認定**や**要支援認定**に関する処分、市町村特別給付に関する処分　など
②保険料その他介護保険法の規定による**徴収金**に関する処分（ただし、財政安定化基金拠出金、介護給付費・地域支援事業支援納付金およびその納付金を医療保険者が滞納した場合の延滞金に関する処分を除く）
　例）**介護保険料額**決定処分　など

介護保険で審査請求前置主義がとられているのは、不服申立が多く生じるおそれがあるためで、訴訟に至る件数を絞り込むという背景があります。

介護保険審査会の構成

□介護保険審査会の委員は、**都道府県知事**が任命。

□委員は、特別職に属する**地方公務員**。

□委員には、**守秘**義務がある。

□委員は、非常勤。

□委員の任期は、**3**年。

◆介護保険審査会の構成

被保険者を代表する委員**3**人
＋
市町村を代表する委員**3**人
＋
公益を代表する委員**3**人（数は都道府県の条例で定める）
※会長は公益代表委員から選任

□審査は、審査会が**指名**した委員による合議体で行う。

□審査内容によって、**合議体**を構成する委員が異なる。

□都道府県知事は、必要に応じて介護保険審査会に、保健・医療・福祉の知識をもつ**専門調査員**を置くことが可能。

整理しよう　審査内容による合議体の構成

審査内容	合議体の構成
要介護・要支援認定に関わる処分の審査	**公益**代表委員からなる合議体
要介護・要支援認定に関わる処分以外の審査	会長を含む**公益**代表委員、**被保険者**代表委員、**市町村**代表委員各3名からなる合議体

高齢者の特徴

せん妄、抑うつ

出題実績 26 25 24 23 再

●せん妄

□せん妄は、**意識障害の一種**。

□意識混濁と錯覚、**妄想**、幻覚、不安、興奮を示す状態。

□主に興奮や錯乱を起こす**興奮過覚醒型**と、認知機能や見当識、注意力の低下を起こす**傾眠低覚醒型**がある。

□発症の誘因は、**睡眠障害**、**薬剤**、環境の変化、手術前などの不安、アルコールなど。

□**昼**間よりも**夜**間に起きることが多く、**夜間せん妄**という。

□治療は、**誘因の解明・対策**を優先し、必要であれば投薬する。

●**抑うつ**

□抑うつは、元気がなく、**やる気**が起きないといった状態。

□高齢者では、身体的な衰えや機能障害、慢性疾患、家族との**死別**、退職などの**社会的な役割**の喪失等が要因となって高頻度でみられる。

□高齢者では**自殺**に至ることも多い。

低栄養、脱水

出題実績 26 25 24 23 再

□高齢者は、エネルギー消費量の**減少**、消化器機能の低下、歯の欠損等による食欲不振によって、**低栄養**が問題となりやすい。

□慢性心不全に使用される**ジギタリス製剤**や**認知症治療薬**等の薬物も食欲不振の原因となることがある。

□高齢者の低栄養では、**たんぱく質**の不足が多くみられる。

□たんぱく質の必要量は一般成人と**変わらない**ため、副食を中心とした食事を推奨する。

□低栄養状態では、**免疫力**が低下し感染症に罹りやすくなる。また、**筋力**の低下により転倒しやすくなる。

□脱水は、**体液**が不足している状態。

□高齢者は、体内の水分貯蔵量が少なく、**口渇**も感じにくいため脱水になりやすい。

加齢によって喉の渇きを感じる「口渇中枢」が減退するため、口の渇きを感じにくくなります。また、体内の水分量も、成人に比べて10%程減少します。

視聴覚障害

出題実績 26 25 24 23 再

●聴覚障害

□耳は、外側から大脳までの順で、**外耳**、**中耳**、**内耳**の3部分から構成される。

□外耳や中耳にある障害によって内耳に音が伝わりにくくなるのが**伝音性難聴**。

□内耳から大脳にある異常によって生じるのが**感音性難聴**。

□加齢により**高音域**から聞こえにくくなる難聴は感音性難聴のひとつ。

□高齢者には、**感音性難聴**が多い。

□難聴には、**補聴器**の適切な使用が効果的。

●視覚障害

□高齢者に多くみられるのは、**白内障**、**加齢黄斑変性症**、**緑内障**、糖尿病性網膜症。

📖 整理しよう 白内障と緑内障

白内障	通常は透明である水晶体が濁ってしまう病気
緑内障	視野が狭くなる病気

緑内障は、日本人の中途失明の原因第1位です。

フレイル、サルコペニア 出題実績 26 25 24 23 再

●フレイル

□フレイルは、高齢になって、**筋力**や**活動**が低下している状態。

□**健康**と**病気**の中間的な段階でもある。

□①体重減少、②筋力低下、③疲労感、④歩行速度の低下、⑤身体活動量の低下
　のうち、**3項目以上**当てはまればフレイルとみなされる。

●サルコペニア

□サルコペニアとは、加齢に伴う**骨格筋量**の減少をいう。

□近年は上記に加えて、**筋力**や**身体機能**の低下を含めたフレイルの一部とも考え
　られている。

生活不活発病 出題実績 26 25 24 23 再

□生活不活発病は、日常生活での活動性の低下によって、**身体的・精神的**機能が
　全般的に低下した状態。

□生活不活発病は、動かない・動きにくい→**動かない**（生活が不活発）→**動けな
　くなる**（生活不活発病）を悪循環し進行する。

□**廃用症候群**ともよばれる。

避難所での生活は、体を動かす機会が減って生活不活発病にな
る危険が高まるため、運動の機会を増やすことが大切です。

高齢者に多い部位別疾患①

高齢者の疾患の特徴

出題実績 26 25 24 23 再

◆高齢者の疾患の特徴

多病的	1人で多数の疾患に罹っている
個人差	症状などの個人差が大きい
非定型的	症状が診断基準と異なり、兆候がはっきりしない
慢性	後遺症が残りやすく治療が長引きやすい
老年症候群	高齢者に特有な老年症候群により、疾患の典型的な症状がわかりにくくなったり現疾患と関係のない合併症を起こしやすくなったりする
副作用	薬剤の副作用が出やすい
予後の社会的要因の影響	予後やQOLが、家族の状況や住環境等の影響を大きく受ける

脳・神経の疾患

出題実績 26 25 24 23 再

●脳血管障害（脳卒中）

□脳血管障害は、①脳の血管が詰まる**脳梗塞**（脳血栓・脳塞栓）と②脳の血管が破れる**脳出血**（脳内出血・くも膜下出血）に分けられる。

□脳血管障害の主な症状は、**意識障害**、**神経障害**、**感情障害**。

□神経障害では、①運動障害、②言語障害、③感覚障害、④視野障害、⑤排泄障害、⑥嚥下障害、⑦**高次脳機能障害**、⑧**血管性認知症**等につながる。

□高次脳機能障害では、**失語**、**失行**、**失認**、注意障害等が現れる。

□再発予防には、血栓防止の薬物治療や血栓除去手術等のほか、**生活習慣**の改善。

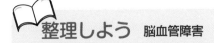

整理しよう 脳血管障害

分　類		原　因
脳梗塞	脳血栓	動脈硬化により脳の血管に血栓が詰まる
	脳塞栓	心臓でできた血栓が脳の血管まで流れて詰まる
脳出血	脳内出血	脳の血管が破れる
	くも膜下出血	脳にできたこぶ（動脈瘤）が破れる

●**筋萎縮性側索硬化症（ALS）**

□運動神経細胞が障害されることで、全身の骨格筋が萎縮し、**四肢の筋力が低下**していく疾患。

□**眼球運動**、記憶力、知能、意識、痛み等の**知覚神経**などは、末期までよく保たれる。

□数年で、**四肢麻痺**や嚥下障害、呼吸麻痺で自立困難となる。

□**原因不明**で、症状を改善させる治療法はない。

□利用できる制度は、特定医療費助成制度、重度心身障害者医療費助成制度、介護保険制度、**障害者総合支援法**による障害福祉サービス、在宅人工呼吸器使用患者支援事業等。

> ALS における筋力低下は、加齢に伴う衰えと異なり、筋力トレーニングなどで改善することはありません。

●**パーキンソン病**

□脳の黒質神経細胞が変性・消失し、**ドパミン**という神経伝達物質が不足することで起きる神経変性疾患。

□**四大運動症状**が特徴で、進行すると、**精神症状**や**自律神経症状**も出現する。

□パーキンソン病の臨床的重症度の評価は、**ホーエン＆ヤールの重症度分類**で行われる。

□治療は、**薬物療法**が基本。

□**運動療法**や音楽療法などの非薬物療法も重要。

◆パーキンソン病の症状

四大運動症状	①振戦（手足が震える）、②筋固縮（筋肉が固くなる）、③無動（動きが少なく、遅くなる）、④姿勢・歩行障害（体のバランスの悪化）
精神症状	**幻覚**、妄想、うつ病、**認知症**など
自律神経症状	**起立性低血圧**、排尿障害など

循環器の疾患　　出題実績 26 25 24 23 再

●心筋梗塞

□動脈硬化等により、**冠動脈が閉塞**し、心筋の一部が壊死する疾患。

□症状は、**前胸部**の長引くしめつけ感が通常。

□呼吸困難や**左肩**から頸部の痛みの症状もある。

□高齢者では、痛みを感じない**無痛性**心筋梗塞もある。

□早急な**医療機関の受診**が必要。

□発症後短時間である場合は、閉塞した冠動脈の**再疎通療法**が適応となる。

●不整脈

□心臓の**拍動**に異常が発生した症状。

□通常よりも脈が遅くなる**徐脈性不整脈**、速くなる**頻脈性不整脈**、不規則になる期外収縮などがある。

□心臓がこきざみに痙攣する心房細動は、**脳梗塞**を引き起こすことが多い。

□徐脈性不整脈の場合は、**ペースメーカー**の埋め込み術を検討する。

□心房細動には、ワーファリンなどの**抗凝固薬**を使用する。

心房細動では、心房内に血栓ができてしまい、それが何かの拍子に流れてしまうと、心筋梗塞や脳梗塞を引き起こします。

高齢者に多い部位別疾患②

呼吸器の疾患　　　出題実績 26 25 24 23 再

●慢性閉塞性肺疾患（COPD）

□**肺気腫**と**慢性気管支炎**の総称。

□**喫煙**習慣が最大原因。

□共通する症状は、喀痰、息切れ、**呼吸困難**（特に労作時）。

□**喘鳴**や喘息を合併することもある。

□**全身の炎症**、骨格筋の機能障害、栄養障害、骨粗鬆症などの併存症を伴う。

□診断は、呼吸機能検査（**スパイロメトリー**）。

□治療の基本は、**禁煙**。

□**気管支拡張薬**や吸入ステロイド薬の薬物療法や、**呼吸リハビリテーション**等の非薬物療法もある。

□感染症予防（**インフルエンザワクチン**や肺炎球菌ワクチンの接種等）も重要。

●肺炎

□細菌や**ウイルス感染**によって起こる。

□高齢者は、**誤嚥性肺炎**が多い。

□高齢者の場合は、発熱や咳といった典型的な症状が出ず、食欲低下、不穏、倦怠感、意識障害等の**非定型的症状**を示すこともある。

□主な治療は、**抗生物質**の投与。

骨・関節の疾患　　　出題実績 26 25 24 23 再

●変形性膝関節症

□関節軟骨が減り、**骨端**が直接接触することで変形が起こる疾患。

□変形性関節症で最も多い関節が膝。

□症状は、痛みや関節に**水がたまる**関節水腫。

□65歳以上の高齢者の**大多数**が発症する。

□両側の膝関節もしくは股関節に**著しい変形**を伴う変形性関節症は、介護保険の特定疾病。

●**骨粗鬆症**

□骨密度が低下し、**骨折**の危険性が大きな状態。

□加齢や閉経、妊娠等が原因で発症するほか、**低栄養**や薬剤等によっても起こる。

□**女性**に多くみられる。

□危険因子は、女性ホルモンの低下、カルシウム不足、**運動不足**、**日光浴不足**など。

●**大腿骨頸部骨折**（だいたいこつけいぶ）

□高齢者に多い骨折が、**大腿骨頸部骨折**（太ももの付け根）、**胸腰椎圧迫骨折**（背骨）、橈骨遠位端骨折（とうこつえんいたん）（手首の近く）、ろっ骨骨折。

□特に大腿骨頸部骨折は、高齢者の**寝たきり**につながりやすい。

□予防には、**骨粗鬆症**の早期発見・早期治療や、転倒防止のほか、転倒時の衝撃をやわらげる**ヒップ・プロテクター**の装着や床材の変更等の転倒による骨折の防止策をとる。

皮膚の疾患　出題実績 26 25 24 23 再

●**薬疹**

□薬剤への**アレルギー**による発疹。

□薬剤使用後、**1～2週間**で現れることが多いが、**長期間服用**していた薬剤からも生じることがある。

□原因と思われる薬剤を特定し、**服用を中断**することが原則。

●**感染**

□疥癬は、ヒゼンダニ（疥癬虫）が皮膚表面の**角質層**に寄生して起こる皮膚感染症である。主に接触感染により感染する。

褥瘡

褥瘡の発生要因

出題実績 26 25 24 23 再

☐褥瘡は、「**床ずれ**」ともいわれる。

☐褥瘡は、外力によって皮膚への圧迫が**長時間継続的**に加わることで、**血流障害**が起こり、細胞が壊死してしまう状態。

☐適切に対応されなかった場合、①**発赤**（ほっせき）（圧迫された皮膚の部分がうっすらと赤くなる）、②真皮に及ぶ**潰瘍**（かいよう）、③皮下組織に及ぶ潰瘍、④筋肉や骨組織まで及ぶ潰瘍へと進行する。

☐褥瘡感染症は、**敗血症**などの重篤な状態にも結びつきやすい。

☐褥瘡の直接的発生要因は、**皮膚への継続的な圧迫**。

☐褥瘡の間接的発生要因は、**全身的**要因、**局所的**要因、**社会的**要因。

整理しよう 褥瘡の発生要因

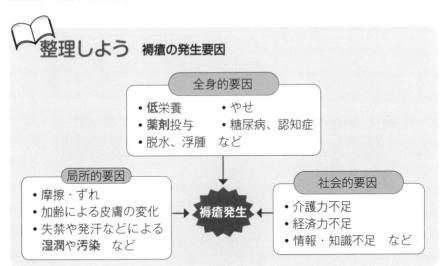

全身的要因
- **低栄養**・やせ
- **薬剤投与**・糖尿病、認知症
- 脱水、浮腫　など

局所的要因
- 摩擦・ずれ
- 加齢による皮膚の変化
- 失禁や発汗などによる**湿潤**や**汚染**　など

褥瘡発生

社会的要因
- 介護力不足
- 経済力不足
- 情報・知識不足　など

褥瘡の好発部位

出題実績 26 25 24 23 再

□褥瘡が特に発生しやすいのは、**仙骨**部、**尾骨**部、**大転子**部、**踵骨**部。

◆褥瘡の好発部位

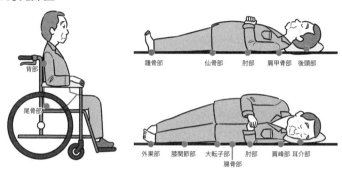

背部

尾骨部

踵骨部　　仙骨部　　肘部　　肩甲骨部　後頭部

外果部　膝関節部　大転子部　肘部　肩峰部　耳介部
　　　　　　　　腸骨部

褥瘡の予防と対応

出題実績 26 25 24 23 再

□褥瘡は、1 日など短時間でも発生し得る。

□普段から、**皮膚の観察**を行う。

◆褥瘡の予防と対応

圧迫の予防	・2 時間ごとの体位変換を行う ・エアーマットなどの**体圧分散寝具**を活用する
清潔保持	・好発部位のマッサージなど（**発赤部**へのマッサージはNG） ・**入浴**によって血液循環と清潔保持を図る ・尿失禁や便失禁時の**清潔ケア** ・清潔で、しわの少ない寝具や寝衣の利用
栄養管理	高たんぱく質、高カロリー、高ビタミン食を心掛ける
家族や介護者への支援	家族や介護者に対し、介護の指導や必要なサービス・資源の導入支援
保健医療サービスとの連携	医療職や介護職、薬剤師や栄養士等の**多職種が連携**して、褥瘡の予防や早期発見、対応を行う

医療との連携

インフォームドコンセント

出題実績 26 25 24 23 再

□患者は、自分の病気の内容について**詳しく知り**、治療内容の説明を受け、治療を受けるのかの**自己決定**をする権利をもつ。

□インフォームドコンセントとは、患者が医師からきちんと**説明**を受けたうえで、**同意**をすることをいう。

□インフォームドコンセントは、**検査**と診断後の**治療方針の決定**の際にも必要。

整理しよう　医学的診断のプロセス

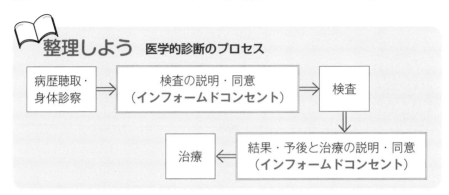

EBM と NBM

出題実績 26 25 24 23 再

□エビデンス・ベースド・メディスン（Evidence Based Medicine：EBM）とは、医師個人の経験のみではなく、データ等の**科学的な根拠**に基づいた医療のこと。

□ナラティブ・ベースド・メディスン（Narrative Based Medicine：NBM）とは、患者一人ひとりの**感じ方や考え方**を中心に、自己決定を促す医療のこと。

「Narrative」とは、「語り」「物語」の意です。NBM は、EBM だけでは、患者に満足を与えられないというジレンマから考えられた概念です。

予後予測

出題実績 26 25 24 23 再

□予後とは、疾患が今後たどり得る経過の**医学的見通し**のこと。

□疾患の**予後を理解**して、物事の決定を行うことが重要。

□予後に関する情報は、本人に説明するものであるが、**家族**の立ち合いを求めることもある。

医療と介護の連携

出題実績 26 25 24 23 再

□居宅介護支援の介護報酬加算において、医療機関との情報連携強化のために**入院時情報連携加算**が設けられている。

□入院時情報連携加算は、利用者1人につき、1月に1回まで。

□利用者が入院した医療機関に対し、介護支援専門員が医師等と情報連携を行ったうえで、居宅サービス計画（ケアプラン）に**記録**した場合に算定。

◆**加算の要件**

相談
（認知症等）

指導・助言

利用者　　介護支援専門員　　　　　　　　　　医師等

ケアプラン
に記録

情報提供は面接やファックスなどがあり、特に提供方法は問いません。

がん・糖尿病

がん

出題実績 26 25 24 23 再

□加齢とともに、がん（悪性腫瘍）の発症頻度は**増加**。

□高齢者では、**多発がん**の頻度も上昇。

□臓器別頻度は、**胃がん**、**肺がん**、**大腸がん**が高確率。

□上記のうち、**胃がん**は最近減少傾向で、**肺がん**と**大腸がん**は増加傾向。

□高齢者は、若年者と比べて痛みの訴えは**少ない**。

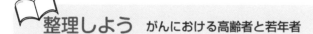

整理しよう　がんにおける高齢者と若年者

発症頻度	高齢者　＞　若年者
痛みの訴え	高齢者　＜　若年者

治療法は、若年者と基本的に変わりませんが、外科手術のように体に大きな負担を与える治療を行う場合には、慎重に選択する必要があります。

糖尿病

出題実績 26 25 24 23 再

□糖尿病は、インスリンが不足することによって、血液中の糖が増え、慢性的に血糖値が**高く**なる疾患。

□症状は、**口渇**、**多飲**、**多尿**だが、初期症状はほとんどない。

□**1型糖尿病**は、インスリンが絶対的に欠乏して血糖値が高くなる。

□**2型糖尿病**は、インスリンの分泌の低下やインスリン抵抗性が増大する等でインスリン作用の相対的な不足が生じて血糖値が高くなる。

□高齢者では、**2型糖尿病**が多い。

□糖尿病の合併症は、小さく細い血管の病変によって起こる**細小血管症**と、心臓など太い血管の動脈硬化によって起こる**大血管症**に分けられる。

□細小血管症で代表的なのは、三大合併症である**網膜症**、**腎症**、**神経障害**。

□大血管症で代表的なのは、**狭心症**、**脳梗塞**、**心筋梗塞**。

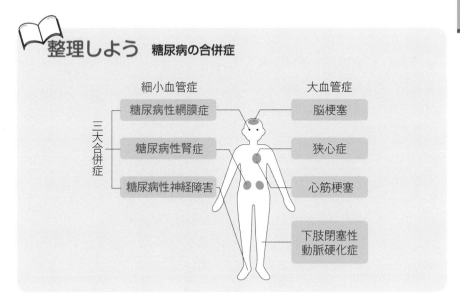

整理しよう　糖尿病の合併症

◆三大合併症

糖尿病性網膜症	進行すると**視力**低下や**視野**障害が出現。失明の恐れも。
糖尿病性腎症	進行すると**腎**不全。人工透析が必要になることも。
糖尿病性神経障害	進行すると**足**の潰瘍・壊疽にいたることも。

糖尿病性腎症は、人工透析になった原因の第1位です。

バイタルサイン

体 温

□体温が **37℃以上**を発熱もしくは高体温、**34℃以下**を低体温という。

□低体温は、**低栄養**や甲状腺機能低下症、薬剤等による体温調節機能不全が原因
となることもある。

□発熱は、**感染症**のほか、悪性腫瘍、膠原病、甲状腺機能亢進症、**熱中症**、**脱水**
等が考えられる。

□ただし、高齢者では、感染症があっても**発熱しない**ことがある。

□高齢者では、原因がわからない**不明熱**が多いのも特徴。

□熱型のうち、解熱せずに持続する発熱は、**稽留熱**。

□熱型のうち、急激な発熱と解熱を繰り返す発熱は、**間欠熱**。

□熱型のうち、完全に解熱せず微熱になってまた高熱となる発熱は、**弛張熱**。

□熱型のうち、有熱期と解熱期を繰り返す発熱は、**回帰熱**。

◆熱型の種類と主な疾患

熱 型	特 徴	主な原因・疾患
稽留熱	解熱せずに持続する、1日の体温差が1℃以内	インフルエンザ、肺炎、腸チフス、感染性心膜炎、腫瘍熱
間欠熱	急激な**発熱**と解熱を繰り返す	敗血症、マラリア
弛張熱	完全に解熱せず微熱になってまた**高熱**となる	インフルエンザ、肺炎、腫瘍熱、敗血症、化膿性疾患、腸チフスの解熱期
回帰熱	**有熱期**と解熱期を繰り返す	ブルセラ症、マラリア、胆道感染症

脈　拍

□脈拍の測定は、通常、**橈骨動脈**（手首の親指の付け根にある）の拍動数を 1 分あたりで行う。

□橈骨動脈での測定が難しければ、**頸動脈**や**股動脈**で測定。

□心拍数が 100 以上を**頻脈**、60 未満を**徐脈**という。

□頻脈の原因は、**感染症**、心不全、甲状腺機能亢進症、脱水など。

□徐脈の原因は、心疾患、脳圧亢進、**薬剤の副作用**、甲状腺機能低下症など。

◆脈拍の値と原因疾患

	数　値	主な原因・疾患
頻　脈	100 回／分以上	心不全、発熱、炎症、**脱水**など
徐　脈	60 回／分未満	心疾患、脳圧亢進、**薬物中毒**、**甲状腺機能低下症**、低体温症など
不整脈	リズムの乱れているもの	期外収縮、心房細動など

血　圧

□血圧の最大値を**収縮期**血圧（最高血圧）、最小値を**拡張期**血圧（最低血圧）という。

□常に、収縮期血圧が **140**mmHg 以上、または拡張期血圧が **90**mmHg 以上の場合、高血圧とされる。

□高齢者は、**高血圧症**となることが多い。

□高齢者は、**起立性低血圧**にも注意が必要。

□大動脈疾患や片麻痺、進行した動脈硬化の場合、血圧の**左右**差がみられるため、**左右両方**での血圧測定が必要。

起立性低血圧は、臥位や座位から急に立ち上がったときにみられる、ふらつきやめまいなどをいいます。

呼 吸

□呼吸数は、正常の高齢者で1分間に **15 ～ 20** 回。

□呼吸回数が1分間に25回以上を**頻**呼吸、呼吸回数が9回以下を**徐**呼吸という。

□頻呼吸は、**発熱**、心不全、呼吸器疾患等でみられる。

□徐呼吸は、**糖尿病性ケトアシドーシス**、脳卒中等でみられる。

□**チアノーゼ**とは、呼吸状態が悪く、血液中の酸素が不足して皮膚や粘膜が青紫色になることで、爪や口唇によくみられる。

□**起座呼吸**は、呼吸困難が臥位で増強し、起座位または半座位となると軽減する呼吸状態。

□**口すぼめ呼吸**は、口をすぼめて息をすることで呼吸が楽になる呼吸法。

□**下顎呼吸**は、呼吸をするたびに顎で喘ぐような呼吸で、始まってから1～2時間で亡くなることが多い。

□**チェーンストークス呼吸**は、ごく小さな呼吸からしだいに大きな呼吸となったあと、今度は徐々に呼吸が小さくなり**無呼吸**となる、という周期を繰り返す。

◆呼吸の悪化の主な原因

頻呼吸	発熱、心不全、呼吸器疾患
徐呼吸	糖尿病性ケトアシドーシス、脳卒中
起座呼吸	心不全、気管支喘息、肺炎、気管支炎
下顎呼吸	亡くなる間近
チェーンストークス呼吸	脳出血、心疾患

意識レベル

□意識レベルには、正常な状態である清明から**傾眠**、**昏迷**、**半昏睡**、**昏睡**に分けられる。

□さらに詳細な評価方法に、**ジャパン・コーマ・スケール**（JCS：Japan Coma Scale）がある。

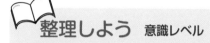

整理しよう　意識レベル

清　明	傾　眠	昏　迷	半昏睡	昏　睡
正常な状態	**刺激**が**ない**と眠ってしまう状態	**強い刺激**でかろうじて開眼する状態	**ときどき体動**がみられるのみの状態	自発的運動が**なく痛覚刺激**にも反応しない状態

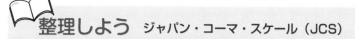

整理しよう　ジャパン・コーマ・スケール（JCS）

Ⅰ　**刺激**しなくても覚醒している	1	だいたい意識清明だが、いまひとつはっきりとしない
	2	見当識障害がある
	3	自分の名前・生年月日が言えない
Ⅱ　刺激すると覚醒するが刺激を**やめると**眠り込む	10	呼びかけで容易に開眼する
	20	痛み刺激で開眼する
	30	強い刺激を続けてかろうじて開眼する
Ⅲ　刺激をしても**覚醒**しない	100	痛み刺激に対し、払いのける動作をする
	200	痛み刺激に対し、少し手足を動かしたり、顔をしかめたりする
	300	痛み刺激に反応しない

ジャパン・コーマ・スケールは、その構成から「3-3-9度方式」とも呼ばれます。

検査値

体 格

□体格を表す指標として、**BMI** がある。

□ BMI の計算式は、「**体重（kg）÷（身長（m）×身長（m））**」。

□ BMI が **25** 以上は肥満、**18.5** 未満は低体重。

□ 6 か月で 2 ～ 3kg 以上の体重減少、6 か月で 3%以上の体重減少がある場合
　には**低栄養**の可能性。

□腹囲は、**メタボリックシンドローム**の診断に使われる。

□腹囲が、男性は **85**cm 以上、女性は **90**cm 以上で腹部型の肥満とされる。

 整理しよう　BMI と高齢者

```
脊椎圧迫骨折などによる脊椎の変形や
ひざなどの関節が十分に伸びなくなる
          ↓
  身長の測定値は低下
          ↓
BMI が本来の値よりも大きめになりがち
```

 これらの理由から、高齢者の場合は、BMI が「25 以上であれば肥満」、「18.5 未満だけが低体重」とすべてを判断することができません。

総たんぱく、アルブミン　出題実績 26 25 24 23 再

□アルブミンは、**肝臓**でつくられる。

□血清アルブミンは、高齢者の**長期にわたる**栄養状態をみるのに最も有用な指標。

□血清アルブミンは、**生命予後**の有用な指標でもある。

□ 3.6g/dL 以下では、骨格筋の消耗が始まっている可能性がある。

「総たんぱく」とは、血液中に含まれるたんぱく質の総称です。
アルブミンは、総たんぱくの大部分を占めます。

肝機能、腎機能　出題実績 26 25 24 23 再

□ AST（GOT）、ALT（GPT）、γ-GTP は、肝・胆道疾患の指標となる。

□ AST は、肝臓以外に、筋肉や心臓等の疾患や溶血性疾患で上昇する。

◆数値異常で疑われる疾患

項　目	主な原因
AST（GOT）	肝・胆道疾患、筋疾患、**心疾患**、溶血性疾患
ALT（GPT）	肝・胆道疾患
γ-GTP	アルコールや薬物による肝障害
BUN	腎機能低下、脱水、**高たんぱく食、悪性腫瘍**
Cr	腎機能低下

□**血清クレアチニン**（Cr）と**尿素窒素**（BUN）は、腎機能の指標として用いられる。

□ Cr も BUN も、腎臓でろ過され尿に排出される**たんぱく質**の老廃物。

□ Cr と BUN の数値は、腎機能が低下すると**上昇**する。

● 血算

□血算は、**赤血球**、**白血球**、**血小板**の検査。

□**赤血球**は、肺から取り込んだ酸素を、全身に運ぶ働きをもつ細胞。

□ヘモグロビンとヘマトクリットが少ない場合は、**鉄欠乏性貧血**の可能性がある。

□赤血球が減り、ヘマトクリットが増加している場合は、**大球性貧血**、葉酸の欠乏の可能性がある。

□**白血球**は、体内に侵入してきた病原体等から生体を守る免疫細胞。

□白血球数が高値の場合は、**細菌感染**や**炎症**等の可能性がある。

□白血球数が低値の場合は、**ウイルス感染症**や**再生不良性貧血**等の可能性がある。

□血小板数は、**炎症**で高値になることがある。

● 血糖、HbA1c

□血糖値は、**糖尿病**診断の基本となる検査。

□空腹時の血糖値が **110**mg/dL 以上で耐糖能低下、**126**mg/dL 以上で糖尿病。

□食後の血糖値では、**140**mg/dL 以上で耐糖能低下、**200**mg/dL 以上で糖尿病。

□**糖化ヘモグロビン A1c**（HbA1c）は、糖がヘモグロビンと結合している割合を示す。

□ HbA1c の値は、**過去 1 ～ 2 か月**の平均的な血糖レベルを反映。

□血糖値と HbA1c の両方を測定することで、そのときの血糖レベルと長期間の血糖レベルの**両方を評価**することが可能。

📖 整理しよう 血糖値と HbA1c

検査の種類	血糖値	HbA1c
血糖レベル	検査時のもの	過去 1 ～ 2 か月の平均的なもの

CRP

□ C反応性たんぱく質（CRP）は、**炎症の程度を判定する検査**。

□ 高値の場合に考えられるのは、**感染症**のほか、**悪性腫瘍**、膠原病、梗塞、組織崩壊など。

□ 同じく高値の場合に炎症の可能性が考えられる白血球数は**発症直後**から上昇するのに対して、CRP の場合は**発症 12 時間後以降**に高値がみられる。

整理しよう　高値の場合に炎症の可能性が考えられる検査

検査の種類	白血球数	CRP
値の上昇	発症直後	発症 12 時間後以降

心電図

□ 心電図は、不整脈、心筋梗塞、狭心症等の**循環器系**の診断に有用。

□ 心電図は、**負荷心電図**（トレッドミル）、**24 時間心電図**（ホルター心電図）などがある。

□ 不整脈がある場合や狭心症が疑われる場合には、**24 時間心電図（ホルター心電図）**の検査も実施。

□ 負荷心電図は、**運動時**の心電図を記録するもの。

□ 24 時間心電図（ホルター心電図）は、小型で軽量の検査装置を身につけて、**日常生活中**の長時間の心電図を記録・解析する検査。

24 時間心電図（ホルター心電図）は、日常生活での心臓の動きを把握するためのものです。入院や安静は必要ありません。

急変時対応

▶ 一次救命処置

□一次救命処置とは、その場に居合わせた人が、**救急隊や医師**に引き継ぐまでの間に行う**応急手当**のこと。

□資格の種類や有無を**問わない**。

📖 整理しよう　救命処置

	資格の有無	場　所
一次救命処置	**問わない**	その場
二次救命処置	医師や十分に教育訓練を受けた看護師や救急救命士など	**病院**等の設備が整った環境

▶ 出　血

□出血している場合には、傷口を清潔なガーゼやタオルで**圧迫**し、止血する。

□出血が激しい場合は、出血部位よりも**心臓に近い側**を圧迫して止血する。

□出血が激しい場合は、出血部位を**心臓の位置よりも高く**する。

▶ 誤嚥（窒息）、嘔吐

□誤嚥による呼吸困難の症状は、「喉に手を当てる」「手足をバタバタさせる」などの**窒息サイン**や、酸欠による**チアノーゼ**で唇が**青紫色**になっているなど。

□呼吸停止5分前後で心停止に至る場合がある。

□気道に異物が入ったときに除去する方法として、**背部叩打法**と**腹部突き上げ法**（ハイムリック法）などがある。

□背部叩打法は、要介護者の頭を胸の位置より低くし、背部から**肩甲骨の間を強**く叩く方法。

□腹部突き上げ法（ハイムリック法）は、要介護者の背後から、両腕を要介護者の腹部に回し、**上腹部を上向きに強く圧迫する方法。**

□吐き気がある場合は、**横向き**に寝て（**側臥位**）、足は上側を曲げ、下側は伸ばすのがよい。

吐物が気管や肺に入り込んで、誤嚥性肺炎や窒息にならないように、側臥位にすることが大切です。

熱傷（やけど）

出題実績 26 25 24 23 再

□やけどの範囲が狭い場合は、すぐに**冷たい流水**で冷やす。

□やけどの範囲が広い場合は、直ちに**救急車を要請**する。

□やけどの範囲が広いと、**血圧の低下**や**不整脈**を起こすことがある。

□衣服の下をやけどしている場合には、**脱がさず衣服の上**から流水を当てて冷やす。

◆高齢者に多いやけどの事故

低温やけど	カイロや湯たんぽによるやけど。低温でも、長時間皮膚が接することで熱いと感じずに負うやけど。
着衣着火	何らかの火源（仏壇のろうそくやガスコンロなど）により、人の意思に反して着衣に着火する火災のこと。
やかんや鍋などに入っている熱湯を浴びる事故	ストーブの上に置いていたやかんなどがひっくり返るなどして熱湯を浴びるもの。
入浴中の事故	高齢者は感覚が鈍くなるため、高温と思わずに高温の湯につかる。また、追い炊きをしていたのを忘れ熱湯を浴びることによるやけど。

感染症

標準予防策 出題実績 26 25 24 23 再

☐ 標準予防策（スタンダード・プリコーション）は、感染の有無にかかわらず、**すべての人**を対象に実施する感染対策。

☐ あらゆる人の血液、体液、分泌物、排泄物、創傷のある皮膚、粘膜には**感染性があると**考えて取り扱う。

☐ 感染の有無にかかわらず、処置の前後に**手洗い・手指消毒**を行うことが基本。

感染経路別予防策 出題実績 26 25 24 23 再

☐ 感染経路には、**接触感染**、**飛沫感染**、**空気感染**などがある。

☐ 接触感染予防策には、**手指衛生の励行**や、嘔吐物や排泄物の処理では手袋、ガウンまたはエプロンの着用などがある。

☐ 飛沫感染予防策として、感染者の **2m** 以内でのケアの際の職員・感染者のマスク着用や感染者の咳エチケットの協力を求める。

☐ 空気感染予防策には、麻疹や水痘であれば**免疫をもつ人**がケアにあたる。免疫のない人がケアにあたる場合は、高性能マスクを着用し、利用者にもマスクの着用を求める。

☐ 空気感染である**結核**は専門病院での入院が必要。

◆**感染予防策の対象者**

標準予防策	**すべての人**
感染経路別予防策	**特定の感染症**が疑われる人

◆感染経路別の主な感染症と予防策

感染経路		主な感染症	予防策
接触感染	感染者（源）に直接触って感染	**ノロウイルス**感染症、腸管出血性大腸菌感染症、疥癬など	手指衛生、ケアの際の防護具の着用と適切な廃棄
飛沫感染	咳やくしゃみなどで飛んだ飛沫粒子を吸い込んで感染	**新型コロナウイルス**感染症、インフルエンザ、流行性耳下腺炎、風疹など	マスクの着用や咳エチケットの推奨
空気感染	空気中の飛沫核を吸い込んで感染	**結核**、麻疹、水痘（帯状疱疹）など	個室管理、高性能マスクの利用

> ノロウイルスは、接触感染ですが、嘔吐物や排泄物の処理時に飛沫感染する危険もあります。

高齢者の予防接種

出題実績 26 25 24 23 再

☐感染症の抵抗力が弱い高齢者には、**ワクチン接種**による予防が必要。

☐高齢者の定期接種は、**インフルエンザワクチン**と**肺炎球菌ワクチン**。

☐インフルエンザワクチンの接種は、年に1回。

☐肺炎球菌ワクチンの定期接種の機会は、1回のみ。

整理しよう 高齢者のワクチン接種

推奨されるワクチン	頻度
インフルエンザワクチン	**毎年**流行前に接種
肺炎球菌ワクチン	定期接種の機会は1回のみ

認知症の特徴

中核症状と BPSD

□介護保険法における認知症の定義は「アルツハイマー病その他の神経変性疾患、脳血管疾患その他の疾患により日常生活に支障が生じる程度にまで**認知機能**が低下した状態として**政令**で定める状態」。

□認知症の症状は、**中核症状**（認知症状）と BPSD（行動・心理症状）に大きく分けられる。

□中核症状は、**脳**が障害されることで必ず現れる症状。

□中核症状には、**記憶障害**や**見当識障害**、計算力・判断力・理解力・注意力の低下、**遂行機能障害**などがある。

□ BPSD は、本人の**性格**や**生い立ち**、不適切な**生活習慣**・環境・介護、身体疾患等、**さまざまな要因**が原因となって現れる症状。

□ BPSD には、**幻覚**、**妄想**、**うつ**、**暴言・暴行**や**徘徊**などがある。

◆中核症状と BPSD

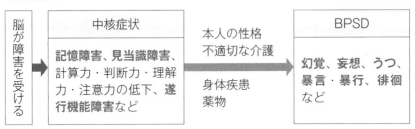

認知症の診断

□認知症の診断では、問診のほか、**認知機能検査**や**画像検査**などが行われる。

□認知機能検査には、質問式の評価テストである**改訂長谷川式認知症スケール**やMMSE（Mini-Mental State Examination）がある。

□画像検査には、MRI や CT などがある。

◆認知症の診断

医師による問診	➡	認知機能検査	➡	画像検査
普段の様子、家族構成、病歴等について確認する。		MMSEや**改訂長谷川式認知症スケール**などの認知機能検査を受ける。一定の点数以下で「認知症の疑いあり」。		CTやMRIで脳の萎縮状態を調べる。症状により、SPECTやPETなどで脳の血液の流れを調べる。

● 認知症の疾患別の特徴　出題実績 26 25 24 23 再

●アルツハイマー型認知症

□脳に**βたんぱく**と**タウたんぱく**が異常蓄積し、時間をかけてゆるやかに進行する。

□認知症のなかで最も多く、約7割を占める。

□主な症状は、**エピソード**（出来事）記憶の障害が中心であり、**近時記憶**の障害が著しくなる。

□進行すると、**見当識障害**（場所や時間がわかりにくくなる）や注意障害、**遂行機能障害**（目標に対して順序だてて実行することができない）、**失認**（眼で見えていても認識できない）、**失行**（一連の動作がわからなくなる）等が加わる。

□さらに進行すると、身体機能が低下して、**嚥下障害**や失語が起こり、寝たきりになる。

●血管性認知症

□脳梗塞や脳出血などの**脳血管障害**が原因で引き起こされる。

□近年では、大脳白質虚血（**ビンスワンガー型**）が多く、アルツハイマー型認知症と同様に、時間をかけてゆっくり進行する例が多くみられる。

□ビンスワンガー型では、認知スピードが遅くなり、**アパシー**（意欲や自発性の著しい低下）やうつ状態となる。

□大脳基底核に血管性病変がある場合は、**パーキンソン症状**などの運動障害を伴う。

●レビー小体型認知症

□αシヌクレイン（レビー小体）というたんぱく質が、大脳だけでなく、**脳幹部**や**末梢自律神経**も含めて広く異常沈着することで引き起こされる。

□主な症状は、認知機能の変動、リアルな**幻視**、パーキンソン症状、**レム睡眠行動障害**。

□起立性低血圧、血圧の変動、失神、便秘等の自律神経症状がみられ、**転倒**はアルツハイマー型認知症の 10 倍多いとされている。

整理しよう　主な認知症の原因と症状

認知症の種類	アルツハイマー型認知症	血管性認知症	レビー小体型認知症
原　因	βたんぱくとタウたんぱくが**脳に異常蓄積**	**脳血管障害**による脳細胞の壊死	レビー小体が脳等に広く異常沈着
主な症状	認知機能の**全般的な低下**	アパシーやうつ状態、パーキンソン症状	リアルな**幻視**、パーキンソン症状、**レム睡眠行動**障害

認知症と間違えやすい症状　　出題実績 26 25 24 23 再

□**うつ状態**は、認知症と間違えやすい症状。

□うつ状態では、**見当識**は保たれており、適切な治療で改善する。

□**せん妄**（頭が混乱した精神状態）は、認知症と間違えやすい症状。

□せん妄は、**意識障害**の一種であり、その原因を取り除くことで改善する。

□ MCI（軽度認知障害）は、健常と認知症の間の段階。

□ MCI は、適切な治療や予防を行えば、脳を**健康な状態**に戻すことができる。

認知症の介護と支援

認知症の治療 出題実績 26 25 24 23 再

☐認知症の治療には、**薬物療法**と**非薬物療法**がある。

☐薬物療法では、ドネペジル、レカネマブなどの5種類の治療薬が**保険**適用。

☐漢方である抑肝散（よくかんさん）は、**興奮性** BPSD に有効。

☐非薬物療法では、**現実見当識練習**や**回想法**、音楽療法などがある。

◆アルツハイマー型認知症の薬物療法

薬品名	特　徴	注意点
ドネペジル	**意欲を高める**効果がある	易怒性などの**興奮性** BPSD を悪化させる場合がある
ガランタミン		
リバスチグミン		
メマンチン	**気持ちを落ち着かせる**効果がある	**アパシー**を引き起こす場合がある

薬については、治癒に至るまでの効果のあるものは、まだ開発されていません。

認知症の介護 出題実績 26 25 24 23 再

●パーソン・センタード・ケア

☐パーソン・センタード・ケアは、認知症の人を1人の大切にされる存在として**その人らしさを大切にし**、本人の気持ちを察してその思いに**寄り添いながら**ケアを行おうとする考え方。

☐認知症の人の行動は、脳病変（原因疾患）だけでなく、健康状態や感覚機能、

生活歴、**性格**、社会心理学（本人と関わる人との関係性）などさまざまな要因との相互作用で生じると考え、**エビデンス**だけに基づかないアプローチを目指す。

●ユマニチュード

□ユマニチュードは、「見る」「話す」「触れる」「立つ」という4つの柱を基本として、**知覚・感情・言語**による包括的コミュニケーションに基づいたケアの技法。

□本人の「人間らしさ」を尊重することを基本としており、**パーソン・センタード・ケア**に通じる。

> パーソン・センタード・ケアは、何でも本人優先というわけではなく、介護者と本人がお互いに1人の人間として尊重するという「心の通うケア」を目指します。

認知症の支援

出題実績 26 25 24 23 再

●認知症施策推進大綱

□2019（令和元）年、**「共生」**と「**予防**」を車の両輪とした施策を推進するという考えのもと、**認知症施策推進大綱**がまとめられた（2025年まで）。

□認知症施策推進大綱では、認知症の発症を**遅らせ**、認知症になっても希望を持って日常生活を過ごせる社会を目指す。

◆認知症施策推進大綱の5本柱

①普及啓発・**本人発信支援**　　②**予防**　　③医療・ケア・介護サービス
④認知症バリアフリーの推進・**若年性認知症**の人への支援・**社会参加支援**
⑤研究開発・産業促進・国際展開

●認知症の早期診断と対応

□認知症の早期診断と対応には、地域包括支援センターのほか、**認知症疾患医療**

センターや認知症初期集中支援チームが中心的な役割を担う。

□認知症初期集中支援チームの「初期」とは、**チームのかかわり**が初期であることを指す。

□認知症疾患医療センター等に、チームオレンジの中核的な役割を担う**チームオレンジコーディネーター**が配置されている（p.64 参照）。

◆**認知症疾患医療センターと認知症初期集中支援チーム**

	認知症疾患医療センター	認知症初期集中支援チーム
主な役割	認知症疾患の鑑別診断、地域における医療機関等の紹介、症状増悪時の対応等の医療相談等を行う	複数の専門職が、**40 歳以上の認知症**が疑われる人や認知症の人を**訪問**し、アセスメントや家族支援等の初期の支援を行う
設置場所	**都道府県**、政令指定都市	地域包括支援センター、認知症疾患医療センター等

●**若年性認知症への支援**

□**若年性認知症支援コーディネーター**は、若年性認知症の人やその家族等の支援を行う。

□**都道府県**に配置される。

●**医療と介護の連携**

□**認知症ケアパス**は、認知症の人の在宅生活を支えるための相談先や医療・介護サービスの案内や、発症予防から終末期までの標準的な流れを示したもの。

□認知症施策推進大綱では、2025 年には全**市町村**における作成を目標に掲げている。

認知症ケアパスは、認知症施策推進大綱に基づき、市町村ごとに作成されています。

高齢者の精神障害

老年期うつ病 出題実績 26 25 24 23 再

□特に**心気的な訴え**が多くなる。

□めまい、便秘などの**自律神経症状**が目立つ。

□気分の落ち込みよりも、**不安、緊張、焦燥**が目立つ。

□発症要因には、女性ホルモン・脳内神経伝達物質の異常、**脳の血流障害**、身体疾患、**喪失体験**、孤独、病前の性格等がある。

□老年期うつ病がひどくなると、**自殺企図**の危険性が高くなる。

□**長引き**治りにくい。

□一部は、**認知症**に移行することがある。

□治療は、**薬物療法**が中心。

□必要に応じて、**支持的な精神療法**（医療者が患者の訴えに対して受容的な態度で接する）と家族調整を行う。

老年期うつ病が悪化すると、罪業妄想（自分を責める）や貧困妄想、心気妄想（実際には健康なのに不治の病であると思う）から自殺に至ることがあります。

統合失調症 出題実績 26 25 24 23 再

□大半は、**思春期**から**中年期以前**に発症する。

□40歳以降の発症は**遅発性統合失調症**という。

□症状は、大きく**陽性**症状と**陰性**症状に分けることができる。

□陽性症状は、**幻聴**や**妄想**、滅裂思考、奇異な行動など派手な症状をいう。

□陰性症状は、感情鈍麻や無気力、自閉など**精神減退**を反映する症状をいう。

□寛解した後、**再発**することもある。

□老年期における再発原因には、配偶者や近親者の**死**や**生活環境**の変化などがある。

□治療は、抗精神病薬を中心とする薬物療法と**心理社会療法**を組み合わせて行われる。

一生のうち統合失調症にかかる割合は、およそ100人に1人といわれています。

妄想性障害

□老年期では**妄想**中心の精神障害が好発しやすい。

□高齢者の妄想性障害の特徴

　①妄想のテーマが**現実の生活**を反映した内容が多い。

　②妄想の対象が、特定の**身近な人物**であることが多い。

　③妄想の対象に対して**強い攻撃性**を示すが、実際に**反撃**することはまれ。

　④妄想のテーマは**限定的**で、壮大なものに拡大することはない。

　⑤**日常生活**に大きな破綻をきたさない。

□高齢者の心理や置かれた状況への**洞察**と**共感**、適切な**社会支援**に結び付けることが重要。

□**遅発パラフレニー**は、老年期の妄想性障害の代表的な疾患。

◆遅発パラフレニー

症　状	人格や感情反応はよく保たれているのに著しい妄想を主症状とする
特　徴	**女性**、未婚、高齢、独居または社会的孤立、**難聴**、統合失調症または妄想的な人格傾向

温かな人間関係の構築が、薬物療法よりも妄想の消失に寄与することがよくあります。

アルコール依存症

出題実績 26 25 24 23 再

□一般的に老年期になると飲酒量は**減少**するが、若年に比して酩酊効果が出やすく、**アルコール依存症**になりやすい。

□治療は、**離脱**治療後に**依存**治療を行うという2段階で行う。

□離脱治療では、身体合併症が重篤化することが多く、**入院**し、解毒を行う。

□依存治療では、**アルコール依存症リハビリテーションプログラム（ARP）**が用いられる。

□高齢者に特化した**依存**治療のプログラムが開発されている。

□断酒達成率は、配偶者や同居家族の有無、**断酒会**などの自助グループへの参加継続の度合いなどで高まる。

□高齢者の過度の飲酒は、転倒による**骨折**や脳血管障害のリスク因子となる。

> 高齢者は、体内水分量の低下やアルコール代謝酵素の活性低下などの加齢の影響により、少量のアルコールでも身体症状が出やすく、アルコール依存症になりやすいといわれています。

整理しよう 高齢者のアルコール依存症の特徴

①**離脱症状**（体内のアルコールが減っても不快気分などが続く）が長引きやすい

②糖尿病や高血圧等の**身体合併症**が高確率で発症する

③**認知症**やうつ病を合併する割合が高い

ターミナルケア（終末期介護）

尊厳の重視と意思決定の支援 出題実績 26 25 24 23 再

- □リビングウィルとは、本人の意識が**清明**なうちに、医療やケアに関する選択を**本人が表明**しておくこと。
- □リビングウィルを事前に確認できていない場合は、家族に加えて複数の医療・介護専門職が集まって方針を決める**コンセンサス・ベースド・アプローチ**という方法をとる。

◆終末期ケアの決定

リビングウィル

終末期ケアの事前指示

本人

コンセンサス・ベースド・アプローチ

終末期ケアの方針決定

医療職　家族　介護職
関係者

臨終が近づいたときの兆候とケア 出題実績 26 25 24 23 再

- □臨死期の利用者には、意識の障害としてしばしば、**傾眠**（眠気が強い）や**せん妄**がみられる。
- □**聴力**は最期まで残るといわれるため、反応がなくなっても、いつもどおり声掛けを行って安心感を与える。
- □**死前喘鳴**とは、唾液をうまく飲み込めなくなるため、呼吸のたびに喉元でゴロゴロと音がする状態。
- □死前喘鳴に対しては、**首を横に向ける姿勢**の工夫などで軽減することもある。
- □**下顎呼吸**になると、1〜2時間で亡くなるサインといわれている。

◆臨終が近づいたときの兆候

	数週間前～1週間前	数日前	48時間～直前
食　事	食べる量がかなり減り、**錠剤**を飲めない	経口摂取が困難になり、1回の飲食量がごく少量になる	経口摂取が不可能になり、水分摂取は口を湿らす程度になる
意　識	1日中うとうとしている時間が長くなる	意識がもうろう（**傾眠**）として、意味不明な言動や混乱（**せん妄**）がある	反応がほぼない（顔色が土気色に変化）
呼　吸	息切れや息苦しさを感じることがある	唾液がうまく飲み込めなくなり、喉がゴロゴロいう（**死前喘鳴**）	顎だけが弱々しく動く呼吸となる（**下顎呼吸**）
循　環	徐々に血圧が低下し、脈が速くなる	尿量が減り、尿の濃度が濃くなる	手足に**チアノーゼ**が現れ、冷たい。脈が触れにくい

◆主な疾病ごとの死に至るまでの経過

疾　病	経　過
がん	死亡の**1か月**位前から、急速に身体機能が低下する
内臓疾患	急性増悪や**合併症**等を繰り返し、次第に身体機能が低下する
老衰、脳血管障害、認知症	数年から十数年という長い経過のなかで身体機能が低下する

死亡診断

出題実績 26 25 24 23 再

□死亡診断を行えるのは**医師・歯科医師**のみ。

□医師が診療中でない患者が死亡した場合や、死亡原因が診療中の疾患ではない場合は、**医師が死体を検案**し、**死体検案書**を作成する。

整理しよう　死亡診断書と死体検案書

	作成者	再度の診察	
死亡診断書	**医師・歯科医師**	死亡が最後の診察から24時間以内の場合	**不　要**
		死亡が最後の診察から24時間以上の場合	**必　要**
死体検案書	**医　師**	**検死**が必要	

死後のケア

出題実績 26 25 24 23 再

□**エンゼルケア**とは、死後のケアのこと。

□**グリーフケア**（悲嘆へのケア）とは、遺族の悲嘆への配慮や対応のこと。

□エンゼルケアは、**グリーフケア**に含まれる。

◆エンゼルケアの主な内容

- 医療用カテーテルなど器具の抜去
- 体液や排泄物が漏れないようにするための処置
- 治療でできた傷の手当
- 身体を清潔にするためのケア
- 外見を整えるためのケア

介護施設での看取りが増えているなか、エンゼルケアとグリーフケアは介護職の大切な役割となっています。

在宅医療管理

在宅自己注射

出題実績 26 25 24 23 再

□在宅自己注射とは、病気の治療のために、利用者またはその**家族**が、在宅で注射をする方法。

□高齢者で多いのは、糖尿病治療のための**インスリン**注射。

□血糖値を下げる効果のあるインスリン注射では、**低血糖症状**に注意が必要。

□冷や汗、動悸、震え、意識レベルの悪化がみられたら、**低血糖**を疑う。

□低血糖症状がみられたらすぐに**糖分**を摂取する。

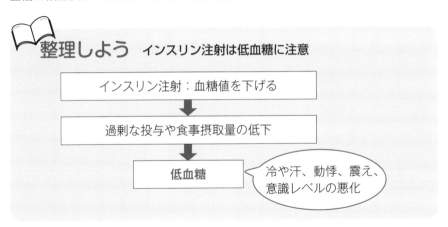

整理しよう　**インスリン注射は低血糖に注意**

> インスリン注射：血糖値を下げる
>
> ↓
>
> 過剰な投与や食事摂取量の低下
>
> ↓
>
> 低血糖 ── 冷や汗、動悸、震え、意識レベルの悪化

悪性腫瘍疼痛管理

出題実績 26 25 24 23 再

□悪性腫瘍疼痛管理とは、**末期がん**による痛みへの対応。

□主に医療用の**麻薬**が使用される。

□麻薬の主な副作用には、**嘔吐**、**吐き気**、**便秘**、**口渇**、**眠気**などがある。

□麻薬の投与経路には、経口のほか、**経皮**、**経腸**、**自動注入ポンプ**を使用した注射などがある。

人工透析

- □人工透析とは、**腎機能の低下**によって老廃物の除去や水分調節、電解質の調整ができなくなった場合に行われる治療方法。
- □人工透析には、**血液透析**と**腹膜透析**の２つの方法がある。
- □血液透析は、**体外の透析膜**により血液をろ過する方法。
- □血液透析には、**シャント**の造設が必要。
- □シャント側では、**血圧測定**や重い荷物を持たないといった注意が必要。
- □血液透析は、通常、週２〜３回**通院**して１回４時間ほどの透析を受ける。
- □腹膜透析は、**患者自身の腹膜**により血液をろ過する方法。
- □腹膜透析は、通院が月１〜２回で、ほかは**在宅**での処置が可能なため、社会復帰が容易。

整理しよう　人工透析の種類と注意点

	血液透析	腹膜透析
治療頻度	週２〜３回、１回４時間ほどの通院	**月１〜２回の通院**以外は**在宅**
特　徴	時間的拘束が**大きい**	社会復帰が**容易**
注意点	**シャント**への圧迫を避ける	利用者や家族の治療法への理解や**感染リスク**に注意

静脈栄養／経管栄養

●在宅中心静脈栄養法

- □在宅中心静脈栄養法は、栄養の経口摂取や経腸摂取ができない場合に、**血管**に高濃度栄養剤を直接入れる方法。
- □血管は、**心臓**の近くにある中心静脈。
- □鎖骨下などから**カテーテル**を入れる体外式と**ポート型**の完全皮下埋め込み式が

133

ある。

□入浴は可能だが、特別な配慮が求められるため、**医師**らに確認する。

●**在宅経管栄養法**

□在宅経管栄養法は、消化機能は機能しているが、意識障害等で**経口摂取**が困難な場合に、カテーテルを通して、**胃や腸に直接栄養剤を注入**する方法。

□在宅経管栄養法で栄養剤を注入する際の体位は、逆流や誤嚥を防止するため、**座位**または**半座位**（上半身を 30 度以上起こした状態）が望ましい。

□感染症予防のため、カテーテルは**定期的に交換**する。

□**経鼻胃管、食道ろう、胃ろう、腸ろう**の方法がある。

□胃ろうには、体外の固定板にはボタン型と**チューブ型**、胃内部の固定板には**バルーン型**とバンパー型がある。

□バルーン型の交換時期は **1** か月ごと、バンパー型の交換時期は **6** か月ごと。

在宅酸素療法 出題実績 26 25 24 23 再

□在宅酸素療法は、呼吸器疾患や心疾患、がんなどによって**低酸素血症**を起こしている場合に、在宅で酸素吸入を行う方法。

□自宅に酸素濃縮器を設置するほか、外出時等には**携帯用酸素ボンベ**を使用する。

□酸素吸入には、**鼻カニューレ、簡易酸素マスク、トラキマスク**（気管切開をしている場合）を利用する。

□鼻カニューレは、両方の鼻腔から酸素を投与する方法で、会話や食事が比較的**やりやすい**。

□高濃度酸素を扱うため、機器は火気から **2** m以上離す。

□酸素療法時に利用者が息苦しさを訴えても、CO_2 ナルコーシスを生じる危険があるため、医師の指示を超えて**酸素流量を上げてはならない**。

CO_2 ナルコーシスとは、高濃度酸素の投与により、逆に呼吸が抑制されてしまい、血中の二酸化炭素濃度が増加して、意識障害などを起こす状態です。

在宅人工呼吸療法

出題実績 26 25 24 23 再

☐在宅人工呼吸療法は、十分な呼吸が行えなくなった場合に、**人工呼吸器**を使って呼吸の補助を行う方法。

☐**侵襲的**陽圧換気法と**非侵襲的**陽圧換気法がある。

☐侵襲的陽圧換気法では、**気管切開**をして気管カニューレを挿入する。

☐侵襲的陽圧換気法では、切開部の保護や清潔管理などの**気管切開部**の管理が必要。

☐非侵襲的陽圧換気法では、**マスク**などを使用する。

「侵襲的」とは、医療処置や手術で「生体を傷つけること」の意味があります。

ストーマ

出題実績 26 25 24 23 再

☐ストーマとは、肛門や膀胱による通常の排泄ができなくなった場合に、**人工的に造設した便や尿の排泄口**。

☐**消化管ストーマ**（人工肛門）と**尿路ストーマ**（人工膀胱）がある。

喀痰吸引
かくたん

出題実績 26 25 24 23 再

☐喀痰吸引は、**医行為**に該当。

☐医師や看護師のほか、一定の条件のもとで、**介護職員**も実施が可能。

☐介護職員等が喀痰吸引を行うためには、介護福祉士養成課程で**実地研修**を実施するか、都道府県等が行う喀痰吸引等研修を修了して、**認定証の交付を受ける**必要がある。

☐さらに、事業所は、**都道府県知事**からの登録を受ける必要がある。

薬の知識

高齢者の特性と薬の関係

出題実績 26 25 24 23 再

□高齢者は**複数**の薬を服用しているケースが多い。

□薬は、小腸で吸収され、**肝臓**で薬物代謝されたあと、全身をめぐり**肝臓**で再び代謝され、**腎臓**でろ過されて主に**尿**として排出される。

□高齢者は、体内の水分貯蔵量が少なく、**肝機能**や**腎機能**も低下している。

□薬の濃度が**上昇**し、薬の作用が**強く**現れることがある。

整理しよう　薬の体内での流れと高齢者の特性の関係

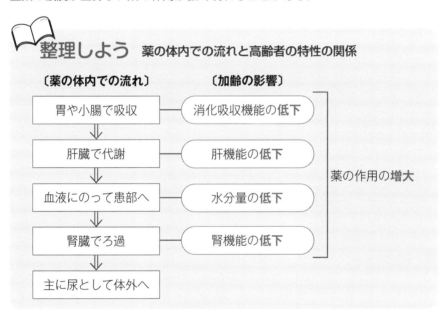

〔薬の体内での流れ〕　　〔加齢の影響〕

薬の体内での流れ	加齢の影響
胃や小腸で吸収	消化吸収機能の**低下**
肝臓で代謝	肝機能の**低下**
血液にのって患部へ	水分量の**低下**
腎臓でろ過	腎機能の**低下**
主に尿として体外へ	

薬の作用の増大

薬の服用時の留意点

出題実績 26 25 24 23 再

□誤嚥や薬剤が食道に残ることで起こる食道潰瘍を防ぐために、できるだけ**上半身を起こした**姿勢で、多めの水か白湯で服用する。

□嚥下障害がある場合は、お粥や**嚥下補助ゼリー**に混ぜる方法が効果的。

□薬にはそれぞれ特性があるため、錠剤を**粉砕**したり、微温湯で**溶解**させたりしてもよいか、確認する必要がある。

□薬剤によっては、**摂取してはならない**食品がある（例：カルシウム拮抗薬（降圧剤）とグレープフルーツ、抗血栓薬ワルファリンと納豆（ビタミンKを含む食品）など）。

□ OD（Oral Disintegrant）錠（口腔内崩壊錠）は、口に入れるとすぐに溶け、水や噛み砕いて飲む必要がない薬剤。

OD錠は、口の中ですぐ溶けますが、口腔粘膜からそのまま吸収されるのではなく、効果の出現が早まるわけではありません。

薬の副作用

出題実績 26 25 24 23 再

□降圧剤の副作用には、起立性低血圧やめまい、眠気などがあり、**転倒**に気を付けなければならない。

◆薬の副作用

薬　剤	主な副作用
ドーパミン製剤 （パーキンソン病治療薬）	吐き気、食欲不振、口渇、便秘、眠気（急な服用中止・減量で**悪性症候群**）
降圧剤	**起立性低血圧**、めまい、眠気、ふらつき
睡眠薬	ふらつき
利尿薬	脱水症状、**口渇**
抗不安薬・抗うつ薬	**便秘**、口渇、頻脈、眠気、嚥下障害、排尿困難

悪性症候群とは、発熱や発汗、頻脈、著しい筋固縮などをいい、重症化すると死にもつながる重篤な副作用です。

食事の介護と口腔ケア

食事の介護のアセスメント

□アセスメントでは、医師や看護師、歯科衛生士、理学療法士、薬剤師、**福祉用具専門相談員**等の多職種から情報を得ることが重要。

□アセスメントの例として、①**身体**機能、②**精神**機能、③嗜好・嗜癖・習慣・食生活状況、④食に関する**意欲**、⑤食に関する**知識**・**技術**等の生活能力がある。

整理しよう　食のアセスメント例

①身体機能（基礎疾患・服薬状況、食物アレルギー、BMI、**摂食動作**など）

②精神機能（抑うつ状態、閉じこもり状態、依存傾向など）

③嗜好・嗜癖・習慣・食生活状況（ふだんの食事内容・嗜好、**食事時間**など）

④食に関する意欲

⑤食に関する知識・技術（買い物、食費管理、**調理**、片付けなど）

摂食・嚥下のプロセス

□摂食・嚥下のプロセスは、①**先行（認知）期**、②**準備期**、③**口腔期**、④**咽頭期**、⑤**食道期**の5つの場面から成り立つ。

□摂食・嚥下障害とは、このプロセスの**どこか**に問題が生じていることをいう。

◆摂食・嚥下のプロセス

①**先行（認知）期**	視覚、嗅覚、触覚により食べ物を**認識**する
②**準備期**	食べ物を咀嚼し、飲み込みやすいペースト状の**食塊**とする
③**口腔期**	食塊を喉（咽頭）に運ぶ

④咽頭期	咽頭に送り込まれた食塊を嚥下反射によって、**食道**に送り込む
⑤食道期	食道に送り込まれた食塊を蠕動運動^{ぜんどう}によって、**胃**に送り込む

口腔ケア

 出題実績 26 25 24 23 再

□口腔は、食べ物の咀嚼・嚥下だけでなく、**発音**や**呼吸機能**も担っている。

□口腔ケアは、口腔内の細菌を**減少**させる効果があり、**誤嚥性肺炎**に有効である。

◆口腔ケアの効果

①虫歯や歯周病の予防　　②唾液分泌を促す

③**発音・構音**の正常　　④**誤嚥性肺炎**の予防

⑤生活リズムを整える　など

唾液には、自浄作用、殺菌作用があります。

口腔ケアの方法

出題実績 26 25 24 23 再

□口腔ケアは、毎食後行うことが基本だが、1日1回しかできない場合は、**夕食後**に行う。

□麻痺のある人は、麻痺側に**食べかす**が残りやすい。

□義歯を使用している場合は、義歯を**外して**行う。

□外した義歯は、歯ブラシを使って**流水**で洗う。

変形や摩耗の原因となるので、義歯の熱湯や歯磨き粉でのケアは NG です。

排泄のケア

排泄障害の分類

出題実績 26 25 24 23 再

□排泄障害とは、

①尿意や便意を**知覚**

②**排泄場所**までの移動

③衣類を**着脱**して姿勢を調整

④排尿・排便

という排泄の一連の行為の一部または全部に障害をきたすことをいう。

◆排尿障害の種類

排尿障害	特　徴	対　応
腹圧性尿失禁	骨盤底筋群の機能低下により、咳やくしゃみ等、腹圧上昇時に失禁する。中高年の女性に多い	骨盤底の筋肉を強化する骨盤底筋訓練や手術
切迫性尿失禁	括約筋の筋力低下や膀胱炎により、尿意を我慢できずに失禁する	膀胱訓練（尿を膀胱に貯める訓練）や薬物療法
溢流性尿失禁	前立腺肥大等で下部尿路閉塞のため膀胱内に尿がたまってあふれるように少しずつ漏れる。高齢男性に多い	閉塞の治療や、残量をなくす
機能性尿失禁	歩行困難や認知症等の排尿機能の異常以外の原因でトイレに間に合わず失禁する	尿意のサインの把握、トイレの動線改善等の環境調整

排泄障害に対しては、医学的治療だけでなく、上記のようなさまざまな対応が考えられることを理解しておきましょう。

排尿・排便コントロール

出題実績 26 25 24 23 再

□利用者の**自立度**や**排尿・排便パターン**に応じて排尿・排便を適切にコントロールできるようアセスメントする。

□排尿コントロールにおいては、飲水、食事の時間帯や摂取量と**排尿時間・排尿量**等を把握する。

□排便コントロールにおいては、生活時間の過ごし方や生活習慣と排便周期等の**生活リズム**を把握し、整えていく。

排泄方法の選択

出題実績 26 25 24 23 再

□利用者の**自立度**、移動方法等に応じて排泄方法を選択する。

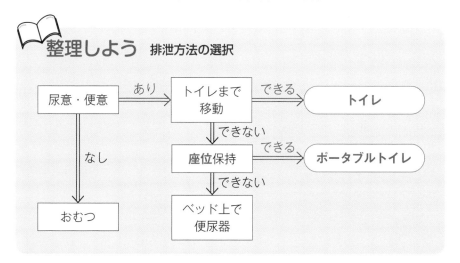

整理しよう 排泄方法の選択

ポータブルトイレにはさまざまな種類があります。理学療法士などの多職種と連携し、利用者の日常生活動作に合った使いやすいものを選ぶ必要があります。

通所リハビリテーション

通所リハビリテーションの概要　　出題実績 26 25 24 23 再

□通所リハビリテーションとは、**主治の医師**が必要と認めた利用者に居宅から病院等に通ってもらい、必要なリハビリテーションを提供するサービス。

□サービスを提供するのは、都道府県知事の指定を受けた**病院・診療所**、**介護老人保健施設、介護医療院**。

□目的は、利用者の心身機能の**維持回復**と**社会参加**といった生活機能全般を向上させること。

整理しよう　通所リハビリテーションの目的

- 身体機能の維持回復
- 認知症高齢者及び若年性認知症患者において認知症症状の軽減と落ち着きのある日常生活の回復
- ADL と IADL の維持回復
- コミュニケーション能力、社会関係能力の維持・回復
- **社会交流機会**の増加

医療系サービスなので、訪問看護等と同様に、主治の医師等の指示が必ず必要です。

人員・運営基準　　出題実績 26 25 24 23 再

●人員基準

□**医師、理学療法士・作業療法士・言語聴覚士**、看護職員・介護職員の配置が必要。

□病院・診療所の場合は、看護職員が**適当数**と定められている。

整理しよう 通所リハビリテーションの人員基準（診療所以外）

医　師		常勤で1人以上
理学療法士・作業療法士・言語聴覚士・看護職員・介護職員	（利用者が10人以下の場合）	提供時間を通じて、専従の従業者を1人以上
	（利用者が10人を超える場合）	提供時間を通じて、専従の従業者は利用者の数を10で除した数以上
上記のうち理学療法士・作業療法士・言語聴覚士		**100人またはその端数を増すごとに**専従で1人以上

●**運営基準**

□サービス提供は、**医師**の指示に基づき行う。

□**リハビリテーション会議**を開催し、リハビリテーションに関する専門的な見地から利用者の状況に関する情報を、共有するように努める。

□医師及び理学療法士等は、診療、運動機能検査、作業能力検査等を基に、**共同**して居宅サービス計画に沿って**通所リハビリテーション計画**を作成する。

□管理者は、医師、理学療法士、作業療法士または専ら通所リハビリテーションサービス提供に当たる看護師のうちから選任した者に**代行**させることが可能。

主な介護報酬 　　　　　　　　出題実績 26 25 24 23 再

□基本報酬は、事業所の**規模**、サービス提供時間、要介護度によって算定される。

□**リハビリテーションマネジメント加算**は、多職種協働によるリハビリテーションの質の管理を目的としている。

□リハビリテーションマネジメント加算は、**リハビリテーション会議**の開催等により、定期的に通所リハビリテーション計画の評価・見直しをし、理学療法士等が**介護支援専門員**へ情報提供することなどが算定要件である。

□介護予防通所リハビリテーションの場合、**送迎**を実施しない場合であっても、利用者の同意があれば、**減算なく基本報酬を算定できる。**

訪問リハビリテーション

訪問リハビリテーションの概要　出題実績 26 25 **24** 23 再

□訪問リハビリテーションとは、**主治の医師**が必要と認めた利用者の居宅を、**理学療法士、作業療法士、言語聴覚士**が訪問して提供するサービス。

□目的は、利用者が可能な限り居宅において能力に応じた自立した生活を営むことができるよう、**心身機能の維持・回復を図ること。**

□サービスを提供するのは、都道府県知事の指定を受けた訪問リハビリテーション事業者（**病院・診療所、介護老人保健施設、介護医療院**）。

□**訪問看護ステーション**から理学療法士、作業療法士、言語聴覚士が訪問するサービスは**訪問看護**に分類される。

> 訪問看護ステーションから理学療法士、作業療法士、言語聴覚士が訪問するサービスは、介護保険上は訪問リハビリテーションに該当しません。

人員・運営基準　出題実績 26 **25** 24 23 再

●人員基準

□**常勤の医師**を 1 人以上、**理学療法士・作業療法士・言語聴覚士**を 1 人以上（常勤、非常勤を問わない）配置する必要がある。

📖 整理しよう　訪問リハビリテーションの人員基準

医　師	常勤（専任）で 1 人以上
理学療法士 作業療法士 言語聴覚士	1 人以上（常勤・非常勤等の規定はなし）

通所リハビリテーションと違って、看護職員の配置はありません。

●**運営基準**

□サービス提供は、医師の**指示**に基づき行う。

□医師及び理学療法士、作業療法士、言語聴覚士は、当該医師の診療に基づき、利用者の心身の状況等を踏まえて、**訪問リハビリテーション計画**を作成しなければならない。

□**リハビリテーション会議**を開催し、リハビリテーションに関する専門的な見地から利用者の状況等に関する情報を、共有するように努める。テレビ電話装置等を活用して行うことが可能。

□サービス提供後に**診療記録**を作成し、**医師**に報告する。

◖ 主な介護報酬　　　　出題実績 26 25 **24** 23 再

□基本報酬は、**20 分以上**サービスを提供した場合を 1 回として算定される。

□算定回数は、1 週間に **6 回**を限度とする。

□**短期集中リハビリテーション実施加算**は、リハビリテーションマネジメント加算を算定している事業所が、退院・退所日また初めて要介護認定を受けた日から 3 か月以内にリハビリテーションを集中的に（おおむね週 2 日以上）実施した場合に算定可能。

□**移行支援加算**は、評価対象期間においてリハビリテーション提供終了者のうち、ADL や IADL が向上し、通所介護等に移行できる者の割合が、5%を超えている等の要件を満たした場合に、1 日につき算定可能。

□事業所の**医師**が計画作成に係る診療を行わなかった場合は、減算される。

居宅療養管理指導

居宅療養管理指導の概要 　出題実績 26 25 24 23 再

□居宅療養管理指導とは、**通院困難**な利用者の居宅を訪問し、療養上の管理・指導を行うサービス。

□病院、診療所、薬局の医師、歯科医師、薬剤師、**管理栄養士**、**歯科衛生士**によって提供される。

□**保険医療機関**の指定を受けている病院や診療所、**保険薬局**として指定を受けている薬局は、指定居宅療養管理指導事業者の指定があったものとみなされる。

□居宅療養管理指導は、**区分支給限度基準額**が適用されない。

□介護報酬については、サービスの**担当者**ごとに算定回数や単位が設定されている。

◆サービス担当者と1か月の回数

医師・歯科医師		2回まで（1か月）
薬剤師※	病院・診療所	2回まで（1か月）
	薬局	4回まで（1か月）
管理栄養士		2回まで（1か月）
歯科衛生士等		4回まで（1か月）

※がん末期の患者と中心静脈栄養患者に対して薬学的な管理指導などを行った場合は、1週間に2回、1か月に8回を限度とする。

> 居宅療養管理指導は、サービス担当者ごとに算定回数や単位が設定されているので、区分支給限度基準額を定める必要がないのです。

運営基準 　出題実績 26 25 24 23 再

- □サービスを担当する**職種**により、サービス内容が異なる。
- □医師・歯科医師は、居宅介護支援事業者に対する**居宅サービス計画**の作成に必要な情報提供を行う。
- □医師・歯科医師は、利用者家族に対して居宅サービスの利用に関する留意事項、介護方法等についての**指導・助言**等を行う。
- □居宅介護支援事業者等に対する情報提供や助言は、原則として**サービス担当者会議**で行う。できない場合は、内容を記載した文書を交付。
- □薬剤師は、**医師・歯科医師**の指示に基づき、薬学的な管理や指導を行う。
- □薬局の薬剤師については、医師・歯科医師の指示に基づき、**薬学的管理指導計画**を策定し、薬学的な管理や指導を行う。
- □医師・歯科医師・薬剤師は、**介護支援専門員**への情報提供が必須。
- □管理栄養士は、**医師**の指示に基づき、栄養管理に関する情報提供や指導・助言を行う。
- □歯科衛生士は、**訪問歯科診療を行った歯科医師**の指示に基づき、口腔歯科の指導を行う。

整理しよう　病院・診療所の薬剤師と薬局の薬剤師

薬剤師の所属先	病院・診療所	薬　局
医師や歯科医師からの指示	必　要	
計画の作成	不　要	医師・歯科医師の指示に基づく**薬学的管理指導計画**を作成
医師や歯科医師への報告	必　要	
介護支援専門員に必要な情報提供	必　要	

短期入所療養介護

短期入所療養介護の概要

☐ 短期入所療養介護とは、療養が必要な在宅の利用者を**介護保険施設**等で受入れるサービス。

☐ 短期入所療養介護は、**居宅**サービス。

☐ 目的は、療養生活の**質の向上**と家族の身体的及び精神的な**負担の軽減**を図ること。

☐ サービスを提供する施設は、**介護老人保健施設**、**介護療養型医療施設**、療養病床を有する病院・診療所、一定基準を満たした診療所、**介護医療院**。

☐ 空床を短期入所療養介護にあてる**空床利用型**の運用方法がとられている。

◆**短期入所療養介護の内容**

• 疾病の医学的管理	• 装着された医療機器の調整・交換
• **リハビリテーション**（機能訓練）	• **認知症患者への対応**
• **緊急時の受け入れ**	• 急変時の対応
• ターミナルケア	

短期入所生活介護と比べると、医師が配置され看護職員の配置も手厚いので、医療ニーズの高い人向けのサービスであることがわかります。

運営基準

☐ 利用者の心身の状況・病状、家族の疾病・**冠婚葬祭**・出張等、家族の身体的及び精神的な**負担の軽減**等を図るために、サービスを受ける必要がある者を対象とする。

☐ 災害や虐待等のやむを得ない事情がある場合は、**入所定員を超えて**入所させる

ことができる。

□短期入所療養介護計画は、利用期間がおおむね4日以上になる場合に、事業所の管理者が作成する。

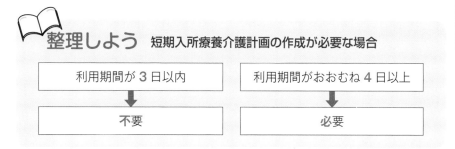

整理しよう 短期入所療養介護計画の作成が必要な場合

利用期間が3日以内	利用期間がおおむね4日以上
↓	↓
不要	必要

人員と設備基準については、基本的にそれぞれの提供施設が各自の基準を満たしていればOKです。

主な介護報酬 出題実績 26 25 24 23 再

□基本報酬は、事業所形態、病床の形態、要介護度によって算定される。

□緊急短期入所受入加算は、次の場合に算定可能。

　①利用者の状態や家族等の事情で緊急利用が必要であると介護支援専門員が認めること。

　②居宅サービス計画で計画的に行うことになっていないこと。

　③7日間を限度（やむを得ない事情がある場合は14日間）とする。

□緊急短期入所受入加算と認知症行動・心理症状緊急対応加算との同時算定はできない。

□連続30日を超えて利用した場合、超えた分については保険給付がされない。

緊急短期入所受入加算の「14日間」は、2021年度の介護報酬改定で追加されました。

看護小規模多機能型居宅介護

看護小規模多機能型居宅介護の概要 出題実績 26 25 24 23 再

□看護小規模多機能型居宅介護は、**要介護者のみ**を対象にした地域密着型サービス。

□**小規模多機能型居宅介護**と**訪問看護**の組み合わせによって、通い、訪問、宿泊サービスを提供。

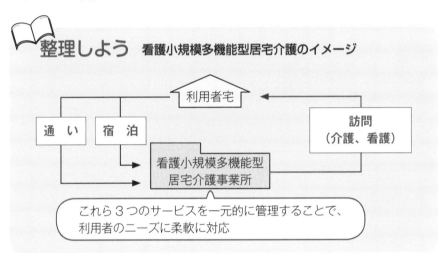

整理しよう **看護小規模多機能型居宅介護のイメージ**

これら3つのサービスを一元的に管理することで、
利用者のニーズに柔軟に対応

人員・運営基準 出題実績 26 25 24 23 再

●**人員基準**

□**居宅サービス計画**と**看護小規模多機能型居宅介護計画**を作成する**介護支援専門員**を1人以上配置。

□管理者は、事業所等で**3年以上認知症ケア**に従事した経験があり、厚生労働大臣が定める研修修了者、または**保健師**か**看護師**。

□居宅介護従業者のうち、1人以上は常勤の**保健師**または**看護師**。

整理しよう　看護小規模多機能型居宅介護の居宅介護従業者

• 介護等に対する知識や経験を有する者	
• 次のうち、常勤換算で **2.5 人以上**（サテライト看多機では **1 人以上**）は看護職員（保健師、看護師、准看護師）でなければならない（うち 1 人以上は常勤の保健師または看護師）	
通いサービス提供者	常勤換算で利用者 **3 人**またはその端数を増すごとに **1 人以上**（1 人以上は看護職員）
訪問サービス提供者	常勤換算で **2 人以上**（1 人以上は看護職員）
夜間・深夜の勤務にあたる者	**1 人以上**
宿直勤務にあたる者	必要な数以上

整理しよう　管理者の資格要件（下記のいずれか）

- 事業所等で **3 年以上認知症ケア**に従事した経験があり、**厚生労働大臣**が定める研修修了者
- 保健師
- 看護師

管理者の資格要件は頻出です。

●運営基準

□事業所の登録定員は **29 人以下**。

□ 1 日の利用定員は、通いサービスでは登録定員の **2 分の 1** から **15 人**（登録定員が 25 人を超える事業所では 18 人）まで。

□1日の利用定員は、宿泊サービスでは通いサービスの利用定員の3分の1から9人までの範囲内。

□看護サービスを提供する場合は、**主治の医師の指示**を文書で受けなければならない。

□事業所の介護支援専門員が、利用登録者の**居宅サービス計画**と**看護小規模多機能型居宅介護計画**を作成する。

□事業所の看護師等（准看護師を除く）は**看護小規模多機能型居宅介護報告書**を作成する。

□事業者は、**看護小規模多機能型居宅介護計画**と**看護小規模多機能型居宅介護報告書**を主治医に提出する。

整理しよう　介護支援専門員と看護師等の作成担当書類

介護支援専門員	看護師等
居宅サービス計画と**看護小規模多機能型居宅介護計画**	看護小規模多機能型居宅介護報告書

主な介護報酬　出題実績 26 25 24 23 再

□基本報酬は、要介護度ごとの**月**単位の定額報酬（短期利用の場合は**日**単位）。

□**訪問体制強化加算**は、看護サービスを除く訪問サービスの提供に当たる常勤の従業者を2人以上配置するなど、登録者の居宅における生活を継続するためのサービス提供体制を強化した場合に算定できる。

□看護小規模多機能型居宅介護を受けている間は、**訪問リハビリテーション費**、**居宅療養管理指導費**、**福祉用具貸与・販売費**、**住宅改修費**を除く居宅サービスの費用は算定不可。

訪問看護

訪問看護の概要　出題実績 26 25 24 23 再

□訪問看護とは、**利用者の居宅**において、療養上の世話または必要な診療の補助を行うサービス。

□利用者の療養生活を支援し、**心身機能の維持・回復**と**生活機能の維持・向上**を図る。

□訪問看護事業所は、**指定訪問看護ステーション**と**指定訪問看護事業所**（病院または診療所から訪問看護を提供する）の２種類。

医療保険との関係　出題実績 26 25 24 23 再

□原則として、**介護保険**の給付が優先。

□例外として、①**急性増悪時**、②**末期悪性腫瘍**や神経難病等厚生労働大臣が定める疾患等の患者、③**精神科訪問看護**は、医療保険から給付される。

□急性増悪時に対しては、主治医から**特別訪問看護指示書**が交付される必要がある（原則：月１回連続 14 日間まで）。

📖 整理しよう　訪問看護における保険給付

原　則	例　外
介護保険優先	医療保険からの給付

訪問看護の内容　出題実績 26 25 24 23 再

□訪問看護の内容は、①病状の観察と情報収集、②**療養上の世話**、③**診療の補助**、④精神的支援、⑤**リハビリテーション**、⑥家族支援、⑦療養指導、⑧在宅での**看取り**の支援に分けられる。

◆**訪問看護の内容**

①病状の観察と情報収集	利用者の身体・心理・社会的な側面、生活環境などからアセスメントを行う。それに基づいて**訪問看護計画**を作成・見直しする。
②療養上の世話	食事・排泄・清潔・移動等の**生活上の機能**を支援する。
③診療の補助	**医師の指示**による診療の補助を行う。
④精神的支援	利用者の悩みの相談にのり、精神的課題に対処する。
⑤リハビリテーション	理学療法士等が**訪問時**にリハビリテーションを行う。また、訪問看護師等が行う生活支援そのものがリハビリテーションとなっている。
⑥家族支援	家族の介護負担の軽減や、家族関係の調整等により介護環境を整える。
⑦療養指導	本人や家族に対して、医療処置や介護方法などの指導を行う。
⑧在宅での看取りの支援	**在宅での死**を望む本人や家族を支援し、死までの過程を支援する。

人員・運営基準

出題実績 26 25 24 23 再

●**人員基準**

□訪問看護ステーションの場合は、看護職員が常勤換算で**2.5人以上**、理学療法士、作業療法士、または言語聴覚士が**適当数**、常勤専従の管理者が必要。

◆**訪問看護の人員基準**

人員配置	訪問看護ステーション	病院・診療所
管理者	原則として**保健師**または**看護師**（常勤）	―
看護職員（保健師・看護師・准看護師）	常勤換算で**2.5人以上**（1人は常勤）	**適当数**
理学療法士・作業療法士・言語聴覚士	適当数	―

●運営基準

□訪問看護の提供開始には、主治医の**指示**を文書で受ける必要がある。

□訪問看護事業者は、主治医に**訪問看護計画書**と**訪問看護報告書**を提出しなければならない。

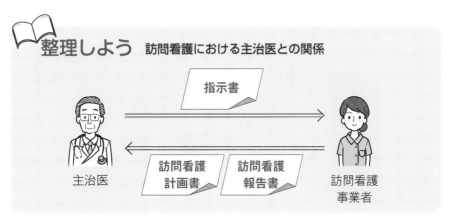

整理しよう　**訪問看護における主治医との関係**

指示書

主治医　→　訪問看護事業者

訪問看護計画書　訪問看護報告書

主な介護報酬

出題実績 26 25 24 23 再

□基本報酬は、**事業所形態**、サービス提供時間によって算定される。

□**緊急時訪問看護加算**は、電話等で 24 時間の連絡体制をとっている事業所が、計画的な訪問以外の**緊急時**の訪問を必要に応じて行う体制にある場合に算定できる。

□ターミナルケア加算は、死亡日および死亡日前 14 日以内に 2 日以上のターミナルケアを行った場合に算定できる。

□減算対象となるのは、**准看護師**が訪問看護を行った場合や、同一建物等居住者へサービス提供した場合等。

□訪問看護費は、以下のサービスと併用して算定できない。

> 短期入所生活介護、**短期入所療養介護**、特定施設入居者生活介護、定期巡回・随時対応型訪問介護看護、認知症対応型共同生活介護、地域密着型特定施設入居者生活介護、地域密着型介護老人福祉施設入所者生活介護、**看護小規模多機能型居宅介護**

2

訪問看護

155

定期巡回・随時対応型訪問介護看護

定期巡回・随時対応型訪問介護看護の概要　出題実績 26 **25** 24 23 再

□定期巡回・随時対応型訪問介護看護とは、**要介護者**の自宅生活を支えることを目的に、**定期的な巡回訪問**や**随時対応**により、介護その他の日常生活上の世話、療養上の世話または診療上の補助、緊急時の対応を行うサービス。

□事業所の形態には、①**介護・看護一体型**と②**介護・看護連携型**の２種類がある。

□サービスの形態には、①定期巡回サービス、②随時対応サービス、③**随時訪問**サービス、④**訪問看護**サービスの４種類がある。

一体型では、①～④のサービスを提供します。連携型では、①～③までのサービスを提供し、④については、訪問看護事業所と連携してサービスを提供します。

整理しよう　サービスの内容

①定期巡回サービス	訪問介護員等が**定期的**に利用者宅を巡回訪問し、日常生活上の世話を行う
②随時対応サービス	あらかじめ利用者の**心身**の状況や**環境**等を把握しておき、随時、利用者や家族等からの**通報**を受け、相談援助、訪問介護、訪問看護による対応を判断する
③随時訪問サービス	随時対応サービスの**判断**に基づき日常生活上の世話を行う
④訪問看護サービス	看護師等が**医師**の指示に基づき、利用者宅を訪問して療養上の世話や必要な診療の補助を行う

人員・運営基準

●人員基準

□**オペレーター**は、看護師、介護福祉士、医師、保健師、准看護師、社会福祉士、介護支援専門員のいずれかで、提供時間帯を通じて1人以上確保できる必要数で1人以上は常勤（支障がなければ兼務可）。

□**計画作成担当者**は、上記資格の従業者のうちから1人以上。

□訪問介護員等は、**定期巡回**サービスを行う者を必要数以上、**随時訪問**サービスを行う者を提供時間帯を通じて1人以上確保するために必要な数以上。

□看護師等は、**2.5**人以上（常勤換算）。1人以上は常勤の保健師または看護師。理学療法士、作業療法士、言語聴覚士を適当数。

□管理者は、**常勤専従**（支障がなければ兼務可）。

●運営基準

□計画作成担当者による**定期巡回・随時対応型訪問介護看護計画**の作成と利用者・家族への説明と同意、交付。

□訪問看護サービスの提供の開始に際し、主治医による指示を**文書**で受けなければならない。

□主治医に定期巡回・随時対応型訪問介護看護計画と**訪問看護報告書**を提出し、訪問看護サービスを提供する際には密接な連携を図らなければならない。

□**合鍵**を預かる場合には、管理を厳重に行うとともに、管理方法や紛失した場合の対処方法などの必要な事項を記載した文書を利用者に交付する。

□介護・医療連携推進会議をおおむね6か月に1回以上、設置・開催。

主な介護報酬

□基本報酬は、1か月につき、**要介護度別**に、一体型と連携型で（一体型では訪問看護サービスを行う場合と行わない場合に分けて）設定されている。

□介護サービスにおける認知症対応力向上のため、2021年度介護報酬改定により**認知症専門ケア加算**が新設。

介護老人保健施設

介護老人保健施設の概要　出題実績 26 25 24 23 再

□介護老人保健施設とは、要介護者に対して、施設サービス計画に基づいて、**看護**、医学的管理下での**介護**と**機能訓練**、その他必要な医療や日常生活上の世話を行う施設。

□介護老人保健施設の開設にあたっては、**都道府県知事**の許可が必要。

□開設できる団体は、**地方公共団体**、**医療法人**、**社会福祉法人**、その他厚生労働大臣が定める者。

□介護老人保健施設は**在宅復帰**を目的とし、入所**3か月**ごとに入所継続について**判定会議**を行う。

□介護老人保健施設は、在宅復帰を目指す施設であるが、**ターミナルケア**も行う。

◆介護老人保健施設の役割

包括的ケアサービス施設	**医療と福祉**のサービスを統合した包括的ケアを提供
リハビリテーション施設	生活機能の向上を目指し、集中的な**維持期**リハビリテーションを行う
在宅復帰施設	多職種連携によって早期の在宅復帰に努める
在宅生活支援施設	在宅生活の継続のために、高齢者とその**家族**の介護負担の軽減に努める
地域に根差した施設	家族や地域住民等にケア技術の指導や情報提供、市町村や各種事業者等と連携し**地域一体**となったケアに努める

介護老人保健施設は、老人福祉法に基づく老人福祉施設とは異なります。

介護老人保健施設の類型

□介護老人保健施設は、100床程度の基本型やユニット型のほか、**サテライト型**小規模介護老人保健施設、**医療機関併設型**小規模介護老人保健施設、**分館型**介護老人保健施設、**介護療養型**老人保健施設といった形態も認められている。

整理しよう　介護老人保健施設の類型

サテライト型小規模介護老人保健施設	介護老人保健施設・介護医療院または病院・診療所が本体施設としてあり、**別の場所**で運営される。定員が**29人以下**の小規模な介護老人保健施設
医療機関併設型小規模介護老人保健施設	介護医療院、病院・診療所に**併設**される、定員が**29人以下**の小規模な介護老人保健施設
分館型介護老人保健施設	本体の介護老人保健施設が複数の医師を配置している病院・診療所に併設している場合、**一体的な運営**を条件として独立開設した別個の介護老人保健施設。過疎地域や大都市にのみ認められる
介護療養型老人保健施設	病院の療養病床を介護老人保健施設に転換した施設

人員・運営基準

●人員基準

□医師、薬剤師、**看護職員**または介護職員、**支援相談員**、理学療法士等、栄養士または管理栄養士、介護支援専門員、調理員など、医療分野から介護分野まで幅広い職種が人員配置基準となっている。

□管理者は、原則として**医師**である。

◆人員基準

医師	入所者**100人**に対し常勤換算**1人**以上
薬剤師	適当数

介護支援専門員	1人以上（入所者100人または端数を増すごとに1人増員）
看護・介護職員	入所者3人に対し常勤換算1人以上
支援相談員	入所者100人に対し常勤換算1人以上
理学療法士・作業療法士・言語聴覚士	1人以上（入所者100人または端数を増すごとに1人増員）
栄養士または管理栄養士	入所者100人の施設では常勤1人以上

●**運営基準**

□特殊な療法や新しい療法等については、**厚生労働大臣**が定めるもののほかは行ってはならない。

□厚生労働大臣が定める**医薬品以外**の医薬品を施用・処方してはならない。

□医師は、**不必要**に入所者のために往診を求めたり、通院させたりしてはならない。

□医師は、入所者のために往診を求めたり、通院させたりする場合は、その病院等の**医師または歯科医師**と情報共有を行い、適切な診療を行わなければならない。

□1週間に2回以上、入浴または清拭のサービスを提供しなければならない。

□入所者のために、**レクリエーション行事**を行うように努める。

主な介護報酬　　　　出題実績 26 25 24 23 再

□基本報酬は、療養室の形態、要介護度、施設の**在宅復帰率**（基本型・加算型・在宅強化型・超強化型・その他）等によって算定される。

□ターミナルケア加算は、以下の場合に算定できる。

　①医師が回復の見込みがないと診断した者に対し、**ケアの指針**を定め、利用者や家族に説明・同意を得て**ターミナルケア**を実施。

　②死亡日、死亡前々日、死亡日前日から45日以下のケア。

□**安全対策体制加算**は、安全対策に関する外部研修を受けた事故発生・再発防止の担当者を配置し、安全対策を実施する体制を整備した場合に算定できる。

□入所者が入院や居宅で外泊した場合、基本報酬の代わりに1か月に6日（入院または外泊の初日と最終日を除く）、**外泊時費用**を算定可能。

介護医療院

介護医療院の概要 出題実績 26 25 24 23 再

☐介護医療院とは、**長期療養**が必要な**要介護者**を対象とする。

☐施設サービス計画に基づいて、療養上の管理、看護、医学的管理下における介護、機能訓練その他必要な医療、**日常生活上の世話**を行う。

☐医療を提供するため、介護保険法上の介護保険施設であるとともに、**医療法の医療提供施設**にも該当する。

☐**2017**年の介護保険法改正で、介護保険施設として創設。

☐**介護療養型医療施設**の廃止（2023年度末までの経過措置）に伴い、その転換先として創設。

☐介護医療院の開設にあたっては、**都道府県知事**の許可が必要。

☐開設できる団体は、**地方公共団体**、**医療法人**、**社会福祉法人**、その他厚生労働大臣が定める者。

整理しよう 介護保険施設の入所対象者

施設の種類	介護老人福祉施設	介護老人保健施設	介護医療院
対象者の要介護度	要介護3以上（原則）	**要介護者**	**要介護者**

療養床の類型 出題実績 26 25 24 23 再

☐介護医療院には、**Ⅰ型療養床**と**Ⅱ型療養床**がある。

◆**介護医療院の療養床の類型と対象者**

類　型	対象者
Ⅰ型療養床	重篤な身体疾患を有する者、**身体合併症を有する認知症高齢者**など
Ⅱ型療養床	Ⅰ型と比較して容体が**安定している**者

人員・設備・運営基準　出題実績 26 25 24 23 再

◆**人員基準**

類　型	Ⅰ型	Ⅱ型
医師	48：1 （施設で3以上）	100：1 （施設で1以上）
薬剤師	150：1	300：1
看護職員	6：1	
介護職員	5：1	6：1
理学療法士、作業療法士、言語聴覚士	適当数	
栄養士または管理栄養士	100：1以上	
介護支援専門員	100：1（1以上）	
診療放射線技師	適当数	
調理員、事務員等	適当数	

●**施設・設備基準**

□療養室は定員4人以下。

□多床室の場合、家具やパーティションなどによる**間仕切りの設置**で、プライバシーに配慮する。

□その他、診察室や処置室、**機能訓練室**等が必要。

カーテンのみで区切られている方法では、プライバシーに配慮できておらず、施設基準を満たしていません。

●運営基準

□特殊な療法や新しい療法等については、**厚生労働大臣**が定めるもののほかは行ってはならない。

□厚生労働大臣が定める**医薬品以外**の医薬品を施用・処方してはならない。

□医師は、**不必要に**入所者のために往診を求めたり、通院させたりしてはならない。

□医師は、入所者のために往診を求めたり、通院させたりする場合は、その病院等の**医師または歯科医師**と情報共有を行い、適切な診療を行わなければならない。

□１週間に**２回以上**、入浴または清拭のサービスを提供しなければならない。

□入所者のために、**レクリエーション行事**を行うように努める。

主な介護報酬

出題実績 26 25 24 23 再

□基本報酬は、要介護度、療養室の**形態**、人員配置等によって算定される。

□科学的介護推進体制加算は、以下の場合に算定できる。

①入所者ごとの **ADL 値**、**栄養状態**、認知症その他心身の状況等に関する基本的な情報を**厚生労働省**に提出。

②必要に応じてこれらの情報を**施設サービス計画**の見直しなどに活用。

□入所者が入院や居宅で外泊した場合、基本報酬の代わりに１か月に６日（入院または外泊の初日と最終日を除く）、**外泊時費用**を算定可能。

ソーシャルワークの概要

ミクロ・レベルのソーシャルワーク　出題実績 26 25 24 23 再

□ミクロ・レベルのソーシャルワークは、**面接**を通して、**個人や家族**を対象に個別的に行うソーシャルワーク。

□具体的な内容の例は、福祉事務所における**生活保護**の相談面接、地域包括支援センターの**社会福祉士**による家族介護者への相談面接。

> 居宅介護支援事業所や地域包括支援センター、介護保険施設や病院の相談員などによって用いられています。

メゾ・レベルのソーシャルワーク　出題実績 26 25 24 23 再

□メゾ・レベルのソーシャルワークは、**集団活動**を通して、グループや地域住民、身近な組織等の特定の小さな集団を対象に行うソーシャルワーク。

□具体的な例は、特別養護老人ホームの生活相談員による入所者への**グループ活動**、社会福祉協議会が実施する虚弱高齢者のグループを対象にした介護予防のための**レクリエーション活動**。

マクロ・レベルのソーシャルワーク　出題実績 26 25 24 23 再

□マクロ・レベルのソーシャルワークは、地域社会や組織、国家、制度・政策、社会規範、地球環境等に対する働きかけを通して、**個人**や**集団**のニーズの充足を目指すソーシャルワーク。

□具体的な例は、**NPO** が地域住民と一緒に行う地域開発、**地域包括支援センター**が行う地域住民のための認知症サポーター講座。

整理しよう　3つのソーシャルワークのキーワード

ミクロ	メゾ	マクロ
個別、面接	グループ（集団）活動	地域社会

試験では、具体的な内容がどのソーシャルワークに該当するかがよく問われています。キーワードを基にそれぞれを理解しましょう。

支援困難事例

出題実績 26 25 24 23 再

□支援困難事例の発生要因は、多様で、それらの**相互作用**で起きている。

□支援困難事例では、**アウトリーチ**が必要な場合が多い。

□発生要因は、大きく①**本人要因**、②**社会的要因**、③**サービス提供者側の要因**に分けられる。

●本人要因

□本人要因はさらに、①**心理的要因**（不安、不満、怒り、意欲の低下、支援拒否）と②**身体的・精神的要因**（疾病、障害、判断能力の低下）に分けられる。

□不満や怒りの背景にある状況や気持ちを**共感的**に理解し、本人が感情をコントロールできるように支援する。

□支援拒否の場合は、主治医等の本人が信頼している**キーパーソン**を探し、橋渡し役になってもらうのも有効。

□身体的・精神的要因に対しては、課題を整理し、介護保険制度以外の**障害者福祉制度**や**任意後見制度**等の複数の制度を活用する。

●社会的要因

□社会的要因はさらに、①**家族・親族との関係**、②**地域との関係**、③**社会資源の**

不足に分けられる。

□支援対象となる社会資源が不足している場合は、**地域ケア会議**の活用や重層的支援体制整備事業などにより、社会資源の開発が求められる。

□ 2020（令和 2）年の**社会福祉法**の改正により重層的支援体制整備事業が創設された。

●サービス提供者側の要因

□サービス提供者側の要因はさらに、①本人との**支援関係**の不全、②**チームアプローチ**の機能不全、③ニーズと**ケアプラン**の乖離に分けられる。

□チームアプローチの機能不全では、**地域包括支援センター**や重層的支援を展開する機関と連携し、地域ケア会議を活用しながらチームでの支援の効果を最大にする取り組みが求められる。

●支援困難事例へのアプローチ

□**利用者主体**で支援について考える。

□本人や家族の気持ちや置かれている状況に、**共感的理解**を示して聴く。

□**信頼関係**の構築。

□**正しい知識や情報**を提供し、誤解や偏見を解くように努める。

□緊急、**強力な介入**が必要になる場合もある。

📖 整理しよう　3つのソーシャルワークのキーワード

本人要因	・心理的要因 ・身体的・精神的要因
社会的要因	・家族・親族との関係 ・地域との関係 ・社会資源の不足
サービス提供者側の要因	・本人との支援関係の不全 ・チームアプローチの機能不全 ・ニーズとケアプランの乖離

面接技術

バイステックの7原則　出題実績 26 25 24 23 再

□バイステックの7原則は、面接・相談場面における**援助関係**の原則である。

◆バイステックの7原則

①個別化	クライエントを**個人**としてとらえる
②意図的な感情の表出	クライエントの**感情表現**の機会を尊重する
③統制された情緒的関与	援助者は自分の感情を**自覚してコントロール**する
④受容	クライエントの全人間像の受容
⑤非審判的態度	時と場を超えてクライエントに対する**非審判的態度**
⑥自己決定	クライエントの自己決定の**最大限の尊重**
⑦秘密保持	クライエントに関する情報の秘密保持（退職後も同じ）

レヴィによる専門職の価値観　出題実績 26 25 24 23 再

◆レヴィのソーシャルワークの価値観

①社会的価値	人権の**保障**、人間の**尊厳**、個人のプライバシー　など
②組織及び機関の価値	各組織や機関の役割・機能・目的に即した適切さ、**平等で民主的なありよう**　など
③専門職としての価値	営利の追求ではなく**人間的サービス**が焦点、専門職としての権威を**公平**に、社会政策へのクライエントの**代弁者**として用いること　など
④対人援助サービスの価値	**個別化**、意図的な感情表現、統制された情緒的な関与、クライエントの全人間像の**受容**、**非審判的態度**　など

インテーク面接の過程 出題実績 26 25 24 23 再

□インテーク面接の過程は、①導入と場面設定、②**主訴**の傾聴と情報収集、③問題の確認と**援助目標**の仮設定、④援助期間や方法等の**援助計画**の確認、⑤援助に関する契約、⑥終結。

□インテーク面接は、**複数**回行われることもある。

□インテーク面接は、支援段階の**初期**に行われる。

□情報が多い少ないにかかわらず、**記録**を残しておくことが求められる。

コミュニケーション手段 出題実績 26 25 24 23 再

□コミュニケーション手段を大きく２つに分けると、**言語的**コミュニケーションと**非言語的**コミュニケーションがある。

□**言語的**コミュニケーションでは、主に言語によって情報を伝達する。

□**非言語的**コミュニケーションでは、言語以外の表情、目線、うなずき等（声のトーンや話す速さ等の媒介的要素を含む）によって、気持ちや感情を伝達する。

□クライエントのコミュニケーション能力に応じて、イラストや手話、ビデオ、写真、文字盤等の**多様な表現方法**を利用することが必要である。

コミュニケーションのうち、非言語的コミュニケーションの占める割合は 70 ～ 80％といわれており、その重要性がわかります。

コミュニケーションの基本的技術 出題実績 26 25 24 23 再

●**傾聴と共感の技術**

□**共感**は、援助者がクライエントの心身等を自分のことのようにとらえようとすること。

□**第一次共感**は、クライエントの話をよく聴き、内容を受け止めて応答するもの。

□**第二次共感**は、クライエントの話していない内面や想いを深く洞察し、その背

景を的確に理解してクライエントに伝わりやすいよう応答するもの。

□**傾聴**は、クライエントの話を積極的に聴く面接の基本的な姿勢。

□傾聴を支える技法として、①**予備的共感**、②**観察**、③**波長合わせ**がある。

◆**傾聴を支える3つの技術**

①予備的共感	面接前に得られたクライエントに関する情報から、あらかじめ**共感的な理解**を準備する
②観察	面接時において、会話だけでなく、クライエントや家族の表情等の反応も**観察**する
③波長合わせ	援助者が、自分の理解や態度、質問形式等をクライエントの反応に合わせて**軌道修正**する

●**質問方法**

□質問方法には、①**オープンクエスチョン**（開かれた質問）と②**クローズドクエスチョン**（閉じられた質問）がある。

□**オープンクエスチョン**は、クライエントが自由に答えられる質問。

□**クローズドクエスチョン**は、クライエントが「はい」「いいえ」で答えられる、または2～3の単語で答えられる質問。

□クローズドクエスチョンは、クライエントの語る内容を**明確化**し、**事実の確認**にも有効である。

□クローズドクエスチョンは、面接が**一方通行**になってしまう危険性もある。

●**励まし、明確化、要約**

□「励まし、明確化、要約」は、クライエントのかかえる**課題を明確**にしていく技術。

◆**課題を明確にする技術**

励まし	クライエントの話を**肯定的**に受け止め、励ます
明確化	クライエントの想いや感情を、**言葉**にして戻す
要　約	クライエントの話した内容を受け止めて**要約**し、伝える

訪問介護

訪問介護の概要

出題実績 26 25 24 23 再

□訪問介護は、訪問介護員等が、利用者の居宅を訪問し、入浴、排泄、食事の介護その他の**生活全般**にわたり世話を行うサービス。

□一般に、**ホームヘルプ**と呼ばれる。

□介護支援専門員は、居宅サービス計画に一定回数以上の生活援助中心型の訪問介護を位置付ける場合は、居宅サービス計画に、その**必要な理由を記載**するとともに、**市町村に届け出**なければならない。

介護予防訪問介護は、地域支援事業（総合事業）へ移行しています。

訪問介護の内容

出題実績 26 25 24 23 再

□訪問介護サービスの内容は、**身体介護**と**生活援助**、**通院等乗降介助**に分けられる。

□身体介護は、利用者の身体に直接接触して行う介助や、利用者の ADL や**意欲**の向上のための援助、その他専門的な援助のサービス。

□生活援助とは、**身体介護**以外の、日常生活上の援助のサービス。

□生活援助は、利用者が**一人暮らし**であること、または同居の家族等が**疾病等のため家事を行うことが困難**な場合等に限られる。

□通院等乗降介助とは、乗車または降車の介助のほか、**乗車前や降車後**の屋内外における移動等の介助、または通院先での受診等の手続き、外出先での移動等の介助を行うサービス。

◆身体介護と生活援助の内容

身体介護	生活援助
• 排泄・食事介助、清拭・入浴介助 • 体位変換、移動・移乗介助、外出介助 • 起床・就寝介助　　• 服薬介助 • 身体整容　　　　• 更衣介助 • 自立生活支援・重度化防止のための**見守り的**援助（安全を確保しながら常時介助できる状態で行う見守り） • 専門的知識を要する調理（**嚥下困難者**のための流動食など）　など	• 掃除、洗濯、買い物などの日常生活の援助 • 食事の用意、後片付け • 衣類の整理、**補修** • 一般的な調理、配膳 • 薬の受け取り • ベッドメイク　など

◆生活援助に該当しないものの例

直接本人の援助に該当しない行為	日常生活の援助に該当しない行為
主に家族の利便に関する行為または家族が行うことが適切と思われる行為	介護職が行わなくても支障が生じない行為または日常的家事の範囲を超える行為
例）利用者以外の者の洗濯、調理、買い物、布団干し、**来客の応接**、洗車、掃除など	例）**草むしり**、花木の水やり、**ペットの世話**、大掃除、**正月や行事用**の調理など

医行為ではないもの

出題実績 26 25 24 23 再

□原則として、**介護職員**は、医行為を行ってはならない（p.135 参照）。

□ただし、体温測定など医行為に該当しないものとして、**厚生労働省**の通知が出されている。

□これらは、訪問介護の**身体介護**として提供が可能。

□医行為に該当しない体温測定には、電子体温計により腋窩で計測することのほか、**耳式電子体温計**によって**外耳道**で測定することも含む。

□**自動血圧測定器**による血圧測定は、医行為に該当しない。

①**体温測定** ②**血圧測定** ③パルスオキシメーターの装着 ④爪切り・やすりがけ ⑤医薬品使用の介助（軟膏の塗布、湿布の貼付、点眼薬の点眼、一包化された内用薬の**内服**、座薬の挿入） ⑥軽微な切り傷や擦り傷、やけどなどの処置 ⑦日常的な口腔ケア ⑧耳垢の除去 ⑨ストーマ装具の排泄物の除去 ⑩自己導尿補助のためのカテーテル準備や体位の保持

● 人員・運営基準 　　出題実績 26 25 24 23 再

●人員基準

□管理者は、**常勤専従**の者が1人以上配置される。

□管理者に資格要件は**なし**。

□管理者は、管理上支障がなければ兼務が**可能**。

□サービス提供責任者は、介護福祉士、実務者研修修了者、旧介護職員基礎研修修了者、旧1級課程修了者のいずれかである**常勤**の訪問介護員。

□サービス提供責任者は、利用者**40**人またはその端数を増すごとに1人以上配置。

□訪問介護員は、常勤換算**2.5**人以上配置（サービス提供責任者を含む）。

□訪問介護員の資格要件は、**サービス提供責任者**と同じ（生活援助中心型のサービスを行う訪問介護員である場合は、**生活援助従事者研修課程修了者**でも可）。

●運営基準

□**同居家族**に対してサービスの提供をしてはならない。

□サービス提供責任者が**訪問介護計画**を作成する。

□サービス提供責任者は、居宅介護支援事業者等に利用者の**口腔機能**や**服薬状況**等に係る気付きを情報提供しなければならない。

□事業者は、居宅サービスの計画の作成または変更に関し、居宅介護支援事業者

の介護支援専門員や被保険者（セルフケアプランを作成している場合）に対して、利用者に必要のない自事業所のサービスを位置付けるなどの**不当な働きかけ**を行ってはならない。

サービス提供責任者は、サービス担当者会議等を通して、居宅介護支援事業者等との連携に努めることが求められます。

主な介護報酬
出題実績 26 25 24 23 再

□基本報酬は、身体介護が中心である場合は4区分、生活援助が中心である場合は2区分の時間で区切られている。

□通院等乗降介助の基本報酬は、**回数**で算定する。

□**緊急時訪問介護加算**は、利用者や家族等からの要請を受けて、サービス提供責任者が介護支援専門員と連携し、**介護支援専門員**が必要と認め、**居宅サービス計画や訪問介護計画**にない訪問介護を緊急に行った場合に算定できる。

□**初回加算**は、新規に訪問介護計画を作成した利用者に対して、初回訪問（または初回の属する月）において**サービス提供責任者**が自ら訪問する場合、もしくは他の訪問介護員等に**同行訪問**した場合に算定できる。

□減算対象となるのは、**同一建物等居住者**へサービス提供した場合や共生型訪問介護を行う場合など。

◆訪問介護の基本報酬

身体介護中心	20分未満※	生活援助中心	20分以上45分未満
	20分以上30分未満		45分以上
	30分以上1時間未満	通院等乗降介助	1回（片道）
	1時間以上		

※2時間以上の間隔を設けること、頻回の訪問を行う場合は、要介護度や事業所のサービス内容など、事業所と利用者の双方の一定の条件が必要。

訪問入浴介護

訪問入浴介護の概要　出題実績 26 25 24 23 再

☐訪問入浴介護とは、利用者の居宅を訪問し、**浴槽を提供**して入浴の介助を行うサービス。

☐**終末期**にある利用者も対象。

☐**感染症**に罹患している利用者も対象。

☐経管栄養や留置カテーテルなどの**医療処置**を受けている利用者も対象。

◆訪問入浴介護の目的

入浴の機会の保障	入浴が困難な人々に対して、その機会や場を提供する
身体の**清潔保持**と生活・心身機能の維持・向上	身体を清潔に保持しながら、同時に**全身状態の観察**により異常の早期発見にもつながる
精神的安寧と生活意欲の喚起	孤独感の解消から精神的安寧と生きる意欲を喚起する
入浴に対する個別性の尊重	入浴によって生活を豊かにし、質の向上につながる

人員・運営基準　出題実績 26 25 24 23 再

●人員基準

☐看護職員を1人以上、介護職員を2人以上、管理者を1人（常勤）配置。

☐管理者は、管理上支障がない場合は、**兼務可**。

☐看護職員と介護職員のうち1人以上は**常勤**でなければならない。

☐サービス提供は、原則として看護職員1人、介護職員2人で行うが、そのうち1人が入浴介護に関する知識や技術をもつ**サービス提供の責任者**とする。

☐介護予防訪問入浴介護では、看護職員を1人以上、介護職員を1人以上、管理者を1人（常勤）配置。

整理しよう　サービス提供者の最低人数（原則）

訪問入浴介護	介護予防訪問入浴介護

看護職員　介護職員　介護職員　　　　看護職員　介護職員

●運営基準

□利用者の選定による**特別な浴槽**等の費用は、別途支払いを受けることが可能。

□浴槽等利用者の身体に触れるものは、**サービスの提供ごと**に洗浄・消毒をする。

□利用者の身体状況から支障がない場合、主治医の意見を確認したうえで、**介護職員3人**（介護予防の場合は2人）でサービス提供が可能。

□利用者の心身の状況により全身入浴が困難な場合、利用者の希望により**清拭**または**部分浴**（髪、陰部、足など）を実施する。

主な介護報酬　　　出題実績 26 25 24 23 再

□基本報酬は、**利用した回数と内容**によって算定される。

□介護職員3人（介護予防の場合は2人）でサービスを提供した場合は減算。

□全身入浴ではなく、**清拭または部分浴**を行った場合は減算。

□**同一建物等居住者**に対してサービスを提供した場合は減算。

◆訪問入浴介護費と同時に算定できないサービス

短期入所生活介護、**短期入所療養介護**、特定施設入居者生活介護、**小規模多機能型居宅介護**、認知症対応型共同生活介護、地域密着型特定施設入居者生活介護、地域密着型介護老人福祉施設入所者生活介護、看護小規模多機能型居宅介護

通所介護

通所介護の概要　出題実績 26 25 24 23 再

☐通所介護とは、利用者に老人デイサービスセンター等に**通って**もらい行うサービス。

☐一般に、**デイサービス**と呼ばれる。

☐通所介護は、利用者の**社会的孤立感の解消**、**心身機能の維持・向上**、**家族の介護負担の軽減**を目的としている。

介護予防通所介護は、地域支援事業（総合事業）へ移行しています。

人員・運営基準　出題実績 26 25 24 23 再

●人員基準

☐管理者は、1 人以上配置（専従）。

☐管理者の資格要件は**なし**。

☐生活相談員は、1 人以上配置（専従）。

☐生活相談員の資格要件は、**社会福祉士**、**精神保健福祉士**、社会福祉主事など。

☐看護職員（看護師または准看護師）は、1 人以上配置（専従）。

☐介護職員は、利用者 15 人までは 1 人以上配置（専従）。15 人を超える場合は、その超える部分の数を 5 で除した数に 1 を加えた数。

☐介護職員の資格要件は**なし**。

☐機能訓練指導員は、1 人以上配置（兼務可）。

☐機能訓練指導員の資格要件は、理学療法士、作業療法士、言語聴覚士、看護職員、柔道整復師、あん摩マッサージ指圧師、**一定の実務経験を有するはり師**、**きゅう師**のいずれか。

📖 整理しよう　人員基準と資格要件

人　員	資格要件
管理者	**なし**
生活相談員	**社会福祉士**、**精神保健福祉士**、社会福祉主事 など
看護職員	看護師または准看護師
介護職員	**なし**
機能訓練指導員	理学療法士、作業療法士、言語聴覚士、看護職員、柔道整復師、あん摩マッサージ指圧師、一定の実務経験を有する**はり師**、**きゅう師**のいずれか

2018年度の介護報酬改定で、機能訓練指導員の資格要件に「一定の実務経験を有するはり師、きゅう師」が加えられました。

●**運営基準**

□**区域外**の送迎費について、別途支払いを受けることが可能。

□**通常の時間外**のサービス費用について、別途支払いを受けることが可能。

□**食費**、**おむつ代**、その他日常生活費について、別途支払いを受けることが可能。

□居宅サービス計画に沿って、**管理者**が通所介護計画を作成する。

▶ 主な介護報酬　　出題実績 26 25 **24 23** 再

□基本報酬は、**事業所規模**、サービス提供時間、要介護度によって算定される。

□事業所規模は、**通常規模型・大規模型（Ⅰ）・大規模型（Ⅱ）**の3つに分けられている。

□所要時間は、「3時間以上4時間未満」から「8時間以上9時間未満」まで1時間ごとに6つに分けられている。

□**中重度者ケア体制加算**は、人員基準以上の看護職員または介護職員を配置し、

一定の実績がある場合に算定可能。

□**生活機能向上連携加算**は、訪問・通所リハビリテーション事業所、理学療法士等または医師の助言に基づき、機能訓練指導員等が共同して個別機能訓練計画の作成を行い、理学療法士等と連携して計画の進捗状況を3か月に1回以上評価して、見直しをする場合等に算定可能。

□**入浴介助加算**は、人員・設備を有し入浴介助を行った場合や理学療法士等が利用者宅を訪問し家庭での入浴の環境等を評価し、必要があれば福祉用具貸与・購入や住宅改修等の環境整備に係る助言を行った場合等に算定可能。

□**送迎**を行わない場合は、減算される。

□**同一建物等居住者**に対してサービスを提供した場合は、減算される。

整理しよう　基本報酬の区分

事業所規模	①通常規模型　　②大規模型（Ⅰ）　　③大規模型（Ⅱ）	
要介護度	要介護1〜5	
サービス提供時間	①3時間以上4時間未満　　②4時間以上5時間未満 ③5時間以上6時間未満　　④6時間以上7時間未満 ⑤7時間以上8時間未満　　⑥8時間以上9時間未満	

2時間以上3時間未満のサービスを提供した場合は減算され、9時間を超えてサービスを提供した場合は延長加算を算定できます。

◆**通所介護費と同時に算定できないサービス**

短期入所生活介護、短期入所療養介護、特定施設入居者生活介護、**小規模多機能型居宅介護**、認知症対応型共同生活介護、地域密着型特定施設入居者生活介護、地域密着型介護老人福祉施設入所者生活介護、看護小規模多機能型居宅介護

短期入所生活介護

短期入所生活介護の概要

出題実績 26 25 24 23 再

□短期入所生活介護とは、居宅の利用者に特別養護老人ホーム等に**短期間入所し**てもらい行うサービス。

□一般に、**ショートステイ**と呼ばれる。

□短期入所生活介護は、利用者の**社会的孤立感の解消**、**心身機能の維持・向上**、**家族の介護負担の軽減**を目的としている。

□事業所は、①**単独型**、②本体施設に併設される**併設型**、③特別養護老人ホームの空床を利用する**空床利用型**の３つの類型に分けられる。

□利用定員は 20 人以上。ただし、併設型と空床利用型では 20 人未満も可。

家族の急な病気や冠婚葬祭などの突発的な事情に対しても、緊急・臨時的に利用することにより、家族の介護負担の軽減を目指します。

人員・運営基準

出題実績 26 25 24 23 再

●人員基準

□管理者は、１人以上配置（専従）。

□管理者は、併設型の場合は**兼務可**。

□医師は、１人以上配置。

□生活相談員は、利用者 100 人に対して**１人以上配置**（常勤換算）。１人は常勤。

□生活相談員は、利用者が 20 人未満の併設型では**非常勤可**。

□介護・看護職員は、利用者３人に対して**１人以上配置**（常勤換算）。１人以上は常勤。

□介護・看護職員は、利用者が 20 人未満の併設型では**非常勤可**。

□栄養士は、１人以上配置。

□栄養士は、利用者が **40** 人以下の場合は、他の施設の栄養士との連携があれば、配置無しで可。

□介護職員の資格要件は**なし。**

□機能訓練指導員は、**1** 人以上配置。

□機能訓練指導員は、併設施設との**兼務**可。

整理しよう　人員配置の緩和基準

管理者	併設型の場合は**兼務**可
生活相談員	利用者 20 人未満の併設型の場合は**非常勤**も可
介護・看護職員	利用者 20 人未満の併設型の場合は**非常勤**も可
栄養士	利用者 40 人以下の事業所では、他施設の栄養士との連携があれば、**配置無し**も可
機能訓練指導員	併設型の場合は本体施設の者が**兼務**可

●**運営基準**

□居宅サービス計画に沿って、**管理者**が短期入所生活介護計画を作成する。

□短期入所生活介護計画は、短期入所生活介護を **4** 日以上継続して利用する場合に作成しなければならない。

□災害などのやむを得ない場合を除き、**利用定員**を超えてサービスを提供してはならない。

利用期間が 3 日以内の場合は短期入所生活介護計画の作成は不要です。問われやすいポイントなので押さえておきましょう。

主な介護報酬

□基本報酬は、**事業所の種類**、要介護度によって算定される。

□**認知症行動・心理症状緊急対応加算**は、医師が、認知症の行動・心理症状を認め、在宅生活が困難であり、緊急に短期入所生活介護を利用することが適当と判断した者について、利用開始から**7**日間まで算定可能。

□認知症行動・心理症状緊急対応加算を算定している場合は、**緊急短期入所受入加算**や**若年性認知症利用者受入加算**は算定不可。

□**緊急短期入所受入加算**は、利用者の状態や家族等の事情によって介護支援専門員が緊急に短期入所生活介護を受けることが必要と認めた者等を利用開始から**7**日間まで算定可能。

□**緊急短期入所受入加算**は、日常生活上の世話を行う家族の疾病等、やむを得ない事情がある場合は**14**日間まで算定可能。

□共生型短期入所生活介護を算定している場合は、**夜勤職員配置加算**は算定不可。

□**送迎加算**は、利用者の心身状態や家族等の事情から、送迎が必要と認められる利用者に対して**送迎**を行った場合に算定可能。

□連続**30**日を超えてサービスを受けている利用者がいる場合は、減算される。

整理しよう　同時に算定不可な加算

認知症行動・心理症状緊急対応加算	・緊急短期入所受入加算 ・若年性認知症利用者受入加算
在宅中重度者受入加算	医療連携強化加算

 同時に算定ができない加算については、出題されやすいので覚えておくとよいでしょう。

3 福祉サービスの知識等

夜間対応型訪問介護

◗ 夜間対応型訪問介護の概要　　　　　出題実績 26 25 **24** 23 再

☐ 夜間対応型訪問介護とは、**夜間に定期的**に、もしくは**随時通報**を受けて、利用者の居宅を訪問して行うサービス。

☐ **定期巡回サービス、オペレーションセンターサービス、随時訪問サービス**があり、これらを組み合わせて提供する。

☐ 夜間の提供時間帯は、**22 ～ 6 時を含む時間（8 ～ 18 時は除く）**で各事業所が設定する。

☐ オペレーションセンターは、通常の事業実施地域内に **1 か所以上**設置する（設置しなくても可）。

☐ オペレーションセンターサービスとは、オペレーションセンターの従業者が、**利用者からの通報**に、介護職員の訪問派遣や主治医に連絡するなどの対応をすること。

☐ 利用者には、通報用の**ケアコール端末**や携帯電話を配布する。

> オペレーションセンターは、利用者の人数が少なく、事業所と利用者に密接な関係が築かれている場合等には、設置しないことができます。

◗ 人員・運営基準　　　　　　　　　出題実績 26 25 **24** 23 再

●**人員基準**

☐ オペレーターは、提供時間を通じて専従で **1 人以上**確保できる必要数。

☐ オペレーターは、**利用者の処遇に支障**がなければ、定期巡回サービス等の他の業務に従事が可能。

☐ オペレーターの資格要件は、**看護師**、准看護師、介護福祉士、医師、保健師、社会福祉士、**介護支援専門員**。

☐ 面接相談員は、**1 人以上**確保できる必要数（兼務可）。

□面接相談員の資格要件は、**オペレーター**に準じる。

□定期巡回サービスを行う訪問介護員等を**必要数**以上、随時訪問サービスを行う訪問介護員等を提供時間帯を通じて専従で**1**人以上確保できる必要数。

□管理者は、**常勤専従**（支障がなければ兼務可）。

●運営基準

□**オペレーションセンター従業者**が、居宅サービス計画に沿って、夜間対応型訪問介護計画を作成する。

□オペレーションセンター従業者は、随時訪問サービスを適切に行うため、利用者の面接と**1か月ないし3か月**に1回程度の訪問を行う。

□利用者から**合鍵**を預かる場合は、従業者であっても容易に持ち出すことができないようその**管理を厳重**に行うとともに、紛失した場合の対処方法などを記載した**文書を利用者**に交付する。

◀ 主な介護報酬　　出題実績 26 25 **24** 23 再

□基本報酬は、**オペレーションセンター**を設置しているか設置していないかによって算定される。

□オペレーションセンターを設置している場合は**1か月**あたりの基本報酬にサービスごとに**1回**あたりの報酬を加えて算定される。

□オペレーションセンターを設置しない場合は、**1か月単位**の定額報酬。

□**24時間通報対応加算**は、日中にオペレーションサービスの体制を確保した場合に算定できる。

◆夜間対応型訪問介護費と同時に算定できないサービス

短期入所生活介護、短期入所療養介護、特定施設入居者生活介護、**小規模多機能型居宅介護**、認知症対応型共同生活介護、地域密着型特定施設入居者生活介護、地域密着型介護老人福祉施設入所者生活介護、看護小規模多機能型居宅介護

特定施設入居者生活介護

特定施設入居者生活介護の概要　出題実績 26 25 24 23 再

☐ 特定施設入居者生活介護とは、特定施設の入居者に対して、**日常生活上の世話**や**機能訓練・療養上の世話**等を提供するサービス。

☐ サービスを提供するのは、特定施設として都道府県知事の指定を受けた**有料老人ホーム**、**軽費老人ホーム**（主としてケアハウス）、**養護老人ホーム**。

☐ 特定施設入居者生活介護には、すべてのサービスを施設の従業者が提供する「**一般型**特定施設入居者生活介護」と、特定施設サービス計画の作成等の基本サービス以外では外部サービスを利用する「**外部サービス利用型**特定施設入居者生活介護」がある。

整理しよう　特定施設

有料老人ホーム	老人福祉法に定められる居住施設の一つ（老人福祉施設ではない）で、老人を居住させて介護等を提供する
軽費老人ホーム	老人福祉法に定められる**老人福祉**施設で、**無料**または**低額**な料金で老人を入居させて介護等を提供する
養護老人ホーム	老人福祉法に定められる**老人福祉**施設で、65歳以上で居宅での介護が困難な者を**措置**により入居させる

軽費老人ホームには「ケアハウス」「A型」「B型」という3種類がありますが、ケアハウスへの一元化が進められています。

人員・運営基準

出題実績 26 25 24 23 再

●人員基準（外部サービス利用型以外）

□**生活相談員**は、利用者 100 人に 1 人以上（常勤換算）、1 人以上は常勤。

□看護・介護職員は、要介護者 3 人に対し 1 人以上（常勤換算）。看護職員 1 人以上と介護職員 1 人以上は常勤など。

□**機能訓練指導員**は、1 人以上（兼務可）。

□計画作成担当員は、**介護支援専門員**を 1 人以上。利用者 100 人につき 1 人を標準（兼務可）。

□管理者は、**常勤**で 1 人以上（支障がなければ兼務可）。

●運営基準

□サービス提供は、**特定施設サービス計画**に基づき行われる。

□特定施設サービス計画は、計画作成担当者である**介護支援専門員**が担当。

□入居又はサービスの提供申し込みがあった場合は、**重要事項を文書にして説明**し、文書により**契約**を締結しなければならない。

□契約においては、入居者の権利を不当に狭める**契約解除条件**を定めてはならない。

□自己負担額以外に、利用者の選定による介護等の費用、おむつ代、その他日常生活において**通常必要となる費用**に関する支払いを受けることができる。

□あらかじめ**協力医療機関**を定めなければならない。また、**協力歯科医療機関**を定めるよう努めなければならない。

主な介護報酬

出題実績 26 25 24 23 再

□基本報酬は、**1 日**につき、要介護度別に算定される。

□外部サービス利用型、短期利用の単位とは**区別**される。

□**看取り介護加算**は、看取りに関する指針を作成し、入居時に利用者又はその家族に内容を説明し、同意を得ることや、看取りに関する職員研修を行っている場合などの一定の条件を満たした事業所が看取りを行った場合に算定できる。

認知症対応型通所介護

認知症対応型通所介護の概要　　出題実績 26 25 24 23 再

□認知症対応型通所介護とは、認知症である利用者に老人デイサービスセンター等に**通ってきてもらい**行うサービス。

□認知症の原因となる疾患が**急性**の状態にある者は対象外。

□利用者の**社会的孤立感の解消、心身機能の維持・向上、家族の介護負担の軽減**を目的としている。

> 認知症の人限定の通所介護のイメージです。対象者は、認知症の症状が安定した状態の人です。

認知症対応型通所介護の類型　　出題実績 26 25 24 23 再

□認知症対応型通所介護には、**単独型**、**併設型**、**共用型**の３つの類型がある。

□単独型は、**特別養護老人ホーム**、養護老人ホーム、病院、診療所、**介護老人保健施設**、**介護医療院**、**社会福祉施設**、特定施設に併設されていない事業所が単独で行う。

□単独型の利用定員は単位ごとに 12 人以下。

□併設型は、**特別養護老人ホーム**等の施設に併設して行う。

□併設型の利用定員は単位ごとに 12 人以下。

□共用型は、（介護予防）**認知症対応型共同生活介護**事業所の居間や食堂、もしくは、**地域密着型特定施設**や**地域密着型介護老人福祉施設**の食堂や共同生活室で、その事業所・施設の利用者とともに行う。

□**共用型**の利用定員は、事業所・施設によって異なる。

◆**共用型の 1 日あたりの利用定員**

認知症対応型共同生活介護	共同生活住居ごとに**3**人以下
地域密着型特定施設	施設ごとに**3**人以下
地域密着型介護老人福祉施設	1 ユニットごとにユニットの入居者と合わせて**12**人以下

人員・運営基準 出題実績 26 25 24 23 再

●人員基準（単独型・併設型）

□管理者は、**常勤専従**（支障がなければ他の職務との兼務可）。

□生活相談員は、サービス提供時間に応じて**1**人以上配置。

□看護職員又は介護職員は、**1**人と単位のサービス提供時間に応じて**1**人以上配置。

□生活相談員、看護職員、介護職員のうち 1 人以上は**常勤**。

□機能訓練指導員は、1 人以上配置（支障がなければ他の職務との兼務可）。

●運営基準

□通常の**時間外**のサービス費用について、別途支払いを受けることが可能。

□**食費**、**おむつ代**、その他日常生活費について、別途支払いを受けることが可能。

□居宅サービス計画に沿って、**管理者**が認知症対応型通所介護計画を作成する。

主な介護報酬 出題実績 26 25 24 23 再

□基本報酬は、**単独型**、**併設型**、**共用型**のそれぞれで、サービス提供時間、要介護度によって算定される。

□**送迎**を行わない場合は、減算される。

□**送迎**の時間は、サービス提供時間に含まれない。

□ただし、送迎時に実施した**居宅内**での介護等（電気消灯、着替え、ベッド移乗等）に要した時間は、あらかじめ定められた要件を満たす場合に、1 日**30**分を限度として**サービス提供時間**に含めることが可能。

□**同一建物等居住者**に対してサービスを提供した場合は、減算される。

認知症対応型共同生活介護

認知症対応型共同生活介護の概要 出題実績 26 25 24 **23** 再

□認知症対応型共同生活介護とは、認知症である利用者（要支援2以上）に、**共同生活住居**において、家庭的な雰囲気のなかで、**地域住民**との交流を図りながら行うサービス。

□職員と共同で**家事**や行事を行うことで、日常生活の活性化や自尊心の維持にも効果がある。

□認知症の原因となる疾患が**急性**の状態にある者は対象外。

□一般に、**グループホーム**と呼ばれる。

□通常の事業所と**サテライト事業所**がある。

人員・設備・運営基準 出題実績 26 **25** 24 **23** 再

●人員基準（サテライト事業所を除く）

□管理者は、**3**年以上認知症の介護従事経験があり、**厚生労働大臣の定める研修**を修了している者（常勤専従）。

□介護従事者は、日中は利用者**3**人につき1人以上（常勤換算）。夜間はユニットごとに1人以上。

□計画作成担当者は、**事業所**ごとに認知症介護実践者研修修了者を専従で1人以上（支障がなければ兼務可）。そのうち1人以上は**介護支援専門員**。

> 2021年度の介護報酬改定で計画作成担当者の配置が、ユニットごとから事業所ごとへと緩和されています。

●設備基準

□事業所ごとに設けることができるユニット数は**1**以上**3**以下（サテライト事業所は、1または2）。

□ユニットごとの定員は**5〜9人**。

□居室定員は**1人**（処遇上必要な場合は**2人**でも可）。

□**居室**の床面積は**7.43m²以上**。

□事業所の立地は、**住宅地**または**住宅地と同程度**で、利用者の家族や地域住民との交流機会が確保される場所にあるようにしなければならない。

●運営基準

□入居に際しては、心身状況、生活歴、病歴等の把握に努め、主治医の診断書等により**認知症**であることを確認する。

□退去に際しては、利用者や家族の希望を踏まえたうえで、退去後の生活環境や介護の継続性に配慮した援助や指導を行い、**居宅介護支援事業者**への情報提供や**保健医療・福祉サービス提供者**との密接な連携に努める。

□**管理者**は、**計画作成担当者**に認知症対応型共同生活介護計画の作成業務を行わせる。

□**利用者**の負担で、当該事業所の介護従業者以外の者による介護を受けさせることはできない。

□**食費**、**おむつ代**、その他日常生活費について、別途支払いを受けることが可能。

主な介護報酬

出題実績 26 25 24 23 再

□基本報酬は、**1ユニット**か**2ユニット以上**、要介護度によって算定される。

□基本報酬は、**短期利用**（30日以内）の場合も設定されている。

□**初期加算**は、入居してから30日までの期間、および30日を超えた入院後に利用を再開した場合に算定できる。

小規模多機能型居宅介護

小規模多機能型居宅介護の概要　出題実績 26 25 24 23 再

□小規模多機能型居宅介護とは、**通いサービス**を中心に、**宿泊サービス**や**訪問サービス**を、利用者の心身状態や希望等に応じて柔軟に**組み合わせて**提供できるサービス。

□通いサービスは**通所介護**、訪問サービスは**訪問介護**、宿泊サービスは**短期入所生活介護**にあたるサービスが提供される。

□通常の事業所と**サテライト事業所**がある。

人員・設備・運営基準　出題実績 26 25 24 23 再

●人員基準（サテライト事業所を除く）

□通いサービスの従業者は、利用者**3人**に対して**1人**以上（常勤換算）。

□訪問サービスの従業者は、**1人**以上（常勤換算）。

□夜勤従業者は、**1人**以上、宿直従業者は必要数。

□小規模多機能型居宅介護従業者のうち、1人以上は**看護師**または**准看護師**でなければならない。

□**介護支援専門員**は、厚生労働大臣が定める研修修了者を専従で1人以上（支障がなければ兼務**可**）。

□管理者は、事業所等で**3年**以上認知症ケアに従事した経験があり、厚生労働大臣が定める研修修了者で常勤専従（支障がなければ兼務可）。

□代表者は、事業所等で**認知症ケア**に従事した経験がある者、または**保健医療サービス**、**福祉サービス**の経営に携わった経験がある者で、厚生労働大臣が定める研修修了者。

●**設備基準**

□登録定員は **29** 人以下（サテライト型は **18** 人以下）。

□利用者が登録できる小規模多機能型居宅介護事業所は **1** か所に限られる。

□通いサービスの利用定員は、登録定員の**2分の1** ～ **15** 人（サテライト型は2分の1 ～ 12 人）。

□宿泊サービスの利用定員は、通いサービスの利用定員の**3分の1 ～ 9** 人（サテライト型は3分の1～6人）。

□宿泊室の定員は**1** 人（処遇上必要な場合は2人でも可）。

□**宿泊室**の床面積は **7.43m^2** 以上。

□事業所の立地は、**住宅地**または**住宅地と同程度**で、利用者の家族や地域住民との**交流機会**が確保される場所にあるようにしなければならない。

□本体事業所とサテライト事業所は、自動車でおおむね **20 分以内**の距離とする。

□サテライト事業所は 1 つの本体事業所につき **2** つまで。

整理しよう　登録定員と利用定員（サテライト事業所を除く）

登録定員	29 人以下
通いサービスの利用定員	登録定員の2分の1 ～ 15 人 ※登録定員が 25 人を超える事業所ではその人数に応じて 16 ～ 18 人まで
宿泊サービスの利用定員	通いサービスの利用定員の3分の1 ～ 9人

小規模多機能型居宅介護は通いサービス中心のサービスです。通いサービスの利用定員が登録定員に比べて少なくなりすぎないように利用定員が定められています。

●運営基準

□管理者は、介護支援専門員に**居宅サービス計画**と**小規模多機能型居宅介護計画**の作成業務を行わせる。

□登録定員に比べて、**通いサービス**の利用定員が著しく少ない状態（おおむね3分の1以下）が続かないようにする。

□登録者が**通いサービスを利用していない日**は、訪問サービスの提供、電話連絡による見守りを行うなど、登録者の居宅における生活を支えるために適切なサービスを可能な限り提供しなければならない。

□**利用者**の負担によって、他の事業者による介護を受けさせてはならない。

□**食費**、**おむつ代**、その他日常生活費について、別途支払いを受けることが可能。

□通常の事業の実施地域以外の利用者に対して行う**送迎**の費用は、別途支払いを受けることが可能。

主な介護報酬　出題実績 26 25 24 23 再

□基本報酬は、**同一建物居住者**か**同一建物居住者以外**か、要介護度によって算定される。

□基本報酬は、1日あたりの**短期利用**の場合も設定されている。

□**認知症行動・心理症状緊急対応加算**は、**医師**が、認知症により在宅での生活が困難であり、緊急に小規模多機能型居宅介護を利用することが適当であると判断されたものに対し算定できる。

□登録者数が**登録定員**を超える場合に減算される。

□通いサービス、訪問サービス、宿泊サービスの算定月の利用者1人あたりの利用回数が週4回未満の場合に減算される。

福祉用具・住宅改修

◗ 福祉用具と住宅改修のサービス　出題実績 26 25 24 23 再

□介護保険における福祉用具のサービスには、**福祉用具貸与**と**特定福祉用具販売**がある。

□特定福祉用具販売の支給限度基準額は、要介護度に関係なく、同一年度で 10 万円。

□住宅改修の支給限度基準額は、要介護度に関係なく、同一の住宅に対して 20 万円。

□住宅改修費は、要介護状態区分が 3 段階以上上がった場合や**転居**した場合に、再度給付が受けられる。

◗ 福祉用具貸与　出題実績 26 25 24 23 再

□福祉用具貸与の種目は 13 種類。

□車いす、車いす付属品、特殊寝台、特殊寝台付属品、床ずれ防止用具、体位変換器、移動用リフト、認知症老人徘徊感知機器は、要介護 2 以上が対象。

□自動排泄処理装置は、要介護 4 以上が対象。

📖 整理しよう　福祉用具貸与の種目

軽度者（要支援者と要介護 1、⑨は要支援者と要介護 1～3）は対象外	①車いす　②車いす付属品　③特殊寝台 ④特殊寝台付属品　⑤床ずれ防止用具 ⑥体位変換器　⑦移動用リフト（**つり具部分**を除く） ⑧認知症老人徘徊感知機器 ⑨自動排泄処理装置（**交換可能部分**を除く）
軽度者も対象	⑩手すり（**取付け工事を伴わない**）　⑪歩行器 ⑫スロープ（**取付け工事を伴わない**、持ち運びが容易なもの）　⑬歩行補助つえ

対象を要介護度で分けているのは、軽度者ではその必要性が想定しにくいからです。ただし、軽度者でも必要と認められれば給付は可能です。

特定福祉用具販売

出題実績 26 25 24 23 再

□特定福祉用具販売の種目は６種類。

□他人が使ったものを再利用するのに抵抗感があるもの、**劣化**しやすく貸与になじまないものなどが販売の対象。

◆特定福祉用具販売の種目

①**腰掛便座**

②自動排泄処理装置の**交換可能部品**

③排泄予測支援機器

④入浴補助用具

⑤簡易浴槽

⑥移動用リフトの**つり具部分**

人員・運営基準

出題実績 26 25 24 23 再

●人員基準

□福祉用具専門相談員を常勤換算で**2**人以上配置しなければならない。

□管理者は、**常勤専従**で１人配置（支障がなければ兼務可）。

●運営基準

□福祉用具専門相談員は、利用者ごとに居宅サービス計画に沿って、福祉用具サービス計画（**福祉用具貸与計画**または**特定福祉用具販売計画**）を作成しなければならない。

□福祉用具貸与と特定福祉用具販売を同時に提供する場合は、福祉用具貸与計画

と特定福祉用具販売計画は**一体的**に作成する。

□福祉用具専門相談員は、福祉用具を貸与するにあたり、①当該商品の**全国平均貸与価格**を利用者に説明する、②機能や価格帯の異なる**複数の商品**を提示する、③利用者に交付する福祉用具貸与計画書を**介護支援専門員**にも交付することが義務付けられている。

□回収した福祉用具は**消毒**をするとともに、消毒済みの福祉用具と消毒がまだ行われていないものとを**区分して保管**する。

住宅改修の内容

□住宅改修の給付対象は5種類。

◆住宅改修の給付対象

①**手すり**の取付け（取付け工事を伴わないものは対象外）

②段差の解消（昇降機等の**動力**により段差を解消する機器を設置する場合は対象外）

③滑りの防止及び移動の円滑等のための**床材**変更

④引き戸等への扉の取り替え（自動ドアの場合は、その**動力部分**は対象外）

⑤洋式便器等への便器の取り替え（下表参考）

整理しよう 便器の取り替えの給付対象

対象となる	対象とならない
・和式便器 ➡ **暖房**や**洗浄機能**等がついた洋式便器	・**すでに設置済みの洋式便器** ➡ 暖房や洗浄機能等の付加機能を付ける工事 ・**水洗化**の工事

介護老人福祉施設

介護老人福祉施設の概要　　出題実績 26 25 24 23 再

□介護老人福祉施設とは、要介護者に対して、**施設サービス計画**に基づいて、機能訓練、健康管理、療養上の世話などを行う施設。

□対象者は、原則要介護3以上。ただし、家族による虐待等、**やむを得ない事情**を**十分**に考慮した場合は、要介護1や2でも入所が認められる。

□開設にあたっては、**都道府県知事**の指定を受ける必要がある。

□老人福祉法での**特別養護老人ホーム**（入所定員30人以上）として認可を受けていることが前提。

□特別養護老人ホームを設置できる（介護老人福祉施設の指定を受けられる）団体は、**地方公共団体**と**社会福祉法人**のみ。

□入所定員29人以下の介護老人福祉施設は、**地域密着型介護老人福祉施設**（地域密着型サービス）。

人員・設備・運営基準　　出題実績 26 25 24 23 再

●人員基準

医　師	**必要数**（非常勤可）
管理者	常勤専従（兼務**可**）
生活相談員	入所者100人またはその端数を増すごとに1人以上（常勤）
看護・介護職員	入所者3人につき、常勤換算で1人以上 ※看護職員は、入所者30人未満では1人以上、30〜50人未満では2人以上等、常勤換算で規模に合わせて配置 ※看護職員のうち1人以上は常勤、介護職員は**夜勤**を含めて常時1人以上（常勤）
栄養士または管理栄養士	1人以上 ※入所者が40人以下の場合は配置しなくてよい

機能訓練指導員	1人以上（兼務可）
介護支援専門員	1人以上配置（常勤）で、入所者100人またはその端数を増すごとに1人追加（兼務可）

●設備基準

□居室の定員は**1人**（サービス提供上必要と認められる場合は**2人**でも可）。

□静養室は、介護職員室や看護職員室に**近接して**設ける。

□医務室は、医療法に規定する**診療所**とする。

□食堂及び機能訓練室は、食事の提供または機能訓練に支障がない場合は、**同一**の場所とすることができる。

□廊下幅は**1.8メートル以上**とする。

●運営基準

□入所者が医療機関に入院し、おおよそ**3か月以内**に退院できる見込みがある場合は、再び当該施設に円滑に入所できるようにしておかなければならない。

□1週間に**2回以上**、入浴または清拭のサービスを提供しなければならない。

□入所者のために、**レクリエーション行事**を行うように努める。

入所者が入院している間（3か月以内）の空いたベッドは、短期入所として利用でき、空にしておく必要はありません。

主な介護報酬

出題実績 26 25 24 23 再

□基本報酬は、**ユニット型かユニット型でないか**、施設規模、居住環境、要介護度等によって算定される。

□**日常生活継続支援加算**は、要介護4、5の者や日常生活に支障を来す恐れのある症状や行動のみられる認知症者、喀痰吸引等の医行為を必要とする者が一定以上入所しており、介護福祉士数を一定以上配置している場合に算定できる。

□入所者が入院や居宅で外泊した場合、基本報酬の代わりに1か月に**6日**（入院または外泊の初日と最終日を除く）、**外泊時費用**を算定可能。

障害者福祉制度

障害者総合支援法の概要　出題実績 26 25 24 23 再

□障害者総合支援法は、2006（平成18）年に施行された**障害者自立支援法**を改正・名称変更し、2013（平成25）年に施行された。

□障害者総合支援法は、障害者の**日常生活**や**社会生活**を支える福祉サービスや医療について定めた法律。

□障害者自立支援法からの改正点は、

　①基本理念の創設

　②障害者の範囲に**難病**等を追加

　③障害程度区分を**障害支援区分**へ変更

　④重度訪問介護の対象の拡大（重度の肢体不自由者に、重度の**知的障害者**や**精神障害者**を追加）

　⑤共同生活介護（ケアホーム）の共同生活援助（**グループホーム**）への一元化

　　　　　　　　　　　　　　　　　　　　　　　　　　　　　　　　　　など

□障害者総合支援法が対象とする障害者の範囲は、身体障害者、知的障害者、**精神障害者**（**発達障害者**を含む）、**難病患者**等（厚生労働大臣の定める対象疾病のいずれかに罹患している者）。

※障害者総合支援法の正式名称は「障害者の日常生活及び社会生活を総合的に支援するための法律」。

障害者総合支援法は、障害者権利条約の批准に向けた国内法整備の一環として、障害者基本法の改正や障害者差別解消法の制定と同時期に改正されました。

自立支援給付

□障害者総合支援法のサービス内容には、利用者への個別の給付である**自立支援給付**と、市町村や都道府県が地域の特性に応じて行う**地域生活支援事業**がある。

□自立支援給付とは、**介護給付費**、**訓練等給付費**、地域相談支援給付費、計画相談支援給付費、**自立支援医療費**、補装具費等の支給。

□介護給付には、居宅介護、重度訪問介護、同行援護、**行動援護**、療養介護、生活介護、短期入所、重度障害者等包括支援、施設入所支援がある。

□訓練等給付には、自立訓練、就労移行支援、就労継続支援、共同生活援助（**グループホーム**）、就労定着支援、自立生活援助がある。

□介護給付は**介護**の支援を受ける場合、訓練等給付は**訓練等**の支援を受ける場合に給付を受ける。

□自立支援医療は、従来の児童福祉法に基づく**育成医療**、精神保健福祉法に基づく**精神通院医療**、身体障害者福祉法に基づく**更生医療**を統合したもの。

整理しよう　自立支援給付の種類

自立支援給付	介護給付（居宅介護、重度訪問介護、同行援護、**行動援護**、療養介護、生活介護、短期入所、重度障害者等包括支援、施設入所支援）
	訓練等給付（自立訓練、就労移行支援、就労継続支援、共同生活援助〔**グループホーム**〕、就労定着支援、自立生活援助）
	自立支援医療（更生医療、育成医療、精神通院医療）
	補装具　　　　地域相談支援給付　　　計画相談支援給付

地域生活支援事業

□地域生活支援事業は、**市町村**が行うものと**都道府県**が行うものがある。

□それぞれ、**必須**事業と**任意**事業がある。

□市町村が行う必須事業は、相談支援事業、**成年後見制度利用支援事業**、成年後

右側余白：**3** / **障害者福祉制度**

見制度法人後見支援、意思疎通支援、日常生活用具給付等、手話奉仕員養成研修など。

支給決定までの流れ 出題実績 26 25 24 23 再

□申請先は、**市町村**。

□介護給付の場合は、**障害支援区分**の認定が行われる。

□市町村は、**サービス等利用計画案**や**障害支援区分**等を踏まえて支給の要否を決定する。

□サービス担当者会議の開催や、**サービス等利用計画**の作成を経て、サービスの利用開始となる。

◆**サービスの利用開始までの流れ**

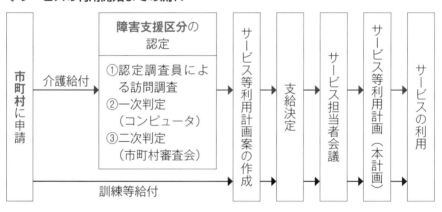

市町村に申請 → 介護給付 → 障害支援区分の認定
①認定調査員による訪問調査
②一次判定（コンピュータ）
③二次判定（市町村審査会）
→ サービス等利用計画案の作成 → 支給決定 → サービス担当者会議 → サービス等利用計画（本計画） → サービスの利用

訓練等給付

障害支援区分認定は、介護保険における「要介護認定」にあたります。障害支援区分は「標準的な支援の度合い」を非該当と6段階の区分で表しています。

生活保護制度

生活保護の基本原理と原則

出題実績 **26** 25 24 23 **再**

□生活保護法では、その基本原理として①**国家責任**の原理、②**無差別平等**の原理、③**最低生活保障**の原理、④**補足性**の原理を規定している。

□生活保護法では、生活保護を実施する際の重要な考え方として、①**申請保護**の原則、②**基準及び程度**の原則、③**必要即応**の原則、④**世帯単位**の原則を定めている。

◆生活保護の基本原理

①国家責任の原理	**国家責任**において、生活に困窮する国民に対して最低限度の生活の保障を行う
②無差別平等の原理	**生活困窮の原因**による差別を受けず、要件を満たす限り無差別平等に保護を受けられる
③最低生活保障の原理	健康で文化的な生活水準の維持を保障する
④補足性の原理	生活に困窮する者の資産や能力、扶養義務者による扶養や**他法に定める扶助**を優先し、なおかつ生活に困窮する場合に初めて生活保護が適用される

◆生活保護の原則

①申請保護の原則	生活保護は、要保護者本人、**扶養義務者**、**同居親族**の申請に基づいて開始される ※急迫した状況にあるときは、**申請がなくても**必要な保護を行うことができる
②基準及び程度の原則	**厚生労働大臣**が定める生活保護基準を基に、要保護者の金銭や物品で不足する分を補う程度で生活保護を行う
③必要即応の原則	要保護者の年齢、性別、健康状態等その個人や世帯の実際の必要の相違を考慮して、有効かつ適切に行う
④世帯単位の原則	保護の要否と程度は、原則として**世帯**を単位とする

保護の種類

□生活保護法では、**生活扶助**、**教育扶助**、**住宅扶助**、**医療扶助**、**介護扶助**、**出産扶助**、**生業扶助**、**葬祭扶助**の8種類の扶助が定められている。

□原則として、医療扶助と介護扶助は**現物**給付、それ以外の扶助は**金銭**給付。

□**生活扶助**は、食費、光熱費、被服費等の日常生活を送る上での基本的な需要を満たすもの。

□教育扶助は、**義務教育**の就学に必要な費用。

□**住宅扶助**は、借家、借間住まいをしている被保護世帯に対する家賃や間代、地代、または家屋の**補修費**。

□**医療扶助**は、疾病や負傷によって入院や通院による治療が必要な場合に、生活保護の**指定医療機関**に委託して行う給付。

□医療扶助を受けるには、**福祉事務所**から発行される医療券が必要。

□**介護扶助**は、介護保険法に規定する要介護者や要支援者に対して、介護保険の給付サービスと同様のサービスを受けられるようにするための給付。

□**出産扶助**は、出産に伴う費用。

□**生業扶助**は、生業費、技能習得費等の就労のために必要な費用、**高校就学**に必要な費用。

□葬祭扶助は、死体の検案、運搬、火葬、埋葬、納骨その他葬祭のために最低限必要な費用。遺族または扶養義務者がいない場合は**葬祭を行う第三者**に対して給付される。

整理しよう　生活保護における現物給付と金銭給付

現物給付	金銭給付
医療扶助、**介護**扶助	生活扶助、教育扶助、住宅扶助、出産扶助、生業扶助、葬祭扶助

介護扶助

□介護扶助の範囲は、①**居宅介護**、②福祉用具、③住宅改修、④**施設介護**、⑤介護予防、⑥介護予防福祉用具、⑦介護予防住宅改修、⑧**介護予防・日常生活支援**、⑨**移送**（介護保険による給付はなく、介護扶助のみ）。

□居宅介護は**居宅介護支援計画**、介護予防は**介護予防支援計画**に基づき行うものに限る。

□第１号被保険者の介護保険料と介護保険施設入所者の日常生活費は、**生活扶助**から給付。

□介護保険施設入所者の食費・居住費は、**介護扶助**から給付。

□要介護認定は、介護保険の被保険者の場合は一般の要介護認定と同じ手順、介護保険の被保険者でない場合は生活保護制度で認定を受ける。

□介護扶助は、指定介護機関（**介護保険法**による指定と**生活保護法**による指定の両方を受けた事務所等）に委託して行われる。

3

生活保護制度

整理しよう　施設入所者の扶助

生活扶助	日常生活費、介護保険料
介護扶助	食費・居住費、自己負担分

◆要介護認定の申請先

第１号被保険者と第２号被保険者	介護保険法と同じ**市町村**の介護保険担当課
40～64歳で介護保険の被保険者でない人	**福祉事務所**

介護扶助には、介護予防に関する給付も含まれます。

後期高齢者医療制度

運営主体と被保険者

出題実績 26 25 24 23 再

□後期高齢者医療制度の根拠法は、**高齢者の医療の確保に関する法律（高齢者医療確保法）**。

□運営主体は、都道府県内の全市町村が加入する**後期高齢者医療広域連合**。

□被保険者は、広域連合の区域内に住所を有する① 75 歳以上の者、② 65 歳以上 75 歳未満で**一定の障害の状態**にある者。

□**生活保護受給者**は、後期高齢者医療制度の被保険者とならない。

□保険料は、各広域連合が**条例**で定める。

□保険料の徴収は、介護保険制度と同様に、**普通徴収**と**特別徴収**がある。

□財源は、公費 5 割、後期高齢者支援金（若年者の保険料）4 割、高齢者の保険料 1 割。

◆**後期高齢者医療制度のしくみ**

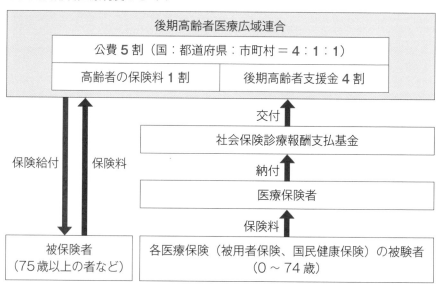

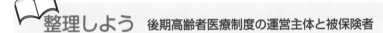

整理しよう　**後期高齢者医療制度の運営主体と被保険者**

運営主体	都道府県内の全市町村が加入する**後期高齢者医療広域連合**
被保険者	①後期高齢者医療広域連合の区域内に住所を有する**75歳以上の者**
	②後期高齢者医療広域連合の区域内に住所を有する**65歳以上75歳未満の者**であって、**一定の障害の状態にある**と当該後期高齢者医療広域連合の認定を受けた者

生活保護受給者は、医療扶助が支給されるため、国民健康保険制度や後期高齢者医療制度の適用除外となります。

後期高齢者医療給付の種類と利用者負担　出題実績 26 25 24 23 再

□給付内容は、条例で定める給付以外は**医療保険**とほぼ同じ。

◆後期高齢者医療制度の給付内容

• 療養の給付	• **入院時食事療養費**
• 入院時生活療養費	• 保険外併用療養費
• 療養費	• 訪問看護療養費
• 特別療養費	• **移送費**
• **高額療養費**	• **高額介護合算療養費**
• 条例で定める給付	

□利用者負担の割合は、原則として**1割**。

□現役並み所得者以外で一定所得以上である者の場合は、**2割**。

□現役並み所得者の場合は、**3割**。

生活困窮者自立支援制度

生活困窮者自立支援法の概要 　出題実績 26 25 **24** 23 再

☐生活困窮者自立支援法は、2013（平成25）年に制定され、**2015（平成27）年**より施行。

☐生活困窮者自立支援法は、長引く不況による生活困窮者や生活保護受給者の増大を受け、**生活保護制度の見直し**と**生活困窮者支援**の一体的な検討を経て成立した。

◆**支援までの流れ**

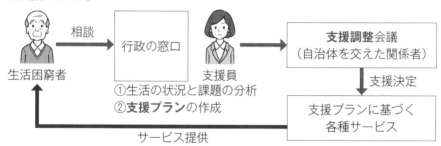

従来の支援では、一部の自治体のみの実施、縦割り制度、早期に支援につなぐ仕組みの欠如などの課題があり、これらを見直すため生活困窮者自立支援法が成立しました。

生活困窮者自立支援制度の実施機関と対象者 　出題実績 26 25 24 23 再

☐実施機関は、**福祉事務所**を設置する自治体。

☐対象者は、**生活困窮者**。

☐生活困窮者とは、現に経済的に困窮し、**最低限度の生活**を維持することができなくなる**おそれ**のある者。

□生活保護受給者は、**対象外**。

実施機関は、福祉事務所のある市町村では市町村、福祉事務所のない町村は都道府県となります。

生活困窮者自立支援制度の事業内容 出題実績 26 25 **24** 23 再

□**必須**事業と**任意**事業がある。

□必須事業は、**自立相談支援事業**、**住居確保給付金**の支給。

□任意事業は、**就労準備支援事業**、**一時生活支援事業**、**家計改善支援事業**、**子どもの学習・生活支援事業**。

□就労準備支援事業と家計改善支援事業の実施は**努力義務**。

□自立相談支援事業・就労準備支援事業・家計改善支援事業は、**一体的**に実施。

◆生活困窮者自立支援制度の内容

必須事業	自立相談支援事業	生活困窮者からの相談を受け、抱えている課題を評価・分析し、ニーズを把握。自立支援計画を策定し、関係機関との連絡調整
	住居確保給付金	離職により住宅を失ったか、そのおそれがある生活困窮者に対し、家賃相当額の住居確保給付金（有期）を支給
任意事業	就労準備支援事業	ただちに就労が難しい生活困窮者に対し、一般就労に必要な基礎能力の養成を計画的に支援
	一時生活支援事業	住居のない生活困窮者に対して一定期間、宿泊場所や衣食の供与
	家計改善支援事業	債務問題等を抱える生活困窮者に対して、債務整理や家計管理等、家計の立て直しに関する支援
	子どもの学習・生活支援事業	生活困窮世帯（生活保護受給世帯を含む）の子どもに対して、学習支援や生活習慣・育成環境の改善に関する助言等

高齢者虐待の防止

◢ 高齢者虐待防止法における主な定義　出題実績 26 25 24 23 再

□ **高齢者虐待防止法**では、「高齢者」を 65 歳以上の者と定義している。

□ 高齢者虐待防止法によれば、「高齢者虐待」とは、**養護者**と**養介護施設従事者
等**による①**身体的虐待**、②**介護の怠慢・放棄**、③**心理的虐待**、④**性的虐待**、⑤
経済的虐待をいう。

※ 高齢者虐待防止法の正式名称は、「高齢者虐待の防止、高齢者の養護者に対する支援
等に関する法律」。

📖 整理しよう　高齢者虐待の種類

身体的虐待	高齢者の身体に外傷が生じ、または生じるおそれのある暴行を加えること
介護の怠慢・放棄	高齢者を衰弱させるような著しい減食または長時間の放置その他の高齢者を養護すべき職務上の義務を著しく怠ること
心理的虐待	高齢者に対する著しい暴言または著しく拒絶的な対応その他の高齢者に著しい心理的外傷を与える言動を行うこと
性的虐待	高齢者にわいせつな行為をすることまたは高齢者をしてわいせつな行為をさせること
経済的虐待	高齢者の財産を不当に処分することその他当該高齢者から不当に財産上の利益を得ること

◢ 高齢者虐待へのそれぞれの対応　出題実績 26 25 24 23 再

●市町村

□ 養護者の負担軽減のため、**養護者に対する相談**、指導、助言その他必要な措置。

□養護者による虐待の通報または高齢者本人からの届出を受けた場合、速やかに、当該高齢者の**安全確認**、通報等に係る**事実確認**、**高齢者虐待対応協力者**と対応について協議。

□養介護施設従事者等による高齢者虐待の通報または届出を受けた場合、**都道府県へ報告**。

●市町村または市町村長

□生命または身体に重大な危険が生じているおそれがあると認められる高齢者を一時的に保護するため**老人短期入所施設**等に入所させる等の老人福祉法における措置、または**成年後見制度利用開始**に関する審判の請求。

●市町村長

□養護者による高齢者虐待により、生命または身体に重大な危険が生じているおそれがあると認められるときは、当該高齢者の居宅への**立入調査**の実施。

□上記の立入調査実施の際の**警察署長**に対する援助要請。

●市町村または都道府県

□要介護施設従事者等による高齢者虐待の防止と高齢者の保護のため、**老人福祉法または介護保険法**に基づく適切な権限を行使する。

●市町村長または当該措置に係る養介護施設の長

□養護者による高齢者虐待を受けた高齢者について、養介護施設への入所措置が採られた場合、虐待を行った養護者の**面会制限**。

●都道府県知事

□毎年度の養介護施設従事者等による高齢者虐待の状況、対応措置等の**公表**。

●養介護施設従事者等

□虐待を受けたと思われる高齢者を発見した場合は、速やかに**市町村**に通報。

養護者		高齢者を現に養護する者であって養介護施設従事者等以外の者
養介護施設従事者等 （養介護施設または 養介護事業に従事す る者）	養介護施設	介護保険施設、地域密着型介護老人福祉施設、**地域包括支援センター**
	養介護事業	居宅サービス事業、地域密着型サービス事業、**居宅介護支援事業**、介護予防サービス事業、地域密着型介護予防サービス事業、**介護予防支援事業**

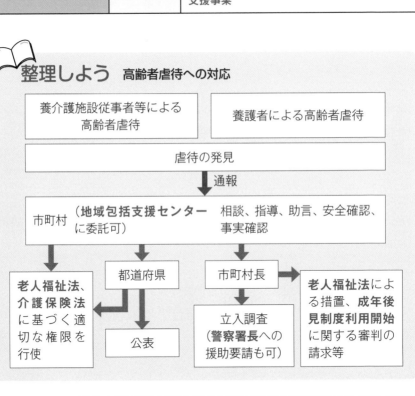

整理しよう　高齢者虐待への対応

養介護施設従事者等による高齢者虐待	養護者による高齢者虐待

虐待の発見

↓通報

市町村（**地域包括支援センター**に委託可）　相談、指導、助言、安全確認、事実確認

老人福祉法、介護保険法に基づく適切な権限を行使

都道府県

公表

市町村長

立入調査（**警察署長**への援助要請も可）

老人福祉法による措置、**成年後見制度利用開始**に関する審判の請求等

高齢者福祉に関する団体や従事者は、虐待の早期発見に努める責務があります。介護支援専門員にも虐待の早期発見の役割が期待されています。

成年後見制度

成年後見制度の概要　　出題実績 26 25 24 23 再

☐ 成年後見制度は、**民法の一部を改正する法律**、**任意後見契約に関する法律**、後見登記等に関する法律によって構築されている。

☐ 成年後見制度は、精神上の障害（認知症や知的障害、精神障害等）によって**判断能力**が不十分で**意思決定が困難**な成年者が、不利益を被らないよう支援し、保護するための制度。

☐ 成年後見制度の利用促進を目的として、**成年後見制度の利用の促進に関する法律（成年後見制度利用促進法）**が、2016（平成28）年に施行された。

☐ 成年後見制度の利用の促進は、①**ノーマライゼーション**（個人としての尊厳を重んじ、その尊厳にふさわしい生活を保障する）、②**自己決定権の尊重**（意思決定支援の重視と自発的意思の尊重）、③財産管理のみならず、**身上保護の重視**を踏まえて行われる。

☐ 成年後見制度には、**法定後見制度**と**任意後見制度**がある。

◆法定後見制度と任意後見制度

法定後見制度は、判断能力の程度に応じて３つの類型に分けられています。

法定後見制度

□法定後見制度の請求権者は、**本人、配偶者、四親等内の親族**等。

□請求権者が**家庭裁判所**に**審判**を申立て、**審判**を経て後見が開始される。

□本人以外の人により**補助開始**の審判を行う場合は、本人の**同意**が必要。

□請求権者がみつからない場合、**市町村長**も審判の申立てが可能。

□法定後見制度は、本人の判断能力の不十分さが大きな順から、①**後見類型**、②**保佐類型**、③**補助類型**に分けられ、それぞれ①**成年後見人**、②**保佐人**、③**補助人**を選任する。

□保護者は、類型によって異なる権限の範囲に応じて、**同意権、代理権、取消権**が与えられる。

□成年後見人は、本人（成年被後見人）のすべての法律行為を代わりに行う**代理権**と、日用品その他日常生活に関する行為以外についての**取消権**をもつ。

□成年後見人の代理権においては、本人の居住用不動産を処分するには**家庭裁判所**の許可が必要。

□保佐人は、本人（被保佐人）や保佐人等の請求（本人の同意が必要）によって、申立ての範囲内において審判で定める特定の法律行為について**代理権**をもつ。

□保佐人は、財産の贈与等の**民法**13条1項に定められた本人が行う一定の行為については、**同意権**と**取消権**をもつ。

□補助人は、本人（被補助人）の**同意**または申立てにより、当事者が申立てにより選択した特定の法律行為について審判を経て、**代理権**または**同意権、取消権**をもつ。

□補助人の**同意権**の範囲は、民法13条1項に定められた行為の一部。

◆本人以外による審判の申立てにおける本人の同意

後見開始	保佐開始	補助開始
不要	不要	必要

整理しよう　法定後見制度の類型

		後　見	保　佐	補　助
対　象		判断能力を欠く常況にある者	判断能力が著しく不十分である者	判断能力が不十分である者
保護者		成年後見人	保佐人	補助人
	同意権	×	○	△
	代理権	○	△	△
	取消権	○	○	△

○：あり　△：家庭裁判所の審判によって、権限を与えることが可能　×：なし

成年後見人に同意権がないのは、本人（成年被後見人）は判断能力を欠く常況にあるため、たとえ成年後見人の同意を得ても、本人がその通りに動くことは難しいと考えられるためです。

任意後見制度

出題実績 26 25 24 23 再

□任意後見制度は、判断能力が不十分になる前に、あらかじめ任意後見人（任意後見受任者）を指定し、後見内容を**契約**によって定めておく制度。

□手続きは以下のとおり。

①本人と任意後見受任者が、公証役場において**公正証書**で任意後見契約を行う。

②公証人が、**法務局**へ後見登記の申請を行う。

③判断能力が不十分になった際に、家庭裁判所へ**任意後見監督人**の選任を申立て、選任されると任意後見が開始される。

□任意後見監督人は、任意後見人の事務について、定期的に**家庭裁判所**へ報告する。

□任意後見監督人は、**任意後見受任者**または任意後見人の**配偶者**、**直系血族**および**兄弟姉妹**はなることができない。

整理しよう　手続きの流れ

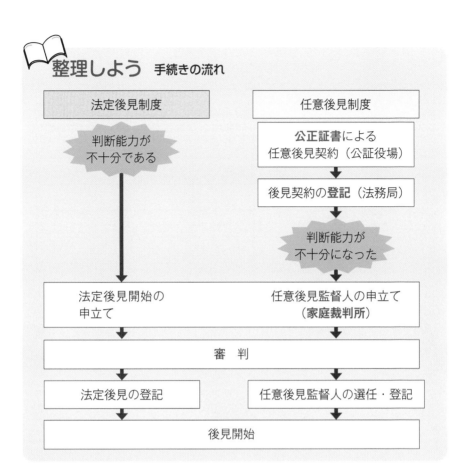

法定後見制度	任意後見制度
判断能力が不十分である	**公正証書**による任意後見契約（公証役場） ↓ 後見契約の**登記**（法務局） ↓ 判断能力が不十分になった
↓	↓
法定後見開始の申立て	任意後見監督人の申立て（**家庭裁判所**）
審　判	
法定後見の登記	任意後見監督人の選任・登記
後見開始	

任意後見制度は、公正証書以外での契約は無効となります。

問題編

問1 介護保険法第1条（目的）には、「国民の共同連帯」という文言が規定されている。

問2 保険給付の基本的な考え方が示されている介護保険法第2条（介護保険）には、「自立した日常生活」という文言が規定されている。

問3 介護保険法第2条（介護保険）には、「医療との連携」という文言が規定されている。

問4 介護保険法第1条（目的）には、「高齢者の権利利益の擁護に資する」という文言が規定されている。

問5 介護保険法第1条（目的）には、「国民の保健医療の向上及び福祉の増進を図る」という文言が規定されている。

問6 介護保険法第2条には、「要介護状態等の維持又は悪化の予防に資するよう行われる」という保険給付の基本的な考え方が定められている。

問7 介護保険法第2条には、「介護支援員の選択に基づき、サービス提供が行われなければならない」という保険給付の基本的な考え方が定められている。

問8 介護保険法第2条には、「被保険者の所得及び資産による制限」という保険給付の基本的な考え方が定められている。

問9 国民の努力及び義務が定められている介護保険法第4条には、「介護保険事業に要する費用を公平に負担する」と規定されている。

問10 介護保険法第5条（国及び地方公共団体の責務）には、「介護保険事業の運営における必要な助言及び適切な援助」という都道府県の責務が規定されている。

答1 ○ **国民の共同連帯の理念**に基づき介護保険制度を設け、国民の保健医療の向上及び福祉の増進を図る。

答2 ○ **居宅**において、その有する能力に応じ**自立した日常生活**を営むことができるように配慮されなければならない。

答3 ○ **医療との連携**に十分配慮して行われなければならない。

答4 × 介護保険法第1条にはない。本肢の文言は、**高齢者虐待防止法**の目的として、同法の第1条に規定されている。

答5 ○ 保険給付等に関して必要な事項を定め、もって**国民の保健医療の向上及び福祉の増進を図る**ことを目的とする。

答6 × 要介護状態等の**軽減**又は**悪化**の防止に資するよう行われる。

答7 × **被保険者の選択**に基づき、適切な保健医療サービス及び福祉サービスが、多様な事業者又は施設から、総合的かつ効率的に提供されるよう配慮して行われなければならない。

答8 × 介護保険法に、このような規定はない。被保険者の**要介護状態**等に関し、必要な給付を行う。

答9 ○ 「国民は、共同連帯の理念に基づき、介護保険事業に要する費用を**公平に負担する**」と規定されている。

答10 ○ 「**都道府県**は、介護保険事業の運営が健全かつ円滑に行われるように、必要な**助言**及び適切な**援助**をしなければならない」と規定されている。

問1 2021（令和3）年度末において、要介護（要支援）認定者のうち、約1割が第2号被保険者である。

問2 2021（令和3）年度末において、第1号被保険者に占める要介護（要支援）認定者の割合は、25％を超えている。

問3 2021（令和3）年度末において、要介護（要支援）状態区分別でみると、認定者数が最も多いのは、要介護1である。

問4 2017（平成29）年の介護保険制度改正において、施設サービスとして介護医療院が追加された。

問5 2020（令和2）年の介護保険法改正において、市町村は、地域ケア会議を置くように努めなければならないこととされた。

問6 2020（令和2）年の介護保険法改正において、高齢者と障害児・者が同一の事業所でサービスを受けやすくするための共生型サービスが創設された。

問7 2023（令和5）年の介護保険法改正において、居宅介護支援事業者も、市町村からの指定を受けて介護予防支援の実施が可能となった。

問8 2023（令和5）年の介護保険法改正において、介護給付及び予防給付に係る3割負担が導入された。

問9 介護保険に関して市町村は、住宅改修を行う者に対し、文書の提出を求める権限をもつ。

問10 介護保険に関して市町村は、介護サービス情報について、指定居宅サービス事業者を調査する権限をもつ。

答1
✕
要介護（要支援）認定を受けている人のうち、第1号被保険者が約98%で、第2号被保険者は約2%である。

答2
✕
第1号被保険者のうち、要介護（要支援）認定を受けている割合は、18.9%であり、25%を超えていない。

答3
○
要介護（要支援）認定を受けている人のうち、要介護（要支援）状態区分別でみると、最も多いのは**要介護1**（20.7%）である。

答4
○
介護医療院は、新たな介護保険施設として、2017（平成29）年の介護保険制度改正において創設された。

答5
✕
市町村による地域ケア会議の設置の努力義務が法律に規定されたのは、2014（**平成26**）年の改正である。

答6
✕
共生型サービスが創設されたのは、2017（**平成29**）年の改正である。

答7
○
居宅介護支援事業者も、**市町村**からの指定を受けて介護予防支援の実施が可能となったのは、2023（**令和5**）年の介護保険法改正においてである。

答8
✕
2割負担者のうち特に所得の高い層の負担割合が3割に引き上げられたのは、2017（**平成29**）年の介護保険制度改正においてである。

答9
○
住宅改修を利用するには、**市町村**に対して、事前申請書と事後申請書の提出が必要である。

答10
✕
介護サービス情報について、指定居宅サービス事業者を調査する権限をもつのは、**都道府県**である。

問1 介護保険制度において、国は、第2号被保険者負担率を定める。

問2 介護保険制度において、都道府県は、介護報酬の算定基準を定める。

問3 介護保険制度において、国は、財政安定化基金を設置する。

問4 介護保険制度において、市町村の長は、居宅介護支援事業所を指定する。

問5 介護保険事業に係る保険給付の円滑な実施を確保するための基本的な指針は、都道府県知事が定める。

問6 医療保険者は、介護保険事業が健全かつ円滑に行われるよう協力しなければならない。

問7 介護保険事業に係る保険給付の円滑な実施を確保するための基本的な指針は、変更にあたっては、市町村長と協議しなければならない。

問8 介護保険事業に係る保険給付の円滑な実施を確保するための基本的な指針は、地域における医療及び介護の総合的な確保の促進に関する法律に規定する総合確保方針に即して定める。

問9 都道府県介護保険事業支援計画で定める事項として、介護保険法上、「介護サービス情報の公表に関する事項」が明記されている。

問10 都道府県介護保険事業支援計画で定める事項として、介護保険法上、「地域支援事業の量の見込み」が明記されている。

答1 ○ 第2号被保険者負担率を定めるのは、国である。

答2 ✕ 介護報酬の算定基準を定めるのは、国である。

答3 ✕ 財政安定化基金を設置するのは、都道府県である。

答4 ○ 居宅介護支援事業所の指定権限は、2018（平成30）年4月から、都道府県から市町村へ委譲された。

答5 ✕ 介護保険事業に係る保険給付の円滑な実施を確保するための基本的な指針は、国（厚生労働大臣）が定める。

答6 ○ 医療保険者は、介護保険事業が健全かつ円滑に行われるよう協力する義務がある。

答7 ✕ 介護保険事業に係る保険給付の円滑な実施を確保するための基本的な指針の変更にあたっては、あらかじめ、総務大臣その他関係行政機関の長と協議をしなければならない。

答8 ○ 介護保険事業に係る保険給付の円滑な実施を確保するための基本的な指針は、地域における医療及び介護の総合的な確保の促進に関する法律（医療介護総合確保法）に規定する総合確保方針に即して定める。

答9 ○ 介護サービス情報の公表に関する事項は、都道府県介護保険事業支援計画において定めるよう努める事項に含まれる。

答10 ✕ 「地域支援事業の量の見込み」は、市町村介護保険事業計画の定めるべき事項に含まれる。

問1 市町村介護保険事業計画は、市町村老人福祉計画と一体のものとして作成されなければならない。

問2 市町村介護保険事業計画は、市町村地域福祉計画と調和が保たれたものでなければならない。

問3 市町村介護保険事業計画は、都道府県知事が定める基本指針に基づき作成されなければならない。

問4 「介護保険施設等における生活環境の改善を図るための事業に関する事項」は、市町村介護保険事業計画において定めるべき事項である。

問5 「地域支援事業に関する過去の実績」は、市町村介護保険事業計画において定めるべき事項である。

問6 地域密着型介護老人福祉施設入所者生活介護に係る必要利用定員総数の見込みは、市町村介護保険事業計画において定めるべき事項とされている。

問7 介護給付等に要する費用の適正化に関し、市町村が取り組むべき施策に関する事項は、市町村介護保険事業計画において定めるべき事項とされている。

問8 認知症対応型共同生活介護の必要利用定員総数の見込みは、都道府県介護保険事業支援計画で定める事項とされている。

問9 介護保険施設の種類ごとの必要入所定員総数の見込みは、都道府県介護保険事業支援計画で定める事項とされている。

問10 介護専用型特定施設入居者生活介護の必要利用定員総数の見込みは、都道府県介護保険事業支援計画で定める事項とされている。

答1 ○ 市町村介護保険事業計画は、市町村老人福祉計画と**一体**のものとして作成されなければならない。

答2 ○ 市町村介護保険事業計画は、市町村地域福祉計画と**調和**が保たれたものでなければならない。

答3 × 市町村介護保険事業計画は、**国の基本指針**に基づき作成しなければならない。

答4 × 「介護保険施設等における生活環境の改善を図るための事業に関する事項」は、**都道府県介護保険事業支援計画**の**定めるよう努める事項**である。

答5 × 「地域支援事業に関する過去の実績」は、**厚生労働省**が調査・分析を行う。

答6 ○ 地域密着型介護老人福祉施設入所者生活介護に係る必要利用定員総数の見込みは、**市町村介護保険事業計画**で定めるべき事項である。

答7 ○ 介護給付等に要する費用の適正化に関し、市町村が取り組むべき施策に関する事項は、**市町村介護保険事業計画**で定めるべき事項である。

答8 × 認知症対応型共同生活介護の必要利用定員総数の見込みは、**市町村介護保険事業計画**で定めるべき事項である。

答9 ○ 介護保険施設の種類ごとの必要入所定員総数の見込みは、**都道府県介護保険事業支援計画**で定めるべき事項である。

答10 ○ 介護専用型特定施設入居者生活介護の必要利用定員総数の見込みは、**都道府県介護保険事業支援計画**で定めるべき事項である。

問1 介護給付及び予防給付に要する費用において、国の負担分は、すべての市町村について同率である。

問2 介護給付及び予防給付に要する費用において、市町村の一般会計における負担分は、すべての市町村において同率である。

問3 介護保険財政において、調整交付金は、各市町村の第1号被保険者の所得の分布状況等を考慮して、交付される。

問4 介護保険の調整交付金は、国が市町村に交付する。

問5 国は、介護保険の財政の調整を行うため、市町村に対して調整交付金を交付する。

問6 介護給付に要する費用に係る公費負担において、都道府県の負担割合は、市町村の財政状況に応じて異なる。

問7 介護保険財政において、市町村は、給付費増大により介護保険財政に不足が見込まれる場合には、財政安定化基金から貸付を受けることができる。

問8 財政安定化基金の財源の負担割合は、国2分の1、都道府県4分の1、市町村4分の1である。

問9 財政安定化基金の基金事業貸付金は、償還期限までの間は無利子である。

問10 財政安定化基金の財源として、第2号被保険者の保険料を充当する。

答1 ✕
国の負担分は、定率負担分と調整交付金から成る。調整交付金は、市町村間の財政力の格差等を調整するものであり、**市町村によって異なる**ため、すべての市町村について**同率ではない**。

答2 ○
市町村の一般会計における負担分は、12.5%であり、すべての市町村において**同率である**。

答3 ○
調整交付金は、各市町村の**第1号被保険者の所得の分布状況**のほか、**後期高齢者比率**の高さによる給付増等を考慮して交付される。

答4 ○
調整交付金は、市町村間の財政力の格差等を調整するものとして、**国**が市町村に交付する。

答5 ○
調整交付金は、**市町村**間の財政力の差等を調整するために、**国**が給付する。

答6 ✕
都道府県の負担割合は、居宅給付費では**12.5**%、施設等給付費では**17.5**%であり、市町村の財政状況によって**変わらない**。

答7 ○
市町村は、給付費増大により介護保険財政に不足が見込まれる場合、市町村の介護保険財政の安定化を図る財政安定化基金から、貸付を**受けることができる**。

答8 ✕
財政安定化基金の財源の負担割合は、国、都道府県、市町村がそれぞれ**3分の1ずつ**である。

答9 ○
財政安定化基金の基金事業貸付金は、次の計画期間（3年間）に、**無利子**で、第1号被保険者の保険料を財源として分割で返済する。

答10 ✕
財政安定化基金の財源は、**第1号被保険者**の保険料が充当される。

問1 入所前の住所地とは別の市町村に所在する養護老人ホームに措置入所した者は、その養護老人ホームが所在する市町村の被保険者となる。

問2 地域密着型介護老人福祉施設は、介護保険制度における住所地特例の適用がある。

問3 有料老人ホームは、介護保険制度における住所地特例の適用がある。

問4 介護保険の被保険者資格において、第1号被保険者となるのは65歳の誕生日である。

問5 介護保険の被保険者資格において、医療保険に加入している生活保護受給者は、第2号被保険者とはならない。

問6 介護保険の被保険者資格において、海外に長期滞在しており、日本に住民票がない日本国籍を持つ70歳の者は、第1号被保険者とはならない。

問7 65歳以上の者であって、生活保護法に規定する救護施設の入所者は、介護保険の被保険者とならない。

問8 65歳以上の者であって、生活保護法に規定する更生施設の入所者は、介護保険の被保険者とならない。

問9 65歳以上の者であって、障害者総合支援法の生活介護及び施設入所支援の支給決定を受けて、指定障害者支援施設に入所している精神障害者は、介護保険の被保険者とならない。

問10 介護保険の被保険者資格において、被保険者が死亡した場合は、死亡届が提出された日から被保険者資格を喪失する。

答1 ✕　養護老人ホームは、**住所地特例**の適用対象施設である。そのため、入所前の住所地とは別の市町村に所在する養護老人ホームに措置入所した場合でも、所在地の市町村の被保険者とはならず、入所**前**の市町村の被保険者のままである。

答2 ✕　地域密着型介護老人福祉施設は、住所地特例の**適用対象施設ではない**。

答3 ○　有料老人ホームは、住所地特例の**適用対象施設である**。

答4 ✕　第1号被保険者となるのは、65歳の**誕生日の前日**である。なお、第2号被保険者についても同様で、医療保険加入者の40歳の誕生日前日が満年齢到達時となる。

答5 ✕　第2号被保険者は、**医療保険の加入者**であることが被保険者の資格要件となっており、それは生活保護受給者であっても同じである。

答6 ○　介護保険の被保険者には、市町村に住所を有するという**住所要件**があり、日本国籍をもっていても、**住民票**がなければ、被保険者とはならない。

答7 ○　生活保護法に規定する救護施設に入所している人は、40歳以上でも被保険者の対象から除外されるという**適用除外の対象**に該当するため、介護保険の**被保険者とならない**。

答8 ✕　生活保護法に規定する更生施設の入所者は、介護保険の**被保険者となる**。

答9 ○　障害者総合支援法の生活介護及び施設入所支援の支給決定を受けて、指定障害者支援施設に入所している人は、**適用除外の対象**に該当するため、介護保険の**被保険者とならない**。

答10 ✕　被保険者が死亡した場合は、死亡届が提出された**翌日**から被保険者資格を喪失する。

問1 第2号被保険者は、市町村の区域内に住所を有する40歳以上65歳未満の者すべてである。

問2 第2号被保険者のうち保険給付の対象者は、特定疾病を原因として要支援・要介護状態になった者である。

問3 居住する市町村から転出した場合は、その翌日から、転出先の市町村の被保険者となる。

問4 医療保険に加入していない70歳の者は、第1号被保険者となる。

問5 刑事施設に拘禁されている者は、被保険者とはならない。

問6 要介護認定は、一次判定は市町村が行い、二次判定は都道府県が行う。

問7 要介護認定において一次判定で非該当となった者についても、二次判定を行う。

問8 介護保険における特定疾病に関節リウマチは含まれる。

問9 介護保険における特定疾病に黄色靭帯骨化症は含まれる。

問10 脊柱管狭窄症は、介護保険における特定疾病である。

答1
✗
第2号被保険者は、市町村の区域内に住所を有する40歳以上65歳未満の者であって、**医療保険**の加入者である。

答2
○
第2号被保険者のうち保険給付の対象者は、法律に規定された16種類の**特定疾病**を原因として要支援・要介護状態になった者である。

答3
✗
転出先の市町村の被保険者となるのは、住所移転した**当日**である。

答4
○
65歳以上の者は、**医療保険の加入の有無**にかかわらず第1号被保険者となる。

答5
✗
刑事施設は、介護保険の適用除外施設に**含まれていない**ため、刑事施設に拘禁されている者も**被保険者となる**。

答6
✗
一次判定は**市町村**が行い、二次判定は**介護認定審査会**が行う。

答7
○
一次判定での要介護度にかかわらず、**二次判定**が行われる。

答8
○
関節リウマチは、介護保険における特定疾病に**含まれる**。

答9
✗
黄色靭帯骨化症は、介護保険における特定疾病に**含まれない**。

答10
○
脊柱管狭窄症は、介護保険における**特定疾病に該当する**。

問1 更新認定の申請ができるのは、原則として、有効期間満了日の30日前からである。

問2 要介護認定の認定調査において、被保険者が正当な理由なく認定調査に応じない場合には、市町村は申請を却下することができる。

問3 要介護認定の申請後、認定調査の前に受けた介護サービスは、保険給付の対象にならない。

問4 「40歳の人が、重いうつ病となり、家事が困難な状態になった」は、介護保険制度における保険事故に該当する。

問5 「70歳の人が、転倒により腰椎を骨折して、入浴等に介護を要する状態になった」は、介護保険制度における保険事故に該当する。

問6 介護保険の被保険者証が交付されていない第2号被保険者が申請するときは、医療保険被保険者証等を提示する。

問7 指定認知症対応型共同生活介護事業者は、要介護認定について申請代行を行うことができる。

問8 地域包括支援センターは、要介護認定について申請代行を行うことができる。

問9 要介護認定の認定調査票（基本調査）には、買い物は、含まれる。

問10 要介護認定の認定調査票（基本調査）には、外出頻度は、含まれる。

答1

✕

更新認定の申請ができるのは、原則として有効期間満了の日の**60日前**から満了の日までとされている。

答2

○

被保険者が正当な理由なく**認定調査**に応じない場合や**主治医意見書記載**に必要な診断を受けない場合には、市町村は申請を却下することができる。

答3

✕

要介護認定の**申請日**から受けたサービスについて、保険給付の対象となる。

答4

✕

第2号被保険者が要介護状態・要支援状態と認定されるには、その状態が**特定疾病**によって生じた場合に限られる。重いうつ病は、**特定疾病に該当しない**。

答5

○

第1号被保険者の場合、要介護状態となった原因を**問われない**ため、介護保険制度における**保険事故となる**。

答6

○

申請書に**医療保険被保険者証**等を添付して申請する。

答7

✕

指定認知症対応型共同生活介護事業者は、要介護認定について申請代行を**行うことができない**。

答8

○

地域包括支援センターは、要介護認定について申請代行を**行うことができる**。

答9

○

社会生活への適応に関する項目として、買い物は**含まれる**。

答10

○

生活機能に関連する項目として、外出頻度は**含まれる**。

問1 要介護認定の認定調査票（基本調査）には、身体障害者障害程度等級は、含まれる。

問2 要介護認定の認定調査において、新規認定の調査は、地域包括支援センターに委託できる。

問3 要介護認定の認定調査において、更新認定の調査は、指定居宅介護支援事業者に委託できる。

問4 要介護認定の認定調査において、被保険者が必要な調査に応じない場合は、市町村は認定の申請を却下しなければならない。

問5 要介護認定において、認定調査票の特記事項は、一次判定で使用する。

問6 要介護認定において、介護認定審査会の審査及び判定の結果は、介護支援専門員に通知しなければならない。

問7 要介護認定において、要介護認定等基準時間は、1日当たりの時間として推計される。

問8 介護認定審査会の委員は、要介護者等の保健、医療又は福祉に関する学識経験を有する者のうちから任命される。

問9 介護認定審査会の委員は、職務上知り得た秘密を漏らしてはならない。

問10 介護認定審査会の委員は、原則として、保険者である市町村の職員がなることはできない。

答1 ✕ 身体障害者障害程度等級は**含まれない**。なお、認定調査票の「日常生活自立度に関する項目」に**障害高齢者**の日常生活自立度が含まれる。

答2 ✕ 新規認定の調査は、原則として**市町村の職員**が行う（**指定市町村事務受託法人**への委託も可能）。

答3 ○ 更新認定の調査は、**指定居宅介護支援事業者**のほか、地域包括支援センター、指定市町村事務受託法人、地域密着型介護老人福祉施設、介護保険施設、介護支援専門員に委託ができる。

答4 ✕ 被保険者が正当な理由なしに、認定調査に応じない場合は、市町村は認定申請を**却下することが可能**である。

答5 ✕ 認定調査票の特記事項は、**二次判定**で使用する。

答6 ✕ 介護認定審査会の審査及び判定の結果は、保険者である**市町村**に通知された後、市町村から被保険者に通知される。

答7 ○ 要介護認定等基準時間は、介助に関わる5つの分野の行為の時間と特別な医療の時間の合計で、**1日当たりの時間**として推計される。

答8 ○ 介護認定審査会の委員は、市町村長が任命した、**保健・医療・福祉に関する学識経験者**によって構成される合議体である。

答9 ○ 介護認定審査会の委員には、**守秘義務**が課せられる。

答10 ○ 審査・判定の公平性を確保するため、原則として、保険者である市町村の職員は、介護認定審査会の委員に**なることができない**。

問1 介護認定審査会の委員の定数は、被保険者数に応じて都道府県が定める。

問2 介護認定審査会は、複数の市町村で共同設置することはできない。

問3 介護認定審査会は、認定の有効期間について意見を付すことができる。

問4 介護認定審査会は、被保険者が受けることができるサービスの種類を指定することができる。

問5 介護認定審査会は、要介護認定の有効期間を定める。

問6 新規認定の効力は、申請日にさかのぼって生ずる。

問7 要介護認定において、市町村が特に必要と認める場合には、新規認定の有効期間を3月間から12月間までの範囲内で定めることができる。

問8 介護サービス情報の公表制度において、原則として、介護サービス事業者は、毎年、介護サービス情報を報告する。

問9 高額介護サービス費の支給は、介護給付の一つではない。

問10 高額医療合算介護サービス費の支給は、介護給付の一つである。

答1 ✕
介護認定審査会の委員の定数は、5人を標準に**市町村**が定める。なお、市町村の判断で5人よりも少なくできる。

答2 ✕
介護認定審査会は、認定審査会委員の確保、近隣市町村での公平な判定、認定事務の効率化を目的に、複数の市町村で**共同設置することができる**。

答3 〇
介護認定審査会は、認定の有効期間について**意見を付すことができ**、市町村は、その意見に基づき、認定の有効期間の短縮や延長ができる。

答4 ✕
介護認定審査会は、必要な療養に関する事項について**意見を付すことができ**、市町村は、その意見に基づきサービスの種類を指定することができる。

答5 ✕
要介護認定の有効期間は、**厚生労働省令**で定められている。

答6 〇
要介護認定は、申請のあった日に**さかのぼって**効力を生ずる。

答7 〇
新規申請の認定有効期間は、原則6か月だが、市町村が特に必要と認める場合は、3～12か月までの範囲内で市町村が決定することができる。

答8 〇
介護サービス事業者は、サービス開始時のほか、**毎年**、介護サービス情報を都道府県知事に報告する。

答9 ✕
高額介護サービス費の支給は、要介護者に対する**介護給付**である。法定代理受領方式による現物給付化がされている。

答10 〇
高額医療合算介護サービス費の支給は、**介護給付**である。

問1 特例特定入所者介護サービス費の支給は、介護給付の一つである。

問2 福祉用具貸与には、区分支給限度基準額は適用されない。

問3 福祉用具購入費には、区分支給限度基準額は適用されない。

問4 居宅療養管理指導には、区分支給限度基準額は適用されない。

問5 転居した場合には、改めて支給限度基準額まで居宅介護住宅改修費の支給を受けることができる。

問6 居宅介護福祉用具購入費の支給は、現物給付化されている。

問7 施設介護サービス費の支給は、現物給付化されている。

問8 取り付けに際し工事の必要のない、便器を囲んで据え置いて使用する手すりは、住宅改修費の支給対象にはならない。

問9 浴室の段差解消に伴う給排水設備工事は、住宅改修費の支給対象にはならない。

問10 エアマットレスなどの床ずれ防止用具は、福祉用具貸与の対象となる。

答1 ○ 特例特定入所者介護サービス費の支給は、**介護給付**である。

答2 × 福祉用具貸与には、区分支給限度基準額は**適用される**。

答3 ○ 福祉用具購入費には、同一年度10万円という**福祉用具購入費支給限度基準額**が定められており、区分支給限度基準額は**適用されない**。

答4 ○ 居宅療養管理指導は、サービス担当者ごとに算定回数や単位が設定されており、区分支給限度基準額は**適用されない**。

答5 ○ 居宅介護住宅改修費は、転居した場合は、再給付を**受けることができる**。

答6 × 居宅介護福祉用具購入費の支給は、償還払いで保険給付され、現物給付化**されていない**。

答7 ○ 施設介護サービス費の支給は、現物給付化**されている**。

答8 ○ 便器を囲んで据え置いて使用する手すりは、**福祉用具貸与の対象**となる。

答9 × 浴室の段差解消に伴う給排水設備工事は、**住宅改修として支給対象**となる。

答10 ○ 床ずれ防止用具は、**福祉用具貸与の対象**となる。

問1 介護保険料を2年以上滞納した場合には、被保険者の資格を喪失する。

問2 高額介護サービス費の負担上限額を超えた利用料は、常に現物給付となるため、利用者が直接事業者に支払う必要はない。

問3 高額介護サービス費は、世帯単位で算定される。

問4 施設介護サービス費に係る利用者負担は、高額介護サービス費の対象となる。

問5 高額医療合算介護サービス費は、医療保険から支給される。

問6 特定入所者介護サービス費の支給対象となる費用は、食費と居住費（滞在費）である。

問7 特定入所者介護サービス費の支給対象となるサービスには、特定施設入居者生活介護は含まれない。

問8 特定入所者介護サービス費の支給対象者には、生活保護受給者は含まれない。

問9 所得段階別定額保険料の所得区分は原則として9段階であるが、市町村の条例でさらに細分化することができる。

問10 普通徴収による第1号被保険者の保険料については、その配偶者に連帯納付義務がある。

答1 ✗ 第1号被保険者で要介護者等になる前に保険料滞納があり、時効により消滅している場合、消滅期間に応じて**保険給付を減額**する。

答2 ✗ 利用者が直接事業者にサービスに要した費用の**全額**を支払い、後で保険者に**負担上限額を超えた分**の払い戻しを受ける**償還払い方式**をとっている。

答3 ○ 高額介護サービス費は、**世帯**の利用者負担の合計額が負担上限額を超えた分で算定される。

答4 ○ 高額介護サービス費の対象は、居宅サービス、介護予防サービス、**施設サービス**、地域密着型サービスである。

答5 ✗ 高額医療合算介護サービス費は、医療保険と介護保険それぞれの比率に応じて按分して**各保険者（市町村と医療保険者）**が支給する。

答6 ○ 特定入所者介護サービス費は、低所得の要介護者等に対して、所得段階に応じた**食費・居住費（滞在費）**の負担限度額を設定し、超えた分を支給する。

答7 ○ 支給対象となるサービスは、施設サービス、**地域密着型介護老人福祉施設入所者生活介護、短期入所生活介護、短期入所療養介護**である。

答8 ✗ 低所得者を対象にする特定入所者介護サービス費の支給対象者には、生活保護受給者も**含まれる**。

答9 ○ 市町村は、条例で定めるところにより、所得段階を原則の**9**段階よりもさらに**細分化**することができる。

答10 ○ 第1号被保険者の配偶者は、**連帯納付**の義務がある。

問1 第1号被保険者に係る保険料率は、市町村格差が生じないよう都道府県の承認を必要とする。

問2 第2号被保険者の保険料については、医療保険の種類にかかわらず、事業主負担がある。

問3 生活保護の実施機関は、被保護者に代わり、その介護保険料を直接市町村に支払うことはできない。

問4 年額18万円以上の遺族厚生年金受給者は、特別徴収の対象となる。

問5 保険料減免の対象者は、政令で定められる。

問6 第1号被保険者の配偶者は、被保険者と連帯して保険料を納付する義務を負う。

問7 第1号被保険者は、保険料の普通徴収と特別徴収のいずれかを選択することができる。

問8 第2号被保険者の保険料は、地域支援事業のうちの任意事業の財源には充当されない。

問9 第2号被保険者の保険料は、被保険者が住所を有する市町村が徴収する。

問10 介護保険料を徴収する権利の消滅時効は、2年である。

答1 ✕ 第1号被保険者に係る保険料率は、各市町村が政令で定める基準に従い、条例で決定するため、都道府県の承認は**必要としない。**

答2 ✕ 事業主負担があるのは、**被用者保険のみ**である。

答3 ✕ 介護保険料加算として生活扶助に加算して支給される、第1号被保険者である被保護者の介護保険料は、生活保護の実施機関が被保護者に代わって直接市町村に**支払うことができる。**

答4 ○ 年額18万円以上の年金受給者は、特別徴収の**対象である。**

答5 ✕ 保険料減免の対象者は、災害等の特別な理由がある場合には、**市町村の条例**により定められる。

答6 ○ 第1号被保険者の配偶者および世帯主は、被保険者と連帯して保険料を納付する**義務を負う。**

答7 ✕ 原則、年額18万円以上の年金受給者は特別徴収、年額18万円未満の年金受給者は普通徴収と決められており、**選択できるものではない。**

答8 ○ 第2号被保険者の保険料は、地域支援事業のうちの**任意事業**の財源には充当されない。

答9 ✕ 第2号被保険者の保険料は、**社会保険診療報酬支払基金**が医療保険者から介護給付費・地域支援事業支援納付金として徴収する。

答10 ○ 介護保険料を徴収する権利は、**2年**で消滅する。

問1 介護支援専門員の義務として、介護保険事業の円滑な運営に必要な助言をしなければならない。

問2 介護支援専門員の義務として、介護支援専門員でなくなった後も、正当な理由なしに、その業務に関して知り得た人の秘密を漏らしてはならない。

問3 介護支援専門員の義務として、その名義を他人の介護支援専門員の業務のために使用させてはならない。

問4 介護支援専門員は、その業務を行うに当たり、関係者から請求があったときは、介護支援専門員証を提示しなければならない。

問5 介護支援専門員は、利用者の入院時に、退院後の利用者・家族の生活について医療機関に伝えることが重要である。

問6 介護支援専門員証の有効期間は、5年である。

問7 介護支援専門員は、特定の種類のサービスに不当に偏ることのないよう、業務を行わなければならない。

問8 介護サービス情報の公表制度において、原則として、介護サービス事業者は、毎年、介護サービス情報を報告する。

問9 都道府県知事は、介護サービス事業者が介護サービスの質の確保のために総合的に講じている措置を公表しなければならない。

問10 指定居宅サービス事業者は、その介護サービス情報を都道府県知事に報告しなければならない。

答1

×　介護保険事業の円滑な運営に必要な助言は、介護支援専門員の**義務ではない**。

答2

○　介護支援専門員には、**秘密保持義務**があり、介護支援専門員でなくなった後も同様である。

答3

○　介護支援専門員には、**名義貸しの禁止義務**が課せられている。

答4

○　介護支援専門員は、関係者から請求があったときは、介護支援専門員証を**提示しなければならない**。

答5

○　**退院後**の生活に向けた準備や治療方針の検討に資するため、重要な情報となる。

答6

○　介護支援専門員証の有効期間は**5**年である。

答7

○　介護支援専門員は、特定の種類または特定の事業者に**不当に偏ること**のないよう、**公正かつ誠実**にその業務を行わなければならない。

答8

○　介護サービス事業者は、サービス開始時のほか、**毎年**、介護サービス情報を都道府県知事に報告する。

答9

○　**都道府県知事**は、介護サービス事業者が介護サービスの質の確保のために総合的に講じている措置について公表しなければならない。

答10

○　指定居宅サービス事業者は、その提供する介護サービスに係る介護サービス情報を、**都道府県知事**に報告しなければならない。

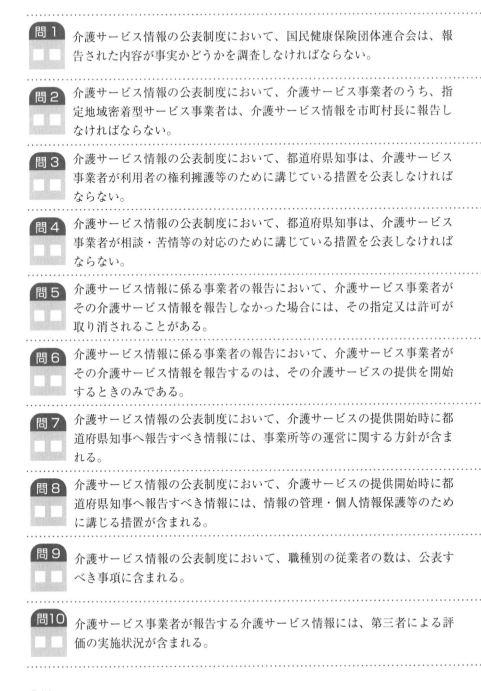

問1 介護サービス情報の公表制度において、国民健康保険団体連合会は、報告された内容が事実かどうかを調査しなければならない。

問2 介護サービス情報の公表制度において、介護サービス事業者のうち、指定地域密着型サービス事業者は、介護サービス情報を市町村長に報告しなければならない。

問3 介護サービス情報の公表制度において、都道府県知事は、介護サービス事業者が利用者の権利擁護等のために講じている措置を公表しなければならない。

問4 介護サービス情報の公表制度において、都道府県知事は、介護サービス事業者が相談・苦情等の対応のために講じている措置を公表しなければならない。

問5 介護サービス情報に係る事業者の報告において、介護サービス事業者がその介護サービス情報を報告しなかった場合には、その指定又は許可が取り消されることがある。

問6 介護サービス情報に係る事業者の報告において、介護サービス事業者がその介護サービス情報を報告するのは、その介護サービスの提供を開始するときのみである。

問7 介護サービス情報の公表制度において、介護サービスの提供開始時に都道府県知事へ報告すべき情報には、事業所等の運営に関する方針が含まれる。

問8 介護サービス情報の公表制度において、介護サービスの提供開始時に都道府県知事へ報告すべき情報には、情報の管理・個人情報保護等のために講じる措置が含まれる。

問9 介護サービス情報の公表制度において、職種別の従業者の数は、公表すべき事項に含まれる。

問10 介護サービス事業者が報告する介護サービス情報には、第三者による評価の実施状況が含まれる。

答1
✕
報告された内容が事実かどうかの調査を行うのは、**都道府県**もしくは都道府県ごとに指定する**指定調査機関**である。

答2
✕
報告先は、サービスの種類に関係なく、**都道府県知事**である。

答3
○
都道府県知事は、介護サービス事業者が利用者の権利擁護等のために講じている措置について**公表しなければならない**。

答4
○
都道府県知事は、介護サービス事業者が相談・苦情等の対応のために講じている措置について**公表しなければならない**。

答5
○
都道府県知事は、報告をしない事業者に対し、調査を受けることを命ずることができ、命令に従わない場合は**指定又は許可の取消し**を行うことができる。

答6
✕
介護サービス情報の報告は、その介護サービスの提供を開始するとき（基本情報）及び**都道府県の報告計画策定時**も行う（基本情報と運営情報）。

答7
○
事業所等の運営に関する方針は、介護サービスの提供開始時に都道府県知事へ報告すべき**基本情報**に含まれる。

答8
✕
情報の管理・個人情報保護等のために講じる措置は、介護サービスの提供開始時に都道府県知事へ報告すべき基本情報ではなく、**運営情報**に含まれる。

答9
○
職種別の従業者の数は、基本情報に含まれ、都道府県知事が**公表すべき**事項に含まれる。

答10
○
介護サービス事業者が報告する介護サービス情報には、第三者による評価の実施状況が**含まれる**。

問1 介護保険法で定める国民健康保険団体連合会が行う業務には、第1号被保険者の保険料の特別徴収事務が含まれる。

問2 介護保険法で定める国民健康保険団体連合会が行う業務には、第三者行為求償事務が含まれる。

問3 介護保険法で定める国民健康保険団体連合会が行う業務には、介護給付費交付金の交付が含まれる。

問4 第1号被保険者の保険料に係る特別徴収は、社会保険診療報酬支払基金が行う。

問5 地域支援事業のうち包括的支援事業に、生活支援体制整備事業は含まれる。

問6 地域支援事業のうち包括的支援事業に、介護給付等費用適正化事業は含まれる。

問7 地域支援事業のうち包括的支援事業に、介護予防把握事業は含まれる。

問8 包括的支援事業の生活支援体制整備事業では、生活支援コーディネーターを配置することとされている。

問9 地域支援事業の介護予防・日常生活支援総合事業の財源には、第2号被保険者の保険料が含まれる。

問10 地域支援事業の一般介護予防事業には、地域リハビリテーション活動支援事業が含まれる。

答1
✕
第1号被保険者の保険料の特別徴収事務は、**年金保険者**の業務である。

答2
◯
第三者行為求償事務は、**国民健康保険団体連合会**が行う業務である（市町村からの委託）。

答3
✕
介護給付費交付金の交付は、**社会保険診療報酬支払基金**の業務である。

答4
✕
年額18万円以上の年金受給者を対象にする特別徴収では、**年金保険者**が年金から天引きする。

答5
◯
生活支援体制整備事業は、包括的支援事業に**含まれる**。

答6
✕
介護給付等費用適正化事業は、包括的支援事業ではなく、**任意事業**に含まれる。

答7
✕
介護予防把握事業は、包括的支援事業ではなく、**介護予防・日常生活支援総合事業**の一般介護予防事業に含まれる。

答8
◯
生活支援コーディネーターは、包括的支援事業の生活支援体制整備事業に配置され、行政やNPO、地域包括支援センター等の多様な機関と連携し、高齢者の社会参加および生活支援の充実を図る。

答9
◯
包括的支援事業と任意事業の財源には、第2号被保険者の保険料は含まれないが、介護予防・日常生活支援総合事業の財源には**含まれる**。

答10
◯
介護予防・日常生活支援総合事業の一般介護予防事業には、地域リハビリテーション活動支援事業が**含まれる**。

問1　第1号介護予防支援事業の実施において、サービス担当者会議を行う必要がない場合がある。

問2　第1号介護予防支援事業の実施において、要支援者は対象とならない。

問3　地域支援事業の任意事業に、家族介護支援事業は含まれる。

問4　地域支援事業の任意事業に、地域ケア会議推進事業は含まれる。

問5　地域支援事業の任意事業に、介護給付等費用適正化事業は含まれる。

問6　地域包括支援センターには、医師を配置しなければならない。

問7　地域包括支援センターの設置者は、自らその実施する事業の質の評価を行うことその他必要な措置を講ずることにより、その実施する事業の質の向上を図らなければならない。

問8　第1号介護予防支援事業は、利用者本人が居住していない地域の地域包括支援センターでも、実施が可能である。

問9　市町村が行う保健福祉事業では、第2号被保険者の保険料を財源とする。

問10　介護予防・日常生活支援総合事業は、包括的支援事業の一部である。

答1 ○ ケアマネジメント B やケアマネジメント C のように、サービス担当者会議を行う**必要がない場合がある**。

答2 × 第 1 号介護予防支援事業は、基本チェックリスト該当者だけでなく、要支援者も**対象となる**。

答3 ○ 家族介護支援事業は、地域支援事業の**任意事業**に含まれる。

答4 × 地域ケア会議推進事業は、地域支援事業の任意事業ではなく、**包括的支援事業**に含まれる。

答5 ○ 介護給付等費用適正化事業は、地域支援事業の**任意事業**に含まれる。

答6 × 地域包括支援センターには、**保健師**、**社会福祉士**、**主任介護支援専門員**の 3 職種を配置しなければならない。

答7 ○ 2017（平成 29）年の制度改正により、設置者と市町村が、**事業の質の評価**を行うこととなった。

答8 × 地域支援事業として実施する第 1 号介護予防支援事業は、**利用者本人が居住する地域**の地域包括支援センターにおいて実施する。

答9 × 市町村が行う保健福祉事業では、第 1 号被保険者の保険料を財源とする。

答10 × 介護予防・日常生活支援総合事業（総合事業）は、**地域支援事業**の一部である。

問1 指定居宅介護支援等の事業の人員及び運営に関する基準第1条の2の基本方針には、利用者の施設入所について配慮することが定められている。

問2 指定居宅介護支援等の事業の人員及び運営に関する基準第1条の2の基本方針には、利用者の最低限度の生活の維持に努めることが定められている。

問3 指定居宅介護支援等の事業の人員及び運営に関する基準第1条の2の基本方針には、居宅介護支援の提供に当たって公正中立に行うことが定められている。

問4 指定居宅介護支援事業者について、利用者が30人の場合には、介護支援専門員は、非常勤で1人置けばよい。

問5 指定居宅介護支援事業の具体的取扱方針では、利用者が通所リハビリテーションの利用を希望しているときは、利用者の同意を得て医師等の意見を求めなければならないとしている。

問6 指定居宅介護支援事業者において、指定居宅介護支援の提供の開始に際し、複数の指定居宅サービス事業者を必ず紹介しなければならない。

問7 指定居宅介護支援事業者において、利用者の選定により通常の事業の実施地域以外の地域で指定居宅介護支援を行うときは、要した交通費の支払を利用者から受けることができる。

問8 指定居宅介護支援事業者は、事業所の現員では応じきれない場合には、サービスの提供を拒むことができる。

問9 指定居宅介護支援事業所の管理者は、管理者研修の受講が義務付けられている。

問10 指定居宅介護支援事業の具体的取扱方針では、居宅サービス計画に地域ケア会議で定めた回数以上の訪問介護を位置づけるときは、必要な理由を居宅サービス計画に記載しなければならないとしている。

答1 ✕ 可能な限りその**居宅**において、その有する能力に応じ自立した日常生活を営むことができるように配慮することが定められている。

答2 ✕ 基本方針には、利用者の最低限度の生活の維持に努めることは**定められていない**。

答3 〇 基本方針には、利用者に提供されるサービスが特定の種類や事業者等に不当に偏することのないよう、**公正中立**に行うことが定められている。

答4 ✕ 居宅介護支援事業所には、利用者の人数に関係なく**1人以上の常勤**の介護支援専門員を配置する。利用者が35人またはその端数を増すごとに1人増やす。

答5 〇 介護支援専門員は、利用者が通所リハビリテーションの利用を希望しているときは、利用者の同意を得て医師等の意見を**求めなければならない**。

答6 ✕ 利用者に対し、複数の指定居宅サービス事業者の紹介を求めることができることを**説明しなければならない**が、**紹介しなければならないのではない**。

答7 〇 利用者の選定により、通常の事業実施地域以外の地域で指定居宅介護支援を行うときは、それに要した交通費の支払を**利用者から受けることができる**。

答8 〇 現員で応じきれない等の正当な理由がある場合には、サービスの提供を**拒むことができる**。

答9 ✕ 管理者は、常勤の主任介護支援専門員であることは定められているが（2026年度末までの経過措置）、管理者研修の受講は**義務付けられていない**。

答10 ✕ **厚生労働大臣**が定めた回数以上の訪問介護を居宅サービス計画に位置付けるときに、必要な理由を居宅サービス計画に記載しなければならない。

問1 介護サービス計画作成のための課題分析標準項目に、資産の状況は含まれる。

問2 介護サービス計画作成のための課題分析標準項目に、コミュニケーション能力は含まれる。

問3 介護サービス計画作成のための課題分析標準項目に、課題分析（アセスメント）理由は含まれる。

問4 介護サービス計画作成のための課題分析標準項目に、口腔衛生は含まれる。

問5 アセスメントにおける課題分析標準項目には、地域の社会資源に関する項目が含まれる。

問6 指定居宅介護支援におけるサービス担当者会議について、家庭内暴力がある場合には、必ずしも利用者や家族の参加を求めるものではない。

問7 指定居宅介護支援におけるサービス担当者会議について、その記録は、要介護認定の有効期間に合わせて最長3年間保存しなければならない。

問8 指定居宅介護支援にかかるモニタリングには、居宅サービス計画の実施状況の把握（利用者についての継続的なアセスメントを含む。）が含まれる。

問9 指定居宅介護支援にかかるモニタリングには、目標の達成度の確認が含まれる。

問10 指定居宅介護支援にかかるモニタリングには、サービス事業者の第三者評価の内容の確認が含まれる。

答1
× 介護サービス計画作成のための課題分析標準項目に、資産の状況は**含まれない**。

答2
○ 介護サービス計画作成のための課題分析標準項目における課題分析に関する項目に、コミュニケーション能力は**含まれる**。

答3
○ 介護サービス計画作成のための課題分析標準項目における基本情報に関する項目に、課題分析（アセスメント）理由は**含まれる**。

答4
○ 介護サービス計画作成のための課題分析標準項目における課題分析に関する項目に、口腔衛生は**含まれる**。

答5
× 地域の社会資源に関する項目は、課題分析標準項目に**含まれない**。

答6
○ サービス担当者会議において、利用者や家族は、原則参加するが、家庭内暴力がある場合等、参加が好ましくない場合は参加を**求めなくてよい**。

答7
× 指定居宅介護支援において、サービス担当者会議等の記録は、その**サービス完結の日から2年間**保存しなければならない。

答8
○ 指定居宅介護支援にかかるモニタリングでは、居宅サービス計画の実施状況の把握を**行う**。

答9
○ 指定居宅介護支援にかかるモニタリングでは、目標の達成度の確認を**行う**。

答10
× 指定居宅介護支援にかかるモニタリングでは、サービス事業者の第三者評価の内容の確認は**行わない**。

問1 指定居宅介護支援事業の具体的取扱方針では、居宅サービス計画に継続して福祉用具貸与を位置づけるときは、貸与が必要な理由を記載しなくてもよいとしている。

問2 指定居宅介護支援における居宅サービス計画の作成において、サービス担当者会議の要点を利用者に交付しなければならない。

問3 指定居宅介護支援における居宅サービス計画の作成において、文書により家族の同意を得なければならない。

問4 指定居宅介護支援における居宅サービス計画の作成において、介護支援専門員は、計画に位置付けた指定訪問介護事業者に対して、訪問介護計画の提出を求めなければならない。

問5 指定居宅介護支援における居宅サービス計画の作成において、地域の住民による自発的な活動によるサービスは含めない。

問6 作成した居宅サービス計画は、利用者から求めがなければ、利用者に交付しなくてもよい。

問7 指定介護老人福祉施設において、身体拘束等を行う場合には、介護支援専門員は入所者の家族と面談しなければならない。

問8 指定介護老人福祉施設において、身体拘束等の適正化のための対策を検討する委員会を3月に1回以上開催しなければならない。

問9 指定介護老人福祉施設において、入所者及びその家族から苦情を受け付けた場合でも、その内容等の記録は義務付けられていない。

問10 指定介護老人福祉施設において、サービス提供上必要と認められる場合であれば、1の居室の定員を2人にすることができる。

答1 ✕ 福祉用具貸与を継続して居宅サービス計画に位置付ける場合には、その理由を居宅サービス計画に**記載しなければならない。**

答2 ✕ 居宅サービス計画における、サービス担当者会議の要点（第4表）は、利用者に**交付しなくてよい。**また、居宅介護支援経過（第5表）も**交付しなくてよい。**

答3 ✕ 居宅サービス計画の原案は、利用者やその家族に説明し、文書により**利用者**の同意を得なければならない。

答4 ○ 介護支援専門員は、計画に位置付けた場合は、各サービスの担当者から、個別サービス計画の提出を**求めなければならない。**

答5 ✕ 地域の住民による自発的な活動によるサービス等のインフォーマルサービスを含めて、**総合的**な居宅サービスを作成する。

答6 ✕ 居宅サービス計画は、利用者から求めがなくても、**交付しなければならない。**

答7 ✕ 身体拘束等を行う場合には、その態様・時間、心身の状況、理由を記録する。入所者の家族と面談しなければならないことは**定められていない。**

答8 ○ 2018（平成30）年度の介護報酬改定において、**3か月に1回以上**の身体拘束等の適正化のための対策を検討する委員会の開催義務等が追加された。

答9 ✕ 苦情を受け付けた場合には、その苦情の内容等の**記録をすること**が定められている。

答10 ○ 原則として居室の定員は**1人**であるが、必要と認められる場合には**2人**にすることができる。

問1 指定介護老人福祉施設における施設サービス計画の作成において、アセスメントは、入所者及びその家族に面接して行う必要がある。

問2 指定介護老人福祉施設における施設サービス計画の作成において、他の担当者と連携体制がとれている場合には、モニタリングのための利用者との定期的な面接は必要がない。

問3 指定介護老人福祉施設における施設サービス計画の作成において、作成した計画は、入所者に交付しなければならない。

問4 施設サービス計画に記載する目標の「期間」については、「認定の有効期間」は考慮しない。

問5 介護予防サービス・支援計画書において、「課題に対する目標と具体策の提案」欄には、利用者や家族の意向を踏まえた目標と具体策を記載する。

問6 介護予防サービス・支援計画書において、「目標とする生活」の「1年」欄には、利用者とともに、生きがいや楽しみを話し合い、今後の生活で達成したい目標を設定する。

問7 介護予防サービス計画の作成において、アセスメントには、「運動及び移動」の状況の把握は含まない。

問8 介護予防サービス計画に介護予防通所リハビリテーションを位置付ける場合には、理学療法士の指示が必要である。

問9 指定介護予防支援事業者の担当職員は、指定介護予防サービス事業者等から、サービスの提供状況等の報告を3月に1回聴取しなければならない。

問10 指定介護予防支援事業者の担当職員は、介護予防サービス計画に位置付けた期間が終了するときは、目標の達成状況について評価しなければならない。

答1 ○ 施設サービス計画の作成におけるアセスメントは、**入所者及びその家族に面接して行う**必要がある。

答2 × 他の担当者と連携体制がとれている場合においても、モニタリングのための利用者との定期的な面接は**必要**である。なお、頻度や回数の義務規定はない。

答3 ○ 作成した施設サービス計画は、入所者や家族に説明し、入所者から文書による同意を得てから、**入所者に交付**しなければならない。

答4 × 目標の期間は、認定の有効期間内を**考慮して**記載する。

答5 × 「課題に対する目標と具体策の提案」欄は、**専門家**としての**具体的な提案**を記載する箇所である。

答6 ○ 「1年」欄には、**今後の生活で達成したい目標**を設定する。なお、「1日」欄には、日々できることや達成感を感じられることを設定する。

答7 × 介護予防サービス計画の「アセスメント領域と現在の状況」の4つの領域に、「運動及び移動」の状況の把握は**含まれる**。

答8 × 介護予防サービス計画に、**医療サービス**である介護予防通所リハビリテーションを位置付ける場合には、**医師**の指示が必要である。

答9 × 指定介護予防支援事業者の担当職員は、指定介護予防サービス事業者等から、サービスの提供状況等の報告を少なくとも**1か月**に1回聴取しなければならない。

答10 ○ 指定介護予防支援事業者の担当職員は、介護予防サービス計画に位置付けた期間が終了するときは、目標達成状況について**評価しなければならない**。

問1 介護医療院の開設の許可は、市町村長が行う。

問2 共生型居宅サービス事業者の指定は、市町村長が行う。

問3 指定居宅サービス事業者の指定は、居宅サービスの種類ごとに行う。

問4 指定居宅サービス事業者の指定は、6年ごとに更新を受けなければ、効力を失う。

問5 指定居宅サービス事業者の指定は、申請者が都道府県の条例で定める者でないときは、してはならない。

問6 介護老人保健施設が、短期入所療養介護を行うときは、都道府県知事に指定の申請をしなければならない。

問7 短期入所生活介護については、共生型居宅サービスはない。

問8 共生型居宅サービスの事業の設備及び運営は、都道府県の条例で定める基準に従わなければならない。

問9 都道府県知事は、施設の指定をした場合は、施設の名称等を公示する。

問10 都道府県介護保険事業支援計画の見込量に達しているときは、指定することはできない。

答1 ✕　介護医療院等の介護保険施設の開設の許可（指定）は、**都道府県知事**が行う。

答2 ✕　共生型居宅サービス事業者の指定は、居宅サービス事業者の場合と同じ、**都道府県知事**が行う。

答3 ○　指定居宅サービス事業者の指定は、サービスの**種類ごと**、かつ事業所ごと（施設は施設ごと）に行う。

答4 ○　指定の効力の有効期限は、**6年間**であり、更新を受けなければ、**指定の効力**を失う。

答5 ○　申請者が、都道府県の条例で定める者（原則として「**法人であること**」）でない場合は、指定をしてはならない欠格要件に該当する。

答6 ✕　介護老人保健施設が、短期入所療養介護を行うときは、指定の申請は**必要ない**（**みなし指定**）。

答7 ✕　介護保険法の**訪問介護**、**通所介護**、**短期入所生活介護**は、共生型居宅サービスの対象となる。

答8 ○　共生型居宅サービスの事業の設備及び運営は、指定をした**都道府県**の条例で定める基準に従わなければならない。

答9 ○　都道府県知事・市町村長は、事業者や施設の**指定**をしたときは、その名称等を公示しなければならない。

答10 ✕　都道府県介護保険事業支援計画の見込量に達しているときは、**指定をしないことができる**。

問1 障害者総合支援法による行動援護を利用している障害者が、要介護認定を受けた場合には、行動援護は利用できなくなる。

問2 労働者災害補償保険法の通勤災害に関する療養給付は、介護保険給付に優先する。

問3 医療扶助の受給者であって医療保険に加入していない者は、介護保険の第2号被保険者とはならない。

問4 生活保護法に規定する更生施設の入所者は、65歳以上の者であっても介護保険の被保険者とはならない。

問5 老人福祉法に規定する軽費老人ホームの入所者であって65歳以上の者は、介護保険の被保険者となる。

問6 障害者総合支援法の自立訓練及び施設入所支援の支給決定を受けて、指定障害者支援施設に入所している知的障害者で65歳以上の者は、介護保険の被保険者とはならない。

問7 介護保険法による訪問看護は、原則として、健康保険法による訪問看護より優先的に適用される。

問8 生活保護の補足性の原理により、介護扶助よりも介護保険の保険給付が優先して給付される。

問9 被保険者証の交付の請求に関する処分は、審査請求が認められている。

問10 国民健康保険団体連合会が行う介護報酬の請求に関する審査は、審査請求が認められている。

答1
✕

原則は、障害者総合支援法による自立支援給付よりも**介護保険**の給付が優先されるが、障害者施策にしかないサービスについては**利用できる**。

答2
〇

労働者災害補償保険法の通勤災害に関する療養給付等、災害補償関係各法に規定する介護給付・予防給付に相当する給付は、介護保険給付よりも**優先される**。

答3
〇

第2号被保険者の要件として**医療保険**への加入がある。**医療保険**に加入していない40歳から65歳未満の者は、介護保険の第2号被保険者とならない。

答4
✕

生活保護法に規定する更生施設の入所者は、介護保険の被保険者に**含まれる**。

答5
〇

老人福祉法に規定する軽費老人ホームの入所者は、介護保険の被保険者に**含まれる**。

答6
✕

障害者総合支援法の自立訓練及び施設入所支援の支給決定を受けて、指定障害者支援施設に入所している知的障害者は、介護保険の被保険者に**含まれる**。

答7
〇

原則として、**健康保険法**より**介護保険法**が優先されるが、末期の悪性腫瘍、難病患者、急性増悪等による主治医の指示がある場合、**健康保険法**が優先される。

答8
〇

介護保険の被保険者である場合には、生活保護の補足性の原理により**介護保険**による保険給付が優先され、自己負担分が**介護扶助**の対象となる。

答9
〇

被保険者証の交付の請求に関する処分（介護保険給付に関する処分）は、審査請求が**認められている**。

答10
✕

国民健康保険団体連合会が行う介護報酬の請求に関する審査は、審査請求は**認められない**。

問1 要介護認定に関する処分について不服がある被保険者は、介護保険審査会への審査請求が認められている。

問2 保険料の滞納処分について不服がある被保険者は、介護保険審査会への審査請求が認められている。

問3 居宅介護支援事業者から支払われる給与について不服がある介護支援専門員は、介護保険審査会への審査請求が認められている。

問4 国民健康保険団体連合会が行う介護報酬の請求に関する審査について、介護保険審査会への審査請求は認められる。

問5 介護給付費・地域支援事業支援納付金に関する処分について、介護保険審査会への審査請求は認められる。

問6 都道府県の事務として、介護保険審査会を設置する。

問7 介護保険法の審査請求は、介護保険審査会が指名する委員で構成する合議体で審査を行う。

問8 介護保険審査会は、都道府県知事の指揮監督の下で裁決を行う。

問9 介護保険審査会の専門調査員は、介護支援専門員のうちから任命される。

問10 居宅介護支援の契約解除は、審査請求の対象となる。

答1 ○ 要介護認定に関する処分を含む保険給付に関する処分に対しては、審査請求が**認められている**。

答2 ○ 保険料の滞納処分を含む保険料その他介護保険法の規定による徴収金に関する処分に対しては、審査請求が**認められている**。

答3 ✕ 居宅介護支援事業者から支払われる給与について不服がある介護支援専門員は、審査請求は**認められない**。

答4 ✕ 介護報酬の請求に関する審査は、国保連に設置された**介護給付費等審査委員会**が担当する。

答5 ✕ 介護給付費・地域支援事業支援納付金に関する処分については、介護保険審査会への審査請求の**対象外**である。

答6 ○ 介護保険審査会は**都道府県**が設置する。

答7 ○ 介護保険法の審査請求の審査は、**介護保険審査会**が指名した委員による**合議体**で行う。なお、介護保険審査会の委員の任命は、都道府県知事が行う。

答8 ✕ 介護保険審査会は、各都道府県に1つずつ、都道府県知事の附属機関として設置されるが、職務執行上の独立性において知事の指揮監督を**受けない**。

答9 ✕ 介護保険審査会の専門調査員は、**保健・医療・福祉に関する学識経験者**から選出し、都道府県知事が任命する。

答10 ✕ 居宅介護支援の契約解除は、審査請求の**対象とならない**。

問1 せん妄は、興奮や錯乱を伴う興奮性のものしかない。

問2 高齢者では、身体的な衰えや機能障害、慢性疾患の罹患、家族との死別等により抑うつが高頻度にみられる。

問3 高齢者では、エネルギーの消費が多くなるため、食欲が増す。

問4 高齢者では、若年者に比べて体内水分貯蔵量が少なく、口渇も感じにくいため、脱水のリスクが高い。

問5 内耳から大脳に異常があるために生じる難聴を、伝音性難聴という。

問6 高齢者のてんかんの最も多い原因は、脳腫瘍である。

問7 低栄養状態では、筋力の低下により転倒しやすい。

問8 フレイルとは、健康な状態と介護を要する状態の中間的な状態である。

問9 避難所では、体を動かす機会が減り、筋力が低下することによって、生活不活発病となることがある。

問10 白内障は、水晶体の混濁により視力低下をきたす。

答1 ✕
せん妄には、主に興奮や錯乱を起こす興奮過覚醒型のほか、活動性の低下を起こす**傾眠低覚醒型**がある。

答2 〇
高齢者では、**抑うつ**が高頻度でみられ、高齢者の自殺の主要な原因のひとつでもある。

答3 ✕
高齢者では、活動量の低下等によりエネルギーの消費量が**少なく**なるため、食欲は**減る**。

答4 〇
高齢者では、体内の水分量が若年者に比べて10%程**減少**し、口渇も感じにくくなるため、脱水のリスクが**高い**。

答5 ✕
内耳から大脳に異常があるために生じる難聴は、**感音性難聴**である。**伝音性難聴**は、外耳や中耳にある障害によって内耳に音が伝わりにくくなる難聴をいう。

答6 ✕
高齢者のてんかんの原因で最も多いのは、**脳血管障害**である。

答7 〇
低栄養状態では、筋力が**低下**し、転倒しやすくなる。

答8 〇
フレイルとは、高齢になって筋力や活動が低下している状態をいい、健康な状態と介護を要する状態の**中間的な状態**とされている。

答9 〇
生活不活発病は、活動性の低下によって、身体的・精神的機能が低下した状態をいい、活動性が**低下**しやすい避難所では、生活不活発病となることが**ある**。

答10 〇
白内障は、加齢によって生じることが多く、カメラのレンズに当たる**水晶体が混濁すること**により視力低下をきたす疾患である。

問1 高齢者の疾患は、慢性の疾患が多い。

問2 高齢者の疾患は、加齢に伴う個人差は少ない。

問3 高齢者の疾患は、一人で多くの疾患を併せ持っている。

問4 高齢者の疾患の症状は、非定型的であることが多い。

問5 筋萎縮性側索硬化症（ALS）では、筋力低下による運動障害は生じない。

問6 高次脳機能障害における失語症には、話そうとするが言葉が出てこないという症状も含まれる。

問7 パーキンソン病の場合、転倒しやすいため、運動療法は禁忌である。

問8 心房細動では、心内で形成された血栓による脳梗塞は発症しない。

問9 心筋梗塞は、冠動脈が破裂して起こる疾患である。

問10 喫煙は、心疾患のリスクを高める。

答1 ○
高齢者の疾患は、若年者のそれに比べて治療が長引き、**慢性化しやすい**。

答2 ×
高齢者の疾患は、若年者のそれに比べて症状等の個人差が**大きい**。

答3 ○
高齢者の疾患は、若年者と比べて、一人で複数の疾患を併せ持っている人が**多い**。

答4 ○
例えば、肺炎において発熱、咳、痰等の症状ではなく、急に意識障害等の症状を示すなど、同じ病気でも若年者と異なり、**非定型的**であることが多い。

答5 ×
筋萎縮性側索硬化症（ALS）は、運動神経細胞が障害されることで、全身の骨格筋が萎縮し、**四肢の筋力**が低下する疾患であり、**運動障害**が生じる。

答6 ○
高次脳機能障害における失語症には、言語は理解できるが、発語するのに障害がある**運動性失語**も含まれる。

答7 ×
パーキンソン病の場合、薬物療法が基本治療となるが、下肢の筋力維持などのための**運動療法**やリズム感覚を改善する**音楽療法**などの非薬物療法も**重要**である。

答8 ×
心房細動によって、心内で形成された血栓が脳に流れて脳梗塞を**発症することがある**。

答9 ×
心筋梗塞は、動脈硬化等により**冠動脈が閉塞**した結果、心筋が壊死し、心臓のポンプ機能が低下する疾患である。

答10 ○
心疾患のリスクを高めるものには、**喫煙**のほか、加齢、高血圧、肥満、糖尿病、メタボリックシンドローム、精神的・肉体的ストレス等があげられる。

問1 慢性閉塞性肺疾患（COPD）は、介護保険法の特定疾病には指定されていない。

問2 慢性閉塞性肺疾患（COPD）の治療は、禁煙が基本となる。

問3 誤嚥性肺炎は、飲食物の一部等が気道に入ることを繰り返すことで起こる。

問4 変形性関節症は、高齢者に多く発症する。

問5 骨粗鬆症は、骨折の大きな危険因子である。

問6 高齢の女性は、骨粗鬆症が多いので、転倒により骨折を起こしやすい。

問7 高齢者に多い骨折部位には、大腿骨頸部や胸腰椎が含まれる。

問8 骨粗鬆症の予防には、運動は効果がない。

問9 大腿骨頸部骨折の予防には、ヒップ・プロテクターも効果がある。

問10 薬疹は、長期間服用している薬剤により生じることはない。

答1 ✕ 慢性閉塞性肺疾患（COPD）は、介護保険法の**特定疾病**である。

答2 ◯ 慢性閉塞性肺疾患（COPD）は、**喫煙習慣**が最大の原因であり、症状悪化を防ぐためにも、**禁煙**が治療の基本となる。

答3 ◯ 誤嚥性肺炎は、**飲食物**の一部や**口腔内細菌**などの本来気道に入ってはいけないものが入ることを繰り返すことにより起こる。

答4 ◯ 変形性関節症は、**65歳以上の高齢者**の多くが発症する。

答5 ◯ 骨粗鬆症は、**骨密度**が大きく低下している状態であり、骨折のリスクが**高い**。

答6 ◯ 女性ホルモンの低下等により、高齢の**女性**は骨粗鬆症が多く、転倒して骨折を起こしやすい。

答7 ◯ 高齢者に多い骨折部位には、**大腿骨頸部**、**胸腰椎**、橈骨遠位端、ろっ骨がある。

答8 ✕ 骨粗鬆症の危険因子には、女性ホルモンの低下、カルシウム不足、**運動不足**、日光浴不足等があり、**適度な運動**は予防に効果がある。

答9 ◯ 太ももの付け根の骨折である大腿骨頸部骨折の予防には、転倒時の**衝撃**をやわらげるヒップ・プロテクターも**効果がある**。

答10 ✕ 薬疹は、新しい薬を飲み始めるなどして、1～2週間で現れることが一般的だが、**長期間服用**していた薬剤により生じることもある。

問題編

保健医療サービスの知識等

問1 皮脂欠乏症では、患部を清潔に保つことが悪化予防になることから、ナイロンタオルを使ってよく洗う。

問2 脂漏性湿疹では、患部を清潔に保つほか、抗真菌薬等を使用する。

問3 褥瘡は、半座位や座位では、肩甲骨部には発生しない。

問4 寝たきりになると、腹部に褥瘡を生じやすい。

問5 褥瘡の予防として、同一部位への長時間にわたる圧力を減少させるためには、体圧分散用具を用いるとよい。

問6 指定介護老人福祉施設において、褥瘡マネジメント加算は算定できない。

問7 医師個人の経験だけに頼るのではなく、科学的な根拠に基づいた医療をナラティブ・ベースド・メディスン（Narrative Based Medicine：NBM）という。

問8 個々の人間の感じ方や考え方に耳を傾けて自己決定を促す医療をエビデンス・ベースド・メディスン（Evidence Based Medicine：EBM）という。

問9 予後とは、疾患が今後たどり得る経過のことをいう。

問10 疾患の予後に関する情報は、高齢者本人にのみ説明する必要がある。

答1 ✕
ナイロンタオルは、肌への過度な刺激となるため避けて、**綿やシルク**などの天然素材のタオルか、手で優しく洗うようにする。

答2 ◯
脂漏性湿疹は、マラセチアというカビ（真菌）の一種が発症に関わっている。抗真菌薬はマラセチアの活性を**抑える**役割があり、脂漏性湿疹の場合使用する。

答3 ✕
車いすや背もたれのある椅子等により背部への圧迫が続くと、褥瘡は、**肩甲骨部**に発生することもある。

答4 ✕
寝たきりになると、**仙骨部**、**後頭部**、**肩甲骨部**に褥瘡を生じやすい。

答5 ◯
同一部位への**長時間**にわたる圧力は、褥瘡発生の直接的原因となるため、エアーマットなどの**体圧分散用具**を用いることは褥瘡の予防に効果的である。

答6 ✕
褥瘡マネジメント加算は、2018（平成30）年度の介護報酬改定により、指定介護老人福祉施設において**新設された**。

答7 ✕
医師個人の経験だけに頼るのではなく、科学的な根拠に基づいた医療は、**エビデンス・ベースド・メディスン**（Evidence Based Medicine：EBM）という。

答8 ✕
個々の人間の感じ方や考え方に耳を傾けて自己決定を促す医療は、**ナラティブ・ベースド・メディスン**（Narrative Based Medicine：NBM）という。

答9 ◯
予後とは、疾患が今後たどり得る**経過の医学的見通し**のことをいい、予後を理解して、治療や人生設計等の物事の決定を行うことが重要となる。

答10 ✕
疾患の予後に関する情報は、基本的に高齢者本人への説明が重要となるが、認知症や心理状態等も配慮し、**家族**の立ち合いを求めることも必要になる。

問1 インフォームドコンセントは、治療に関わるものなので、検査には必要とされない。

問2 入院時情報連携加算は、指定居宅介護支援事業者が、その利用者が入院した医療機関に対し、ファックス等で情報提供した場合でも算定することができる。

問3 指定居宅介護支援事業者は、あらかじめ、利用者又はその家族に対し、入院する場合には、担当の介護支援専門員の氏名及び連絡先を入院先に伝えるよう求めなければならない。

問4 認知症高齢者では、生活や療養の場所が変わることが心身の状況に悪影響を及ぼすおそれがある。

問5 通院時情報連携加算は、利用者が医療機関で診察を受けるときに介護支援専門員が同席し、医師等と情報連携を行ったうえで、居宅サービス計画に記録した場合に算定できる。

問6 がんの発症頻度は、年齢とともに高くなる傾向にある。

問7 高齢者のがんに対しては、侵襲性の高い手術療法は行うべきではない。

問8 糖尿病は、肝臓で作られるインスリンの不足によるものである。

問9 バイタルサインとは、体温、脈拍、血圧、意識レベル及び呼吸である。

問10 1分当たりの心拍数60以上を頻脈という。

答1
✕
インフォームドコンセントとは、患者が医師からきちんと説明を受けたうえで、**同意**をすることをいい、治療だけでなく、検査にも**必要とされる**。

答2
○
入院時情報連携加算において、指定居宅介護支援事業者が医療機関に対し情報提供した場合に算定されるが、**提供方法は問われない**。

答3
○
入院時における医療機関との連携を促進するため、**利用者またはその家族**に対して担当の介護支援専門員の氏名及び連絡先を入院先に伝えるよう求める。

答4
○
認知症高齢者では、入院等によって生活や療養の場が変わることで心身に悪影響を**及ぼすおそれがある**。

答5
○
2021（令和3）年度の介護報酬改定において、医療機関との情報連携の強化を目指し新設された。1か月に1回まで算定が可能。

答6
○
若年者に比べると、高齢者のがんの発症頻度は**高くなる**傾向にある。また、多発がんの頻度も上昇する。

答7
✕
侵襲性の高い（身体に大きな負担を及ぼす）手術療法は、特に高齢者に対しては慎重に検討する必要があるが、体力等を考慮して**行う場合もある**。

答8
✕
糖尿病は、膵臓で作られる、血液中の糖の量を調節する働きをもつ**インスリン**が不足することで起こる。

答9
○
医療では多くの場合、バイタルサインとは、**体温**、**脈拍**、**血圧**、**意識レベル**、**呼吸**の5つをいう。

答10
✕
1分当たりの心拍数100以上を頻脈、60未満を徐脈という。

273

問1 稽留熱では、急激な発熱と解熱を繰り返す。

問2 バイタルサインにおいて、感染症にかかっても、発熱しないことがある。

問3 脈の結滞（拍動が欠けること）は、健常高齢者でもよくみられる。

問4 脱水では、徐脈がみられる。

問5 大動脈疾患の患者の血圧測定は、左右両方の腕で行う。

問6 降圧剤によって起立性低血圧を起こすことがある。

問7 口すぼめ呼吸で息を吐くと、気管支内の圧力が高くなり、気管支の閉塞を防ぐ。

問8 チェーンストークス呼吸では、小さい呼吸から徐々に大きい呼吸となり、その後徐々に小さい呼吸となって、一時的な呼吸停止を伴う呼吸状態を繰り返す。

問9 ジャパン・コーマ・スケール（JCS）では、数値が大きいほど意識レベルが低い。

問10 意識レベルは、バイタルサインには含まれない。

答1 ✕

稽留熱は、解熱せずに持続する発熱をいう。急激な発熱と解熱を繰り返すのは、**間欠熱**（かんけつ）である。

答2 ○

一般的に、発熱は感染症等のサインとなり得るが、高齢者の場合は、発熱**しないことがある。**

答3 ○

脈の結滞やリズムの乱れである不整脈は、**健康上問題のない**ものもよくみられる。頻度が高い場合は、検査を行う。

答4 ✕

心拍数が100以上を頻脈、60未満を徐脈といい、脱水では、**頻脈**がみられる。

答5 ○

大動脈疾患や片麻痺、進行した動脈硬化では、血圧に左右差がみられることがあるため、**左右両方の腕**での血圧測定が必要である。

答6 ○

起立性低血圧は、**降圧剤**や**利尿薬**、血管拡張薬等の薬剤が原因となることもある。

答7 ○

口すぼめ呼吸は、慢性閉塞性肺疾患（COPD）の患者でみられる。口をすぼめて息を吐くと、気管支内の圧力が**高く**なって気管支の閉塞を防ぎ、呼吸が**楽**になる。

答8 ○

チェーンストークス呼吸は、**心不全**や**脳血管障害**などの疾患時にみられる。

答9 ○

ジャパン・コーマ・スケール（JCS）は、意識レベルの覚醒度によって3段階で表記され、数値が**大きい**ほど意識レベルが低い。

答10 ✕

意識レベルは、バイタルサインに**含まれる。**

問1 高齢者では膝等の関節が十分に伸びなくなるので、BMI（Body Mass Index）は本来の値より小さくなる。

問2 BMI（Body Mass Index）は、身長（m）を体重（kg）の2乗で除したものである。

問3 血清グロブリンは、栄養状態をみる指標として最も有用である。

問4 血中尿素窒素（BUN）は、肥満の程度を示す。

問5 白血球数は、細菌感染で減少する。

問6 ヘモグロビンA1cの値は、過去6か月間の平均血糖レベルを反映している。

問7 CRP（C反応性たんぱく質）は、体内で炎症が起きているときに低下する。

問8 24時間心電図（ホルター心電図）検査は、不整脈がある場合や狭心症が疑われる場合に行われる。

問9 24時間心電図（ホルター心電図）検査は、医療者による継続的な観察が必要なため、入院して実施しなければならない。

問10 24時間心電図（ホルター心電図）の検査中は、臥床している必要がある。

答1

✕

高齢者では膝等の関節が十分に伸びなくなるので、身長が実際の値よりも低くなり、BMI は本来の値より**大きく**なる。

答2

✕

BMI（Body Mass Index）は、**体重（kg）を身長（m）の2乗で除したもの**である。

答3

✕

栄養状態をみる指標として最も有用なのは、**血清アルブミン**である。

答4

✕

血中尿素窒素（BUN）は、**腎機能**の指標となる。**腎機能**が悪くなると、血中尿素窒素（BUN）は高値になる。

答5

✕

白血球数は、細菌感染で**上昇**する。

答6

✕

ヘモグロビン A1c の値は、過去**1～2か月**の平均的な血糖レベルを反映している。

答7

✕

CRP（C 反応性たんぱく質）は、体内で炎症が起きているときに**上昇**する。

答8

◯

24 時間心電図（ホルター心電図）検査は、日常生活中の 24 時間の心電図を検査するもので、**不整脈**がある場合や**狭心症**の疑いがある場合に利用される。

答9

✕

24 時間心電図（ホルター心電図）検査は、入院して実施する**必要はない**。

答10

✕

24 時間心電図（ホルター心電図）の検査は、**日常生活**中で測定することを目的としており、臥床している**必要はない**。

問1 自治体によっては、救急車を呼ぶべきかどうかの相談に対応する窓口がある。

問2 介護保険施設の介護職員であれば、研修を受けなくても、喀痰吸引を行える。

問3 一次救命処置とは、医師の指示のもとに救急隊員が行う応急処置のことである。

問4 激しく出血している場合は、出血部位よりも心臓から遠い部位を圧迫して止血する。

問5 出血量が多い場合は、傷口を清潔なタオルなどで圧迫し、出血部位を心臓の位置よりも低くする。

問6 誤嚥による呼吸困難では、「喉に手を当てる」等の窒息のサインやチアノーゼ等の症状が出現する。

問7 洗剤や漂白剤を飲み込んだ場合は、無理に吐かせる。

問8 食物で窒息したときは、腹部突き上げ法（ハイムリック法）を行うこともある。

問9 衣服の下をやけどしている場合は、衣服を脱がさずその上から流水を当てる。

問10 寝たきりの高齢者に吐き気があるときは、身体を横向きにして、吐物の誤嚥を防ぐ。

答1 ○　救急安心センターや一般救急相談センターなどとよばれる**自治体**が設置している窓口が、救急車を呼ぶべきかどうかの相談に対応してくれる。

答2 ×　喀痰吸引を行えるのは、一定の**研修（喀痰吸引等研修）を受けた者**である。

答3 ×　一次救命処置とは、**資格を問わず**、その場にいる人が、救急隊や医師に引き継ぐまでの間に行う応急手当のことである。

答4 ×　激しく出血している場合は、出血部位よりも心臓から**近い**部位を圧迫して止血する。

答5 ×　出血量が多い場合は、傷口を清潔なタオル等で圧迫し、出血部位を心臓の位置より**高く**して、出血部位に流れ込む血液を抑える。

答6 ○　誤嚥による呼吸困難では、「喉に手を当てる」「手足をバタバタさせる」といった窒息のサインや、皮膚や爪、唇が青紫になるチアノーゼ等の症状が**出現する**。

答7 ×　洗剤や漂白剤は、飲みこんだときに食道に火傷を負い、吐かせるとまた火傷を受けてしまう危険があるため、無理に**吐かせず**、すぐに医療機関を受診する。

答8 ○　食物で窒息したときの対応として、**背部叩打法**や**腹部突き上げ法（ハイムリック法）**などがある。

答9 ○　衣服の下をやけどしている場合は、水ぶくれを破らないように**衣服を脱がさず**上から流水で冷やす。

答10 ○　寝たきりの高齢者に吐き気があるときは、吐物で誤嚥しないように、**側臥位（身体を横向き）**にする。

問1 標準予防策（スタンダード・プリコーション）とは、感染症の有無にかかわらず、すべての人に実施する感染予防対策である。

問2 手袋を使用すれば、使用後の手指衛生は必要ない。

問3 インフルエンザの主な感染経路は、飛沫感染である。

問4 肺炎球菌ワクチンを接種すれば、すべての肺炎を予防できる。

問5 高齢者は、肺炎球菌ワクチンを毎年接種しなければならない。

問6 症状のある人だけマスクを着用して感染予防に努めればよい。

問7 感染予防について、マスクや手袋、エプロンやガウンはできるだけ節約し、使い回すように心がける。

問8 高齢者は、一般的に感染症に対する抵抗力が低下していることを前提とする。

問9 ノロウイルス感染者の便や吐物には、ノロウイルスが排出される。

問10 結核は空気感染によって感染する。

答1
○ 標準予防策（スタンダード・プリコーション）とは、**すべて**の人が感染症にかかる病原体を保有していると考え、感染予防に努めることをいう。

答2
× 手袋の**着脱**の際に手が汚染される場合もあり、手袋を使用しても、使用後の手指衛生は**必要である**。

答3
○ インフルエンザの主な感染経路は、咳やくしゃみ等で飛んだ飛沫粒子を吸い込んで感染する**飛沫感染**である。

答4
× 肺炎を起こす原因菌のうち肺炎球菌が占める割合は、**4分の1～3分の1**である。肺炎球菌ワクチンで、すべての肺炎を**予防できるのではない**。

答5
× 肺炎球菌ワクチンの抗体は、一度接種したら**5**年以上持続するといわれている。なお、定期接種の機会は**1**回のみである。

答6
× 症状のない人であってもマスクを**着用**して感染予防に努める。

答7
× マスクや手袋、エプロンやガウンといった個人防護具は、**使い捨て**のものを使用する。

答8
○ 高齢者は、**感染症**を起こしやすいため、**感染症**予防対策を心掛ける。

答9
○ ノロウイルス感染者の便や嘔吐物には、**ノロウイルス**が排出され、処理時には感染予防が必要である。

答10
○ 結核の感染経路は、**空気感染**である。

問 1
疥癬は飛沫感染によって感染する。

問 2
腸管出血性大腸菌感染症は接触感染によって感染する。

問 3
流行性耳下腺炎は飛沫感染によって感染する。

問 4
認知症の中核症状には、記憶障害、見当識障害等がある。

問 5
BPSD（認知症の行動・心理症状）の悪化要因として最も多いのは、家族の不適切な対応である。

問 6
レビー小体型認知症では、幻視はみられない。

問 7
認知症の初期では、ADL の低下がみられ、進行すると IADL の低下が起こってくる。

問 8
うつ状態が続くと、認知症と診断されてしまうことがある。

問 9
せん妄は意識障害であり、認知症と区別する必要がある。

問 10
認知症の評価として、長谷川式認知症スケールが用いられている。

答1
✕
疥癬の感染経路は、**接触感染**である。

答2
◯
腸管出血性大腸菌感染症の感染経路は、**接触感染**である。

答3
◯
流行性耳下腺炎の感染経路は、**飛沫感染**、**接触感染**である。

答4
◯
脳が障害されることで直接起こる中核症状には、**記憶障害**や**見当識障害**のほか、計算力・判断力・理解力・注意力の低下、遂行機能障害などがある。

答5
✕
悪化要因には、薬剤の副作用や**本人の性格**、生い立ち、身体疾患など様々なものがあり、最も多いのが家族の不適切な対応**とはいえない**。

答6
✕
レビー小体型認知症では、「子どもが立っている」「虫が部屋の中にいる」など、**リアルな幻視**が特徴のひとつである。

答7
✕
認知症の初期では、**IADL**（手段的日常生活動作）の低下がみられ、進行すると**ADL**（日常生活動作）の低下が起こってくる。

答8
◯
うつ状態が続くと、**認知症**と診断されることもあるが、認知症と異なって見当識は保たれており、適切な治療で改善するため、認知症と区別する必要がある。

答9
◯
認知症は意識障害でなく、せん妄は、認知症と**区別**する必要がある。

答10
◯
長谷川式認知症スケールは、質問式の**認知症**の評価テストであり、30点満点で20点以下を**認知症**とする。

問1 認知症の評価として、Mini-Mental State Examination（MMSE）が用いられている。

問2 抗精神病薬が過量だと、意欲や自発性等の低下（アパシー）をきたす場合がある。

問3 パーソン・センタード・ケアは、介護者本位で効率よく行うケアである。

問4 認知症施策推進大綱では、認知症の人本人からの発信支援を推進するよう明記されている。

問5 認知症患者の精神科病院への措置入院は、精神保健指定医ではない主治の医師による診断のみでも、緊急時においては可能である。

問6 若年性認知症患者が入院による精神医療を必要とする場合には、自立支援医療の対象となる。

問7 若年性認知症支援コーディネーターは、すべての市町村に配置されている。

問8 認知症初期集中支援チームの訪問支援対象者は、初期の認知症患者に限られる。

問9 老年期うつ病は、1年後に半数以上が認知症に移行する。

問10 アルコール依存症の患者数に占める高齢者の割合は、近年急速に減少している。

答1 ◯
Mini-Mental State Examination（MMSE）は、質問式の**認知症**の評価テストであり、30点満点で23点以下を**認知症の疑い**とする。

答2 ◯
抗精神病薬は、仕事や趣味等への意欲や**自発性の低下（アパシー）**をきたす場合がある。

答3 ✕
パーソン・センタード・ケアは、認知症の**人本人**のその人らしさを大切にし、本人の気持ちを察してそれに**寄り添いながら**行うケアである。

答4 ◯
2019（令和元）年にまとめられた認知症施策推進大綱では、「**普及啓発・本人発信支援**」を施策の5本柱のひとつとしている。

答5 ✕
精神科病院への措置入院は、**精神保健指定医**2名以上の診断の結果が一致した場合にできる。**精神保健指定医**以外の診断では、措置入院は**できない**。

答6 ✕
障害者総合支援法の自立支援医療は、**通院医療費**の自己負担を軽減するための公費負担医療制度であり、入院医療の費用は**対象外**である。

答7 ✕
若年性認知症支援コーディネーターは、すべての**都道府県**に配置されている。

答8 ✕
認知症初期集中支援チームの「初期」は**支援初期**のことで、初期の認知症患者のほか認知症が進行した患者を含め**支援を受けていなかった人**が対象となる。

答9 ✕
老年期のうつ病の**一部**は認知症に移行することがある。

答10 ✕
アルコール依存症の患者数に占める高齢者の割合は、年々**増加**している。

問1 老年期うつ病では、心気的な訴えは少ない。

問2 老年期うつ病では、気分の落ち込みよりも、不安、緊張、焦燥が目立つ。

問3 老年期うつ病では、めまい、便秘等の自律神経症状が目立つ。

問4 老年期うつ病は、脳の器質的疾患は、原因とはならない。

問5 老年期うつ病は、認知症を合併することがある。

問6 統合失調症の陰性症状とは、妄想や幻覚をいう。

問7 老年期の統合失調症の症状の再発は、配偶者や近親者の死が要因となることがある。

問8 遅発パラフレニーは、老年期の妄想性障害の代表的な疾患とされている。

問9 老年期のアルコール依存症は、認知症を合併することはない。

問10 老年期のアルコール依存症では、家族歴や遺伝的要因を有することが多い。

答1 ✕ 心気的な訴えとは、自分の健康に**過度の不安**をもち、繰り返し訴えることで、老年期うつ病では特に**心気的訴え**が多くなる。

答2 ◯ 老年期うつ病では、気分の落ち込みよりも、**不安**、**緊張**、**焦燥**が目立つ。

答3 ◯ 老年期うつ病では、**めまい**、**便秘**、しびれ、排尿障害などの**自律神経症状**が目立つ。

答4 ✕ 老年期うつ病の原因には、脳の血流障害等の器質的疾患も**含まれる**。

答5 ◯ 老年期うつ病は、症状が治りにくく長引きやすく、一部は認知症に移行する場合も**ある**。

答6 ✕ 統合失調症の**陽性**症状とは、妄想や幻覚をいう。

答7 ◯ 統合失調症はいったん発症すると、生活環境の変化、**配偶者や近親者の死**などから大きな影響を受け、再発につながることがある。

答8 ◯ 人格と感情反応がよく保たれ、体系化された妄想を**遅発パラフレニー**といい、老年期の妄想性障害の代表的な疾患とされている。

答9 ✕ 老年期のアルコール依存症は、うつ病や認知症を**合併しやすい**という特徴がある。

答10 ✕ 家族歴や遺伝的要因を有することが多いのは、**若年期**に発症したアルコール依存症である。

問1 ターミナルケアにおいて、本人の人生観や生命観等の情報は、関係者で共有すべきではない。

問2 リビングウィルとは、本人の意思が明確なうちに、医療やケアに関する選択を本人が表明しておくことをいう。

問3 重度の認知機能障害等を有する利用者の場合に、家族に加えて複数の医療・介護専門職が集まって方針を決める方法をコンセンサス・ベースド・アプローチという。

問4 医学的観点だけに基づく診療方針の決定では、本人の意向に反する結果となるおそれがある。

問5 介護保険の特定施設は、ターミナルケアは提供できない。

問6 アドバンス・ケア・プランニング（ACP）は、人生の最終段階において自らが望む医療・ケアについて、医療・ケアチーム等と話し合い、共有するための取組をいう。

問7 臨死期には、死前喘鳴がみられることがあるが、首を横に向ける姿勢の工夫で軽減することもある。

問8 臨死期には、顎だけで呼吸する下顎呼吸状態となる場合があるが、しばらくすると正常な呼吸に戻る。

問9 呼吸困難や疼痛に対しては、投薬のほか、安楽な体位やマッサージ等で苦痛の緩和を図る。

問10 終末期でも、本人が望み、体力面に考慮すれば、入浴してもよい。

答1 ✕ 医療・ケアチーム等の関係者は、本人の人生観や価値観、どのような生き方を望むかを含め、**できる限り把握**し、**共有する**ことが必要である。

答2 ○ リビングウィルとは、意思を**本人が示せなくなった**場合に備えて、医療やケアの選択を、本人の意思が明確なうちに**あらかじめ表明**しておくことをいう。

答3 ○ コンセンサス・ベースド・アプローチは、**重度の認知機能障害や意識障害を有**する利用者の場合に、家族と**複数の医療・介護職**が集まって方針を決定する。

答4 ○ 診療方針の決定は、本人の意向を確認しながら、意思決定の支援を行うべきであり、医学的観点だけでは、本人の意向に反する結果となる**場合がある**。

答5 ✕ 有料老人ホーム等の介護保険の特定施設も、ターミナルケアが**提供される**。

答6 ○ アドバンス・ケア・プランニング（ACP）は、人生の最終段階の医療・ケアについて、本人が**家族や医療・ケアチーム**と**事前**に話し合うプロセスをいう。

答7 ○ 死前喘鳴とは、呼吸するたびに喉元でゴロゴロと音がする状態であり、首を**横に向ける**などの姿勢の工夫で音が軽減することもある。

答8 ✕ 下顎呼吸は、呼吸が止まる間際のものであり、**臨終**が近いことのサインとなる。

答9 ○ 呼吸困難や疼痛に対しては、鎮痛剤等の投薬だけでなく、安楽な体位やマッサージで**身体的苦痛**の緩和を図る。

答10 ○ 入浴は、精神的なリラックス効果が大きい。本人が望み、**体力面**に考慮すれば、入浴しても**よい**。

問1 医師は、死亡診断書を交付することができる。

問2 看護師は、死亡診断書を交付することができる。

問3 介護支援専門員は、死亡診断書を交付することができる。

問4 死後のケアであるエンゼルケアは、身体を清潔にし、その人らしい外見に整えるためのものである。

問5 インスリンの自己注射の効果は、体調不良時（シックデイ）には強く出ることもある。

問6 糖尿病の内服治療をしている者では、インスリン注射をしていなくても、低血糖の症状に留意する必要がある。

問7 悪性腫瘍の疼痛管理のための麻薬の投与経路には、経口、経皮、経腸、注射がある。

問8 疼痛に対して麻薬を使用する際は、副作用の便秘に注意する必要がある。

問9 腹膜透析の管理について、利用者や家族が在宅で処置を行うことは禁止されている。

問10 人工透析を行っている場合には、シャント側で血圧測定を行う。

答1
○ 医師は、死亡診断書を交付することが**できる**。

答2
✕ 看護師は、死亡診断書を交付することが**できない**。

答3
✕ 介護支援専門員は、死亡診断書を交付することが**できない**。

答4
○ エンゼルケアは、**グリーフケア**（悲嘆へのケア）に含まれ、遺族の悲しみを癒すためにも重要である。

答5
○ 体調不良時（シックデイ）には、食事摂取量が減って低血糖状態になった場合に、インスリンの自己注射の効果が強く**出ることもある**。

答6
○ 糖尿病治療では、治療薬による低血糖の症状にも**留意する**。低血糖の症状には、動悸や発汗等があるが、高齢の場合は、**無症状**で意識障害を起こす場合もある。

答7
○ 悪性腫瘍の疼痛管理のための麻薬の投与経路には、飲み薬や舌下錠、バッカル錠による**経口**、貼り薬の**経皮**、座薬の**経腸**、注射薬による**注射**がある。

答8
○ 疼痛に対して麻薬を使用する際は、**便秘**のほか、吐き気・嘔吐、眠気、まれにせん妄といった副作用に注意する必要がある。

答9
✕ 腹膜透析の管理は、**在宅**で利用者や家族が処置を行うことができる。

答10
✕ シャントを圧迫しないよう、シャント側での血圧測定は**避ける**。

問1 自己腹膜灌流法（CAPD）による人工透析は、血液透析に比べて、通院回数が少なくて済む。

問2 腹膜透析は、血液透析に比べて食事内容の制限が多い。

問3 腹膜透析を実施している場合は、感染に注意が必要である。

問4 人工透析を受けている者は、心筋梗塞や脳卒中のリスクが高い。

問5 在宅中心静脈栄養法は、医療処置として栄養を補う方法である。

問6 在宅中心静脈栄養法では、長期にカテーテルが体内にあるが、細菌感染を引き起こすことはない。

問7 在宅中心静脈栄養法を実施している利用者が入浴する場合は、特別な配慮が必要である。

問8 在宅経管栄養法で栄養剤を注入する際の体位は、座位または半座位が望ましい。

問9 在宅経管栄養法では、カテーテルの定期的な交換は不要である。

問10 在宅酸素療法では、携帯用酸素ボンベを使用して外出することができる。

答1
○
血液透析の通院は、**週2～3回必要**なのに比べて、自己腹膜灌流法（CAPD）による人工透析の通院は、**月1～2回**であり、通院回数が少なくて済む。

答2
✕
腹膜透析のメリットのひとつに、血液透析に比べて食事内容の制限が**緩い**ことがある。

答3
○
腹膜透析のデメリットのひとつに、カテーテルから細菌が入り、**感染**による重篤な合併症を起こす可能性があることがある。

答4
○
人工透析を受けている者は、心筋梗塞や脳卒中等の病気になるリスクが**高く**、注意が必要である。

答5
○
在宅中心静脈栄養法は、食道がんや脳梗塞等の病気により栄養の**経口摂取**が難しい人などに行われる、医療処置として**栄養を補う方法**の一つである。

答6
✕
在宅中心静脈栄養法は、輸液ルートの継ぎ目から細菌が入り込んだり、身体の他の部位の細菌がカテーテルに付着したりすることで、**細菌感染**を引き起こすことがある。

答7
○
在宅中心静脈栄養法を実施している利用者も入浴は可能だが、**特別な配慮**が必要なため、医療職と連携し、具体的な方法を確認する必要がある。

答8
○
在宅経管栄養法で栄養剤を注入する際の体位は、逆流や誤嚥を予防するため、**座位**または**半座位**が望ましい。

答9
✕
在宅経管栄養法では、定期的なカテーテルの交換は**必要**である。

答10
○
在宅酸素療法では、小型容器を利用した携帯用酸素ボンベを使用して**外出する**ことができる。

問1 酸素マスクによる在宅酸素療法は、鼻カニューレによるものに比べて、食事や会話がしやすいのが特徴である。

問2 在宅酸素療法は、入院しなければ導入できない。

問3 在宅酸素療法の利用者が呼吸苦を訴えた場合は、ただちに酸素流量を増やす。

問4 在宅酸素療法では、機器の周囲2m以内に火気を置かないようにする。

問5 人工呼吸療法には、侵襲的、非侵襲的に行うものの2種類がある。

問6 侵襲的陽圧換気法（IPPV）による人工呼吸は、マスクを装着して行われる。

問7 気管切開を伴った人工呼吸療法では、気管切開部の管理が必要である。

問8 人工呼吸器を使用する場合には、緊急時の対応方法や連絡先を確認しておく。

問9 人工呼吸器を装着している場合には、パルスオキシメーターによって酸素飽和度を測定する。

問10 ストーマには、消化管ストーマと尿路ストーマがある。

答1 ✕ 　酸素マスクによる在宅酸素療法は、マスクの装着が必要で、鼻と口を覆うため、鼻だけを覆う**鼻カニューレ**によるもののほうが、食事や会話が**しやすい**。

答2 ✕ 　在宅酸素療法は、常時酸素の投与が必要な患者に対して、**在宅**で行う治療法である。

答3 ✕ 　CO_2 ナルコーシスを起こす危険があるため、ただちに酸素流量を**増やさず**、**医師**の指示に従う。

答4 ○ 　在宅酸素療法では、高濃度の酸素を扱うため、火気を近づけると火傷や火災の原因となることがあるため、機器の周囲**2m 以内**に火気を置かないようにする。

答5 ○ 　気管に管を入れる侵襲的なものと、マスク（鼻と口の両方を覆うものと鼻のみのタイプがある）を装着する非侵襲的なものの**2 種類**がある。

答6 ✕ 　記述は、**非侵襲的陽圧換気法（NPPV）**である。侵襲的陽圧換気法（IPPV）による人工呼吸は、**気管切開をして気管カニューレ**を挿入する。

答7 ○ 　気管切開を伴った人工呼吸療法では、感染症予防のための消毒や皮膚の観察など**気管切開部の管理**が必要である。

答8 ○ 　人工呼吸器を使用する場合には、体調変化時や気管カニューレが外れたときの機器のトラブル、災害等に備え、**緊急時の対応方法**や連絡先を確認しておく。

答9 ○ 　パルスオキシメーターは、皮膚の表面から動脈血液の**酸素飽和度**を測定するものであり、**全身の酸素の状態**をチェックするために使用する。

答10 ○ 　ストーマには、人工肛門である**消化管ストーマ**と人工膀胱である**尿路ストーマ**がある。

問1 高齢者は腎機能が低下しているため、薬の副作用が減弱することが多い。

問2 胃ろうから薬剤を注入する際には、それぞれの薬剤について、錠剤を粉砕したり、微温湯で溶解させたりしてよいか、確認する必要がある。

問3 口腔内で溶ける OD（Oral Disintegrant）錠は、口腔粘膜からそのまま吸収される薬剤である。

問4 症状が消失すると内服を自己判断でやめてしまう場合があるため、内服状況を確認する必要がある。

問5 パーキンソン病の治療薬であるドーパミン製剤は、服用を突然中止すると、高熱、意識障害、著しい筋固縮等を呈する悪性症候群を生じる恐れがある。

問6 摂食・嚥下プロセスの口腔期では、視覚、触覚、嗅覚の認知により、無条件反射で唾液が分泌される。

問7 摂食・嚥下プロセスの咽頭期では、咽頭に食塊が入ると、気道が閉じられて食道に飲み込まれる。

問8 摂食・嚥下プロセスの先行期（認知期）は、食べ物を咀嚼する段階である。

問9 摂食・嚥下プロセスの咽頭期の障害では、胃からの逆流がみられる。

問10 医師は、食事の介護のアセスメントに関わる必要はない。

答1 ✕　腎臓は、血液中の薬をろ過する働きがあり、高齢者は腎機能が低下し、薬の副作用が**増大**することが多い。

答2 ◯　薬にはそれぞれ特性があるため、勝手に粉砕したり溶かしたりせず、**専門家**に確認する必要がある。

答3 ✕　OD錠は、唾液により**口腔内**ですぐに溶けるため、水なしでも飲むことができる錠剤だが、**口腔粘膜**からそのまま吸収されるわけではない。

答4 ◯　症状がなくなって内服を急にやめてしまうと、また症状が**出現**してしまう場合もあるため、**内服状況を確認**する必要がある。

答5 ◯　ドーパミン製剤の服用を**突然中止**すると、発熱や発汗、頻脈、著しい筋固縮等の**悪性症候群**を生じるおそれがある。

答6 ✕　視覚、触覚、嗅覚の認知により、無条件反射で唾液が分泌されるのは、**先行（認知）期**である。口腔期では、食塊を喉（咽頭）に運ぶ。

答7 ◯　咽頭期では、咽頭に食塊が入ると、**嚥下反射**（気道が閉じられる）によって、**食道**に飲み込まれる。

答8 ✕　食べ物を咀嚼する段階は、先行期（認知期）ではなく、**準備期**である。

答9 ✕　胃からの逆流がみられるのは、**食道期**である。咽頭期の障害では、食塊が食道ではなく気道に入ってしまう**誤嚥**がみられる。

答10 ✕　食事の介護のアセスメントでは、**医師**や看護師、歯科衛生士、理学療法士等の多職種の連携が重要である。

問1 食事の介護のアセスメントでは、摂食動作ができているかを確認する。

問2 食事の介護のアセスメントでは、食欲がない場合には、痛み、口腔内の状態、服薬状況等を確認する。

問3 食事の介護のアセスメントには、福祉用具専門相談員が関わることもある。

問4 食事の介護のアセスメントには、利用者が調理を行っているかどうかの確認は含まれない。

問5 摂食・嚥下リハビリテーションは、医師のみで行う。

問6 唾液腺を刺激しても、唾液は分泌されない。

問7 食物残渣は、口臭の原因となる。

問8 誤嚥性肺炎の発症を防ぐには、口腔内の環境を整えることが重要である。

問9 すべての歯を喪失しても、咀嚼能力は低下しない。

問10 口腔内を清掃する際は、義歯は外さない。

答1
○
食事の介護のアセスメントでは、片麻痺等により、**摂食動作**に不自由がないかを確認する。

答2
○
食欲がない場合には、**痛み、口腔内の状態、服薬状況**など、多方面から原因を確認する。

答3
○
食事の介護のアセスメントは、生活の質にかかわるものであるため、多職種連携が求められ、**福祉用具専門相談員**がかかわることもある。

答4
✕
食事の介護のアセスメントでは、**食に関する知識・技術**をとらえることも必要であり、そのなかに利用者が調理を行っているかどうかの確認は**含まれる**。

答5
✕
摂食・嚥下リハビリテーションは、**医師**だけでなく、歯科医師や管理栄養士、作業療法士、言語聴覚士等の**多職種連携**が求められる。

答6
✕
唾液は口腔内の唾液腺（耳下腺・顎下腺・舌下腺の3大唾液腺と小唾液腺）から分泌される。唾液腺が刺激されると、**唾液腺から唾液**が分泌される。

答7
○
はがれた口腔粘膜上皮や**食物残渣**といったたんぱく質が、嫌気性の口腔細菌によって分解されることにより発生する揮発性硫黄化合物が主な**口臭**の原因である。

答8
○
口腔内が不衛生な状態だと、誤嚥性肺炎の発症リスクを**高める**ため、口腔内の環境を整えることは**重要**である。

答9
✕
すべての歯を失うと、食物をしっかりと咀嚼できない等の咀嚼能力の**低下**が起こり、窒息の要因にもなる。

答10
✕
義歯と接している歯肉には食べかすや細菌等が付着しているため、**外せる義歯は外して**口腔内を清掃する。

問1 腹圧性尿失禁には、骨盤底筋訓練よりも膀胱訓練が有効である。

問2 便失禁は、すべて医学的治療を要する。

問3 ポータブルトイレについては、理学療法士等の多職種と連携し、日常生活動作に適合したものを選択する。

問4 日常生活動作の低下による機能性失禁では、排泄に関する一連の日常生活動作の問題点を見きわめることが重要である。

問5 排便コントロールには、排便間隔を把握し、食生活や身体活動等を含めた生活リズムを整えることが大切である。

問6 若年性認知症患者は、通所リハビリテーションの対象とならない。

問7 通所リハビリテーション計画は、主治の医師が作成しなければならない。

問8 指定通所リハビリテーション事業所の管理者は、専ら指定通所リハビリテーションの提供に当たる看護師に管理の代行をさせることができる。

問9 指定通所リハビリテーションは、介護老人福祉施設で提供される。

問10 介護老人保健施設における通所リハビリテーションの人員基準では、常勤の医師を1人以上置かなければならない。

答1 ✕ 腹圧性尿失禁は、骨盤底筋群の機能低下が原因の失禁であるため、膀胱訓練よりも**骨盤底筋訓練**が有効である。

答2 ✕ 便失禁には、歩行困難や認知症等の排便機能異常以外の原因でトイレに間に合わず便失禁するものもあり、それらは**環境を整える**ことで改善することもある。

答3 ◯ ポータブルトイレを選択する際には、**理学療法士**などの多職種と連携し、利用者の日常生活動作に合ったものを選ぶ。

答4 ◯ 日常生活動作の低下による機能性失禁では、**尿意のサイン**の把握やトイレの**動線改善**等の環境調整で改善することもある。

答5 ◯ 排便コントロールは、**排便間隔**を介護職と連携しながら把握し、食生活や身体活動等を含めた**生活リズム**を整えることが大切である。

答6 ✕ 通所リハビリテーションの対象には、認知症高齢者だけでなく、若年性認知症患者も**対象となる**。

答7 ✕ 通所リハビリテーション計画は、医師だけでなく、理学療法士や作業療法士等が**共同**して居宅サービス計画に沿って作成しなければならない。

答8 ◯ 管理者は、専ら通所リハビリテーションサービス提供に当たる**看護師**のほか、**医師**、**理学療法士**、**作業療法士**に、管理の代行をさせることができる。

答9 ✕ 指定通所リハビリテーションは、**病院・診療所**、**介護老人保健施設**、**介護医療院**で提供される。

答10 ◯ 介護老人保健施設における通所リハビリテーションでは、**常勤の医師を1人以上**配置しなければならない。

301

問 1 指定訪問リハビリテーションは、介護報酬上、サービスの提供回数に限度はない。

問 2 保険医療機関の指定を受けている病院は、居宅サービス事業者の指定があったものとみなされる。

問 3 居宅療養管理指導は、区分支給限度基準額が適用される。

問 4 居宅療養管理指導は、管理栄養士や歯科衛生士は、行うことができない。

問 5 薬局の薬剤師が行う居宅療養管理指導は、医師又は歯科医師の指示を受けて作成した薬学的管理指導計画に基づき実施する。

問 6 居宅療養管理指導を提供する場合で、サービス担当者会議への参加が困難な場合には、原則として、文書により情報提供・助言を行わなければならない。

問 7 指定短期入所療養介護は、家族の疾病、冠婚葬祭、出張等の理由では、利用できない。

問 8 指定短期入所療養介護は、居宅サービス計画において、あらかじめ位置付けられていない場合には、利用することができない。

問 9 指定短期入所療養介護のサービス提供施設として、介護老人保健施設、介護医療院、指定介護療養型医療施設、療養病床を有する病院又は診療所がある。

問10 短期入所療養介護をおおむね7日以上利用する場合は、居宅サービス計画に沿って短期入所療養介護計画を策定する。

答1

✕　介護報酬上、サービスの提供回数は、**1週間に6回**を限度とする。

答2

◯　**保険医療機関**の指定を受けている病院は、介護保険法に基づく指定事業者の指定申請をすることなく、居宅サービス事業者の指定があったものとみなされる。

答3

✕　居宅療養管理指導は、区分支給限度基準額が**適用されない**。

答4

✕　居宅療養管理指導は、**医師、歯科医師、薬剤師、管理栄養士、歯科衛生士**などによって提供される。

答5

◯　薬局の薬剤師は、医師・歯科医師の指示を受けて作成した**薬学的管理指導計画**に基づき居宅療養管理指導を実施する。

答6

◯　サービス担当者会議で参加ができない場合は、内容を記載した文書を**交付**しなければならない。

答7

✕　短期入所療養介護は、**家族の身体的及び精神的な負担の軽減**を図ることも目的としており、家族の疾病、冠婚葬祭、出張等の理由でも利用できる。

答8

✕　指定短期入所療養介護は、居宅サービス計画において、あらかじめ位置付けられていない**緊急時の受け入れ**も行っている。

答9

◯　指定短期入所療養介護のサービスは、**介護老人保健施設、介護医療院、指定介護療養型医療施設**、療養病床を有する病院又は診療所で提供される。

答10

✕　短期入所療養介護をおおむね4日以上利用する場合は、居宅サービス計画に沿って短期入所療養介護計画を策定する。

問1 指定看護小規模多機能型居宅介護は、訪問介護や訪問看護等の訪問サービスと通いサービスを一体的に提供するもので、宿泊サービスは含まない。

問2 指定看護小規模多機能型居宅介護事業者は、看護サービスの提供の開始に際し、主治の医師の指示を文書で受ける必要はない。

問3 指定看護小規模多機能型居宅介護は、医療ニーズの高い高齢者の利用が想定されているので、要支援者は利用できない。

問4 指定看護小規模多機能型居宅介護の事業所の管理者は、必ずしも保健師又は看護師でなくてもよい。

問5 指定看護小規模多機能型居宅介護の事業所には、介護支援専門員を配置する必要はない。

問6 指定看護小規模多機能型居宅介護の事業所の登録定員は、29人以下である。

問7 看護小規模多機能型居宅介護を受けている間についても、訪問リハビリテーション費、居宅療養管理指導費及び福祉用具貸与費は算定できる。

問8 指定訪問看護事業者は、主治の医師に訪問看護計画書及び訪問看護報告書を提出しなければならない。

問9 介護保険法による訪問看護について、要介護認定者であれば、主治の医師の指示は必要ない。

問10 介護保険の指定訪問看護ステーションの管理者は、原則として、常勤の保健師または看護師でなければならない。

答1 ✕ 　指定看護小規模多機能型居宅介護は、**通い、訪問、宿泊サービス**を利用者のニーズに応じて柔軟に提供するもので、宿泊サービスも**含む**。

答2 ✕ 　指定看護小規模多機能型居宅介護事業者は、看護サービスの提供の開始には、主治の医師の指示を文書で**受けなければならない**。

答3 ◯ 　指定看護小規模多機能型居宅介護は、**要介護者**のみを対象とする地域密着型サービスである。

答4 ◯ 　管理者は、保健師または看護師のほかに、事業所等で**3年以上認知症ケア**に従事した経験があり、**厚生労働大臣**が定める研修を修了した者でもよい。

答5 ✕ 　指定看護小規模多機能型居宅介護の事業所には、**介護支援専門員**を1人以上配置しなければならない。

答6 ◯ 　指定看護小規模多機能型居宅介護の事業所の登録定員は、**29人**以下である。

答7 ◯ 　看護小規模多機能型居宅介護を受けている間は、**訪問リハビリテーション費**、**居宅療養管理指導費**、**福祉用具貸与・販売費**、**住宅改修費**だけ算定でき、それらを除く居宅サービスの費用は算定できない。

答8 ◯ 　指定訪問看護事業者は、主治の医師に**訪問看護計画書**及び**訪問看護報告書**を定期的に提出しなければならない。

答9 ✕ 　訪問看護の提供開始時には、主治の医師の指示を**文書で受ける必要がある**。

答10 ◯ 　管理者は、原則として**保健師または看護師**で、常勤専従の者とされている。

問1 指定訪問看護ステーションには、看護職員を常勤換算で 2.5 人以上置かなければならない。

問2 利用者が短期入所療養介護を利用している場合には、訪問看護費は算定できない。

問3 訪問看護事業を行う事業所は、指定訪問看護ステーションに限られる。

問4 訪問看護の内容には、リハビリテーションは含まれない。

問5 特別訪問看護指示書があるときは、7 日間に限り、医療保険による訪問看護を提供することができる。

問6 指定定期巡回・随時対応型訪問介護看護は、要支援者も利用できる。

問7 指定定期巡回・随時対応型訪問介護看護において、介護・医療連携推進会議は、おおむね 6 月に 1 回以上、開催しなければならない。

問8 社会福祉法人は、介護老人保健施設を開設することができる。

問9 介護老人保健施設は、終末期にある利用者は、皆無である。

問10 介護老人保健施設は、サテライト型小規模介護老人保健施設及び分館型介護老人保健施設の 2 つの類型からなる。

答1
○
指定訪問看護ステーションでは、看護師等の看護職員を常勤換算で **2.5 人以上**置かなければならない。なお、病院・診療所では、適当数である。

答2
○
利用者が、**短期入所療養介護**を受けている場合は、訪問看護費を算定できない。

答3
✕
訪問看護事業を行う事業所は、**指定訪問看護ステーション**と病院または診療所から訪問看護を提供する**指定訪問看護事業所**の 2 種類がある。

答4
✕
訪問看護の内容には、リハビリテーションは**含まれる**。

答5
✕
特別訪問看護指示書があるときは、**14** 日間に限り、医療保険による訪問看護を提供することができる。

答6
✕
指定定期巡回・随時対応型訪問介護は、**要介護者**が利用できるサービスである。

答7
○
介護・医療連携推進会議をおおむね **6 か月**に **1 回**以上、設置・開催し、サービス提供状況などの報告、それに対する助言などを聴く機会を設けなければならない。

答8
○
介護老人保健施設を開設することができるのは、**社会福祉法人**のほか、地方公共団体、医療法人、その他厚生労働大臣が定める者である。

答9
✕
介護老人保健施設では、**ターミナルケア**も行っており、**終末期**を介護老人保健施設で迎える利用者が増加傾向にある。

答10
✕
基本型やユニット型の施設、サテライト型小規模介護老人保健施設、分館型介護老人保健施設、**医療機関併設型小規模介護老人保健施設**、**介護療養型老人保健施設**がある。

307

問1 医療法人が設置する介護老人保健施設では、協力病院を定める必要がない。

問2 介護老人保健施設の人員に関する基準には、医療分野から介護分野まで幅広い種類が含まれている。

問3 介護老人保健施設は、感染症又は食中毒の予防のため、その対策を検討する委員会をおおむね三月に1回以上開催しなければならない。

問4 介護老人保健施設は、従来型の多床室に係る介護報酬は、在宅強化型と基本型の2類型だけである。

問5 介護医療院は、要介護者であって、主としてその心身の機能の維持回復を図り、居宅における生活を営むことができるようにするための支援が必要な者に対してサービスを行う施設と定義されている。

問6 介護医療院は、医療法の医療提供施設には該当しない。

問7 介護医療院の開設の許可は、市町村長が行う。

問8 介護医療院は、要介護3以上の者のみが利用できる。

問9 介護医療院の設備基準において、居室は、原則として、個室である。

問10 介護医療院の人員基準において、定員100人のⅡ型療養床の場合には、常勤換算で1人の医師の配置が必要である。

答1
✕
介護老人保健施設では、設置者が医療法人かどうかに関係なく、あらかじめ協力病院を定める**必要がある。**

答2
○
介護老人保健施設の人員に関する基準には、医師、薬剤師、介護職員・**看護職員**、**支援相談員**、理学療法士等、**栄養士又は管理栄養士**、介護支援専門員、調理員等、医療分野から介護分野まで幅広い職種が含まれている。

答3
○
介護老人保健施設は、感染症又は食中毒の予防のための対策を検討する**感染対策委員会**をおおむね**3か月に1回**以上開催しなければならない。

答4
✕
従来型の多床室に係る介護報酬は、**在宅強化型**、**超強化型**、**基本型**、**加算型**、**その他**の**5類型**である。

答5
✕
記述は、**介護老人保健施設**の定義である。介護医療院は、要介護者であって、主として**長期にわたり療養が必要である者**に対してサービスを行う施設である。

答6
✕
介護医療院は、介護保険法上は**介護保険施設**であるが、医療法上は**医療提供施設**に該当する。

答7
✕
介護医療院の開設の許可は、**都道府県知事**が行う。

答8
✕
要介護3以上の者のみが原則利用できるのは、**介護老人福祉施設**である。介護医療院は、長期にわたり療養が必要な**要介護者**を対象としている。

答9
✕
居室の定員は、原則として**4人以下**である。

答10
○
Ⅱ型療養床の場合は、**100人の定員に対し常勤換算で1人の医師の配置**が必要である。なお、Ⅰ型療養床では、**48人に対し常勤換算で1人の医師の配置**が必要である。

問1 社会福祉協議会の社会福祉士による成年後見制度の利用に関する面接は、ミクロ・レベルのソーシャルワークに該当する。

問2 介護老人福祉施設の生活相談員によるカラオケ大会等のレクリエーション活動は、ミクロ・レベルのソーシャルワークに該当する。

問3 地域包括支援センターの主任介護支援専門員による家族介護者との面談は、ミクロ・レベルのソーシャルワークに該当する。

問4 医療機関で行われる、難病の当事者による分かち合いの場の体験は、メゾ・レベルのソーシャルワークに該当する。

問5 福祉事務所で行われる、社会福祉主事による生活保護の相談面接は、メゾ・レベルのソーシャルワークに該当する。

問6 NPOによる地域住民とともに行う地域開発は、マクロ・レベルのソーシャルワークに該当する。

問7 震災被災者に対する支援のためのボランティアの組織化は、マクロ・レベルのソーシャルワークに該当する。

問8 行政機関等のフォーマルな社会資源による地域ネットワークを構築すれば、地域課題は解決する。

問9 支援を拒否している高齢者には、信頼できる人を探し、支援につなげることが有効である。

問10 アウトリーチの対象は、本人のみならず家族も含む。

答1 ○ 社会福祉協議会の社会福祉士による成年後見制度の利用に関する面接は、個人や家族を対象に個別的に行う**ミクロ・レベル**のソーシャルワークに該当する。

答2 × 介護老人福祉施設の生活相談員によるカラオケ大会等のレクリエーション活動は、**メゾ・レベル**のソーシャルワークに該当する。

答3 ○ 地域包括支援センターの主任介護支援専門員による家族介護者との面談は、面接を通して、個人や家族を対象に個別的に行う**ミクロ・レベル**のソーシャルワークに該当する。

答4 ○ 医療機関で行われる、難病の当事者による分かち合いの場の体験は、集団活動を通して、グループや地域住民等の特定の小さな集団を対象に行う**メゾ・レベル**のソーシャルワークに該当する。

答5 × 福祉事務所で行われる、社会福祉主事による生活保護の相談面接は、**ミクロ・レベル**のソーシャルワークに該当する。

答6 ○ NPOによる地域住民とともに行う地域開発は、地域社会や組織等に対する働きかけを通して、個人や集団のニーズの充足を目指す**マクロ・レベル**のソーシャルワークに該当する。

答7 ○ 震災被災者に対する支援のためのボランティアの組織化は、地域社会や組織等に対する働きかけを通して、個人や集団のニーズの充足を目指す**マクロ・レベル**のソーシャルワークに該当する。

答8 × 行政機関等のフォーマルな社会資源だけの地域ネットワークの構築では**解決できない**。柔軟な対応ができるといった利点をもつ地域住民等の**インフォーマル**な社会資源も加えて地域ネットワークを構築する必要がある。

答9 ○ 支援拒否の場合は、主治医や友人等の、本人が**信頼しているキーパーソン**を探し、支援につなげることが有効である。

答10 ○ アウトリーチの対象は、介護者である家族等へのレスパイトケアや介護サービス提供の必要性の発見・対応といったケースもあるので、本人のみならず**家族**も含む。

問1 インテーク面接とは、支援過程の後期に実施する面接である。

問2 インテーク面接で得られた情報が少ない場合には、それを記録する必要はない。

問3 モニタリングとは、援助計画の進捗を定期的、継続的に観察して評価することである。

問4 面接場面において観察は、非言語的なメッセージを感知することを含む。

問5 面接場面においてクライエントが沈黙している場合には、援助者は、常に積極的に話しかけなければならない。

問6 面接場面におけるコミュニケーション手段としては、言語的なものと非言語的なものがある。

問7 面接場面におけるオープンクエスチョンとは、チェックリストに従って質問していくことである。

問8 面接場面における明確化とは、クライエントの言葉をそのまま反射することである。

問9 面接場面における予備的共感とは、事前情報をもとに、クライエントの立場に立った共感的な姿勢を準備しておくことである。

問10 面接場面における「励まし、明確化、要約」といった技術を活用して、クライエントと相談援助者がともにクライエントのかかえる課題を明確にしていく必要がある。

答1 ✕
インテーク面接とは、クライエントが相談に訪れて**最初**に行う、支援過程の**初期**に実施する面接である。

答2 ✕
情報が少なくても、インテーク面接で得られた情報は、記録を残しておくことが**必要である**。

答3 ○
モニタリングとは、援助の展開中に、援助計画の進捗を定期的・継続的に確認することである。

答4 ○
観察は、表情やしぐさ等の言葉を使わずにメッセージを示す非言語的メッセージを感知することを**含む**。

答5 ✕
例えば、言語と非言語が異なる思いを沈黙で伝えている場合もある。援助者は、そのような沈黙を通して伝えるメッセージを聴くとともに、ゆったりと**丁寧に待つ**ことも重要である。

答6 ○
主に言語によって情報を伝える**言語的**なものと、言語以外の表情、目線、うなずき等によって、気持ちや感情を伝える**非言語的**なものがある。

答7 ✕
面接場面におけるオープンクエスチョンとは、クライエントが**自由に答えられる**質問をいう。

答8 ✕
面接場面における明確化とは、クライエントの**言葉**にできない思いや感情を、援助者が**言葉**にして明確にすることである。

答9 ○
面接場面における予備的共感とは、面接前に得られた事前情報をもとに、クライエントへの**共感的な姿勢**を準備しておくことである。

答10 ○
「励まし、明確化、要約」は、クライエントのかかえる課題を**明確**にしていく技術であり、クライエントとの関係を形成するための重要な技術でもある。

問1 介護支援専門員は、一定回数以上の生活援助中心型の訪問介護を居宅サービス計画に位置付ける場合には、その居宅サービス計画を市町村に届け出なければならない。

問2 利用者が大切にしている花木の水やりは、短時間であれば、生活援助として算定される。

問3 ゴミの分別が分からない利用者と一緒に分別し、ゴミ出しのルールを理解してもらうよう援助することは、生活援助として算定される。

問4 ボタン付け等の被服の補修は、生活援助として算定される。

問5 嚥下困難な利用者のための流動食の調理は、生活援助として算定できる。

問6 耳式電子体温計による外耳道で体温を測定することは、医療行為に当たるため、訪問介護員が行うことはできない。

問7 訪問介護のサービス提供責任者は、介護福祉士でなければならない。

問8 利用回数が少ない利用者については、居宅サービス計画にサービスの内容が明記されていれば、訪問介護計画は作成しなくてよい。

問9 指定訪問介護事業者は、利用申込者の要介護度が重いことを理由として、サービスの提供を拒むことができる。

問10 サービス提供責任者が必要と認めた場合に、緊急に行った指定訪問介護については、緊急時訪問介護加算を算定できる。

答1
○

介護支援専門員は、一定回数以上の生活援助中心型の訪問介護を居宅サービス計画に位置付ける場合には、その居宅サービス計画を**市町村**に届け出ることが義務付けられている。

答2
×

花木の水やりは、短時間であっても、生活援助として**算定できない**。

答3
×

ゴミの分別が分からない利用者と一緒に分別し、ゴミ出しのルールを理解してもらうよう援助することは、自立生活支援・重度化防止のための**見守り的援助**に該当し、**身体介護**として算定される。

答4
○

ボタン付け等の被服の補修は、生活援助として**算定される**。

答5
×

嚥下困難な利用者のための流動食の調理は、**身体介護**として算定できる。

答6
×

耳式電子体温計による外耳道で体温を測定することは、医療行為に**該当しない**ため、訪問介護員が身体介護として行うことが**可能**である。

答7
×

サービス提供責任者の資格要件は、介護福祉士のほか、**実務者研修修了者、旧介護職員基礎研修修了者、旧1級課程修了者**のいずれかである常勤の訪問介護員も含む。

答8
×

利用回数が少ない利用者についても、訪問介護計画は**作成しなければならない**。

答9
×

正当な理由なくサービス提供を拒否してはならず、利用申込者の要介護度が重いことは、正当な理由に**該当しない**。

答10
×

緊急時訪問介護加算は、**介護支援専門員**が必要と認め、居宅サービス計画や訪問介護計画にない訪問介護を緊急に行った場合に算定できる。

問1 利用者宅に浴室があっても、訪問入浴介護を提供することができる。

問2 訪問入浴介護のサービス提供は、1回の訪問につき、看護職員1名と介護職員1名で行う。

問3 利用者が訪問入浴介護事業所と同一の建物に居住する場合でも、訪問入浴介護を提供することができる。

問4 利用者が短期入所生活介護を利用している間は、訪問入浴介護費は算定しない。

問5 利用者の心身の状況から全身入浴が困難であって、利用者の希望により清拭のみを実施した場合には、全身入浴と同じ単位数を算定することができる。

問6 通所介護において、通常の事業の実施地域外に住む利用者の送迎にかかる費用は、利用料以外の料金として支払いを受けることができる。

問7 通所介護計画は、介護支援専門員が作成しなければならない。

問8 通所介護において、利用料以外の料金として、おむつ代の支払いを受けることができる。

問9 利用者の社会的孤立感の解消を図ることは、指定通所介護の事業の基本方針に含まれている。

問10 通所介護費は、サービスの提供時間によって3つに分けて設定されている。

答1 ◯ 訪問入浴介護は、利用者の居宅を訪問し、事業者が**浴槽を提供して入浴の介助**を行うサービスであり、利用者宅に浴室があっても**提供することができる。**

答2 ✕ 訪問入浴介護のサービス提供は、1回の訪問につき、看護職員1名と介護職員2名で行う。なお、介護予防訪問入浴介護のサービス提供は、1回の訪問につき、看護職員1名と介護職員1名以上で行う。

答3 ◯ 利用者が訪問入浴介護事業所と同一の建物に居住する場合、**減算**の対象にはなるが、訪問入浴介護を**提供することはできる。**

答4 ◯ 利用者が短期入所生活介護を利用している間は、訪問入浴介護費は**算定できない。**

答5 ✕ 全身入浴でなく清拭のみを実施した場合には、利用者の希望であっても、**減算**される。

答6 ◯ 通常の事業の実施地域外に住む利用者の送迎にかかる費用の場合は、**利用料以外の料金**として支払いを受けることができる。

答7 ✕ 通所介護計画は、居宅サービス計画に沿って、**管理者**が作成しなければならない。

答8 ◯ おむつ代のほか、食費、その他日常生活費などについても**別途支払い**を受けることができる。

答9 ◯ **利用者の社会的孤立感の解消**のほか、心身機能の維持・向上、家族の介護負担の軽減を目的とすることが、指定通所介護の基本方針に規定されている。

答10 ✕ サービス提供時間は、「3時間以上4時間未満」から「8時間以上9時間未満」まで1時間ごとに6つに分けて設定されている。

問1 短期入所生活介護は、利用者の家族の身体的及び精神的負担の軽減を図るものでなければならない。

問2 短期入所生活介護において、災害等のやむを得ない事情がある場合は、利用定員を超えてサービスを提供できる。

問3 短期入所生活介護計画は、居宅サービス計画を作成した介護支援専門員が作成しなければならない。

問4 短期入所生活介護において、緊急短期入所受入加算と認知症行動・心理症状緊急対応加算は、同時に算定できる。

問5 夜間対応型訪問介護事業所は、利用者へ配布するケアコール端末に係る設置料、リース料、保守料の費用を利用者から徴収することができる。

問6 夜間対応型訪問介護において、看護師及び介護福祉士は、面接相談員になることができる。

問7 利用者が短期入所生活介護を受けている間も、夜間対応型訪問介護費を算定できる。

問8 夜間対応型訪問介護のサービス提供時間については、24時から8時までの間を最低限含む必要がある。

問9 認知症対応型通所介護は、認知症の原因となる疾患が急性の状態にある者も、対象となる。

問10 認知症対応型通所介護において、送迎時に実施した居宅内での介護等に要した時間は、サービス提供時間に含まれない。

答1
○ 短期入所生活介護は、**介護者の負担の軽減**を図ることも目的の一つとしている。

答2
○ **災害**のほか、**虐待**時などのやむを得ない事情がある場合は、利用定員を超えてサービスを提供できる。

答3
× 短期入所生活介護計画は、居宅サービス計画に沿って、**管理者**が作成しなければならない。

答4
× 緊急短期入所受入加算と認知症行動・心理症状緊急対応加算は、同時に**算定できない**。

答5
× 利用者へ配布するケアコール端末に係る設置料、リース料、保守料の費用を利用者から徴収することは**できない**。

答6
○ 面接相談員の資格要件は、オペレーターと同じ資格（**看護師**、准看護師、**介護福祉士**、医師、保健師、社会福祉士、介護支援専門員）または同等の知識経験をもつ者である。

答7
× 利用者が短期入所生活介護を受けている間は、夜間対応型訪問介護費を**算定できない**。

答8
× **22時から6時まで**の間を最低限含む必要がある。

答9
× 認知症対応型通所介護は、認知症の原因となる疾患が急性の状態にある者は**対象とならない**。

答10
× あらかじめ定められた要件を満たした場合、送迎時に実施した居宅内での介護等に要した時間は、サービス提供時間に**含めることができる**。

319

問1 認知症対応型共同生活介護において、各事業所に設けることができる共同生活住居の数は、1以上5以下である。

問2 認知症対応型共同生活介護事業所の立地場所については、園芸や農作業を行いやすい自然の豊かな場所でなくてはならない。

問3 認知症対応型共同生活介護の1つの共同生活住居の入居定員は、5人以上9人以下である。

問4 認知症対応型共同生活介護の事業所の管理者は、厚生労働大臣が定める研修を修了していなければならない。

問5 小規模多機能型居宅介護は、宿泊を中心として、利用者の様態や希望に応じて、随時訪問や通いを組み合わせてサービスを提供するものである。

問6 利用者は、複数の小規模多機能型居宅介護事業所への登録を希望しても、1つの事業所にしか登録できない。

問7 小規模多機能型居宅介護の従業者のうち1人以上は、常勤の看護師又は准看護師でなければならない。

問8 介護保険における福祉用具貸与の対象に、移動用リフトのつり具の部分は含まれる。

問9 介護保険における福祉用具貸与の対象に、浴槽内いすは含まれる。

問10 設置工事を伴うスロープは、福祉用具貸与の対象となる。

答1 ✕
認知症対応型共同生活介護において、各事業所に設けることができる共同生活住居（ユニット）の数は、1以上**3**以下である。

答2 ✕
認知症対応型共同生活介護事業所の立地は、利用者の家族や地域住民との交流機会が確保されるよう、**住宅地**または**住宅地**と同程度の場所にあるようにしなければならない。自然の豊かな場所という規定はない。

答3 ◯
認知症対応型共同生活介護の1つの共同生活住居の入居定員は、**5〜9**人である。

答4 ◯
管理者は、3年以上認知症の介護従事経験があり、**厚生労働大臣の定める研修**を修了している者を配置しなければならない。

答5 ✕
小規模多機能型居宅介護は、**通い**を中心として、利用者の様態や希望に応じて、随時訪問や**宿泊**を組み合わせてサービスを提供するものである。

答6 ◯
利用者が登録できる小規模多機能型居宅介護事業所は、**1か所のみ**である。

答7 ✕
小規模多機能型居宅介護従業者のうち、1人以上は看護師または准看護師でなければならないが、常勤の**規定はない**。

答8 ✕
移動用リフトのつり具の部分は、**特定福祉用具販売**の対象である。

答9 ✕
浴槽内いすは、**特定福祉用具販売**の対象である。

答10 ✕
設置工事を伴うスロープは、**住宅改修**の対象である。

問1 福祉用具貸与事業所には、福祉用具専門相談員を1人以上置かなければならない。

問2 ポータブルトイレの設置は、住宅改修費の支給対象となる。

問3 引き戸への取替えにあわせて自動ドアを設置した場合は、自動ドアの動力部分の設置は、住宅改修費の支給対象にはならない。

問4 浴室内すのこを置くことによる、段差の解消は、住宅改修費の支給対象となる。

問5 指定介護老人福祉施設の入所定員は、20人以上である。

問6 指定介護老人福祉施設に配置される介護支援専門員は、非常勤でもよい。

問7 指定介護老人福祉施設において、入所者が入院する場合には、3月間は当該ベッドを空けておかなければならない。

問8 指定介護老人福祉施設において、夜間には、常勤の介護職員が介護に従事しなくてもよい。

問9 指定介護老人福祉施設に配置された介護支援専門員は、入所者の処遇に支障がない場合であっても、他の職務と兼務しない常勤の者でなければならない。

問10 指定介護老人福祉施設に配置された管理者は、常勤の者でなければならないが、管理上支障がない場合には、同一敷地内にある他の事業所、施設等の職務に従事することができる。

答1 ✕ 福祉用具貸与事業所には、福祉用具専門相談員を2人以上置かなければならない。

答2 ✕ ポータブルトイレの設置は、**特定福祉用具販売**の対象である。

答3 ◯ 引き戸等への扉の取り替えにおいて、自動ドアを設置した場合は、その**動力部分の設置**は、住宅改修費の**支給対象外**である。

答4 ✕ 浴室内すのこを置くことによる段差の解消は、**特定福祉用具販売**の対象である。

答5 ✕ 指定介護老人福祉施設の入所定員は、**30人以上**である。なお、入所定員29人以下の介護老人福祉施設は、地域密着型介護老人福祉施設である。

答6 ✕ 指定介護老人福祉施設は、常勤で1人以上の**介護支援専門員**を配置しなければならない。

答7 ✕ 入所者が入院し、おおよそ**3か月**以内に退院できる見込みがある場合は、退院後再び当該施設に円滑に入所できるようにする。

答8 ✕ 指定介護老人福祉施設において、介護職員は、夜勤を含めて常時1人以上を常勤で配置しなければならない。

答9 ✕ 常勤の者でなければならないが、入所者の処遇に支障がない場合は、他の職務と**兼務が可能**である。

答10 ◯ 管理上支障がない場合は、同一敷地内にある他の事業所や施設等の職務との**兼務が可能**である。

問1 障害者総合支援法における自立支援医療費の支給は、自立支援給付の一つである。

問2 障害者総合支援法のサービスの利用を希望する者は、都道府県に対して支給申請を行う。

問3 障害者総合支援法の対象となる障害者の範囲には、難病の患者も含まれる。

問4 生活保護制度において、保護は、世帯を単位として、その要否と程度が決められる。

問5 居宅介護支援事業所が生活保護受給者に対して居宅介護支援を行う場合には、介護保険法の指定のほかに、生活保護法による指定を受ける必要がある。

問6 65歳以上の被保護者の介護保険料は、介護扶助として給付される。

問7 葬祭扶助は、原則として、現物給付である。

問8 後期高齢者医療制度において、生活保護を受けている者も、被保険者となる。

問9 後期高齢者医療制度の運営主体は、都道府県ごとにすべての市町村が加入する後期高齢者医療広域連合である。

問10 後期高齢者医療給付には、高額療養費及び高額介護合算療養費の支給が含まれる。

答1 ○
障害者総合支援法における自立支援給付とは、介護給付費、訓練等給付費、地域相談支援給付費、計画相談支援給付費、**自立支援医療費**、補装具費等の支給をいう。

答2 ×
障害者総合支援法のサービスの利用を希望する者は、サービスの主な提供主体である**市町村**に対して支給申請を行う。

答3 ○
障害者総合支援法の対象となる障害者の範囲は、**難病の患者**のほか、身体障害者、知的障害者、精神障害者（発達障害者を含む）である。

答4 ○
生活保護制度は、保護の要否と程度は、原則として**世帯**を単位とする世帯単位の原則をとっている。

答5 ○
介護保険法による指定と**生活保護法**による指定の両方を受けた指定介護機関となる必要がある。

答6 ×
65歳以上の被保護者の介護保険料は、**生活扶助**として給付される。

答7 ×
葬祭扶助は、原則として、**金銭給付**である。

答8 ×
生活保護を受けている者は、後期高齢者医療制度の**被保険者とならない**。

答9 ○
後期高齢者医療制度の運営主体は、都道府県内の全市町村が加入する**後期高齢者医療広域連合**である。

答10 ○
後期高齢者医療給付は、医療給付とほぼ同じで、**高額療養費及び高額介護合算療養費**の支給が含まれる。

問1 生活困窮者自立相談支援事業は、必須事業である。

問2 生活困窮者住居確保給付金の支給は、任意事業である。

問3 高齢者虐待の防止、高齢者の養護者に対する支援等に関する法律（以下、高齢者虐待防止法）において、養介護施設には、地域包括支援センターは含まれない。

問4 高齢者虐待防止法において、養護者が高齢者本人の財産を不当に処分することは、経済的虐待に該当する。

問5 高齢者虐待防止法において、都道府県は、養護者の負担軽減のため、養護者の相談、指導及び助言その他の必要な措置を講じなければならない。

問6 任意後見人の配偶者、直系血族及び兄弟姉妹は、任意後見監督人となることができない。

問7 成年後見制度の利用の促進に関する法律では、成年被後見人の意思決定の支援を定めている。

問8 成年被後見人の法律行為は、原則として、取り消すことができる。

問9 任意後見契約は、公正証書によってしなければならない。

問10 本人以外の請求により補助開始の審判をするには、本人の同意が必要である。

答1 ○
生活困窮者自立相談支援事業は、**必須事業**である。就労準備支援事業・家計改善支援事業とは、一体的に実施する。

答2 ✕
生活困窮者住居確保給付金の支給は、**必須事業**である。

答3 ✕
養介護施設とは、介護老人福祉施設、介護老人保健施設、介護医療院、地域密着型介護老人福祉施設、老人福祉施設、有料老人ホーム、**地域包括支援センター**を指す。

答4 ○
養護者が高齢者本人の財産を不当に処分することは、**経済的虐待**に該当する。

答5 ✕
市町村は養護者の負担軽減のため、養護者の相談、指導及び助言その他の必要な措置を講じなければならない。

答6 ○
任意後見人の**配偶者**、**直系血族**（祖父母や父母、子や孫）及び**兄弟姉妹**、そして**任意後見受任者**は、任意後見監督人となることができない。

答7 ○
成年後見制度利用促進法では、同制度の利用促進は、同制度の基本理念である**成年被後見人**の意思決定支援の重視等を踏まえて行うべきと定めている。

答8 ○
成年後見人は、成年被後見人の日用品の購入その他日常生活に関する行為以外についての**取消権**をもつので、原則として法律行為を取り消すことができる。

答9 ○
任意後見契約は、任意後見契約に関する法律によって、法務省令で定める様式の**公正証書**によってしなければならないと定められている。

答10 ○
本人以外による補助開始の審判請求においては、本人の同意が**必要**である。

参照ページ

▶ **ADL**　　71,142
日常生活動作。食事や排泄、更衣、入浴等の日常生活を営む上で欠かせない動作

▶ **CO₂ ナルコーシス**　　134
高濃度酸素の投与により、逆に呼吸が抑制されてしまい、血中の二酸化炭素濃度が増加して、意識障害などを起こす状態

▶ **IADL**　　71,142
生活関連動作。調理や掃除などの家事、交通機関の利用、社会参加等、ADLよりも広い生活の範囲の動作

▶ **QOL**　　97
Quality of Life の略。「生活の質」「人生の質」などと訳される

▶ あ ◀

▶ **アウトリーチ**　　165
支援が必要でも、自分で支援を求めない人たちのもとへ、援助者が積極的に出向いて支援を行うこと

▶ **悪性症候群**　　137
発熱や発汗、頻脈、著しい筋固縮等。重症化すると死にもつながる重篤な副作用である

▶ **育成医療**　　199
自立支援医療の一つ。児童福祉法に規定する障害児に、その身体障害を除去・軽減する手術等の治療について、自立支援医療費を支給するもの

▶ **医行為**　　135,171,197
医師の医学的判断および技術をもってするのでなければ、人体に危害を及ぼす、または危害を及ぼす恐れのある行為のこと

▶ **意識障害**　　94,97,100
意識が清明でなく、状況を正しく理解できなかったり外側からの刺激に反応できなかったりする状態

▶ **一部事務組合**　　22
複数の地方公共団体が、共同でサービスを行うことを目的に設立する機関

▶ **インスリン**　　106,132
膵臓でつくられるホルモンで、血液中の糖の量を調節する働きをもつ

用語

欧、あ、か

本書に出てくる用語

参照ページ

▶ **共同生活住居**　　　　　　　　　　　　　　　187,188
複数の居室と、居間、食堂、トイレ、風呂等を共有するひとつの建物

▶ **ケアコール端末**　　　　　　　　　　　　　　　　182
利用者がコールボタンを押すなどの簡単な操作でオペレーターにつながり通話ができるシステム。夜間対応型訪問介護や定期巡回・随時対応型訪問介護看護などで使用される

▶ **血栓**　　　　　　　　　　　　　　　　　　　　　　97
血管内でできる血液の塊。脳血栓や脳梗塞のほか、心臓で心筋梗塞を起こす

▶ **広域連合**　　　　　　　　　　　　　　　　22,204
都道府県、市町村、特別区が設置することができ、広域的なニーズに対応するための組織

▶ **公課**　　　　　　　　　　　　　　　　　　　　　91
租税以外に国や地方公共団体が徴収する手数料など。社会保険料や交通反則金など

▶ **合議体**　　　　　　　　　　　　　　　　　　42,93
その機関の意思が一人ではなく、数人の意思の総合によって決まる組織体

▶ **公証人**　　　　　　　　　　　　　　　　　　　　213
判事、検事、法務事務官などを長く務めた法律実務の経験者の中から法務大臣が任免する。公証人が執務する事務所を公証役場という

▶ **更生医療**　　　　　　　　　　　　　　　　　　　199
自立支援医療の一つ。身体障害者福祉法に基づき身体障害者手帳の交付を受けた者について、その身体障害を除去・軽減する手術等の治療について、自立支援医療費を支給するもの

▶ **公正証書**　　　　　　　　　　　　　　　　　　　213
公証人により作成された内容を証明する公文書。公証人は法務大臣により任命される

▶ **公費負担医療**　　　　　　　　　　　　　　　　　90
国や地方公共団体が、医療費の一部または全部を公費で負担すること。感染症法による結核患者等が対象となる

▶ **誤嚥**　　　　　　　　　　　　　　　　　　　　　116
食べ物が食道ではなく何らかの原因で気道（気管）に入ること

用語

か、さ

本書に出てくる用語

▶た◀

用語

さ、た、な、は

本書に出てくる用語

▶ま◀

▶や◀

▶ら◀

用語

は、ま、や、ら

本書の正誤情報や法改正情報等は、下記のアドレスでご確認ください。

http://www.s-henshu.info/kmyy2312/

上記掲載以外の箇所で正誤についてお気づきの場合は、**書名・発行日・質問事項（該当ページ・行数・問題番号**などと**誤りだと思う理由）・氏名・連絡先**を明記のうえ、お問い合わせください。
・web からのお問い合わせ：上記アドレス内【正誤情報】へ
・郵便または FAX でのお問い合わせ：下記住所または FAX 番号へ
※電話でのお問い合わせはお受けできません。

> [宛先] コンデックス情報研究所
> 「ケアマネ試験要点まとめ＋よく出る問題 '24 年版」係
> 住　　　所：〒 359-0042 所沢市並木 3-1-9
> FAX 番号：04-2995-4362（10:00 ～ 17:00　土日祝日を除く）

※**本書の正誤以外に関するご質問にはお答えいたしかねます**。また、受験指導などは行っておりません。
※ご質問の受付期限は、2024 年 10 月の筆記試験日の 10 日前必着とします。
※回答日時の指定はできません。また、ご質問の内容によっては回答まで 10 日前後お時間をいただく場合があります。
あらかじめご了承ください。

コンデックス情報研究所では、合格者の声を募集しています。試験にまつわるさまざまなご意見・ご感想等をお待ちしております。こちらのアドレスよりお進みください。
http://www.condex.co.jp/gk

ケアマネ試験 これだけ要点まとめ+よく出る問題 '24年版

2024年 3 月20日発行

編　著　コンデックス情報研究所
　　　　　じょうほう けんきゅうしょ

発行者　深見公子

発行所　成美堂出版
　　　　〒162-8445　東京都新宿区新小川町 1 - 7
　　　　電話(03)5206-8151　FAX(03)5206-8159

印　刷　広研印刷株式会社

©SEIBIDO SHUPPAN 2024 PRINTED IN JAPAN
ISBN978-4-415-23775-6
落丁・乱丁などの不良本はお取り替えします
定価はカバーに表示してあります